AF548077

Freistaat Thüringen

Ministerium für Wirtscha
Landwirtschaft
und Ländlichen Raum

FÖRDERURKUNDE

Johanna Arven (Realname Beate Nagel)

Projekt:
„Lokaler Bezug in Fantasyroman-Buchreihe
Punja & Tashi"

Regionale Aktions Gruppe LEADER
WARTBURGREGION

Bundesministerium
für Landwirtschaft, Ernährung
und Heimat

Mit Mitteln aus der Gemeinschaftsaufgabe
zur Verbesserung der Agrarstruktur und
des Küstenschutzes.

**Kofinanziert von der
Europäischen Union**

Dieses Fantasyroman-Projekt „Punja & Tashi Tetralogie“
wurde im Herbst 2026 gefördert über die
RAG Wartburgregion / Freistaat Thüringen.

Deutschland / kofinanziert von der
Europäischen Union

Widmung
des zweiten Bandes der Tetralogie
„Punja & Tashi - Spurensuche in Tibet"

Mayum Dechen Wangmo
Mutter von H.H. the 17th Gyalwa Karmapa Thaye Dorje

und den Kindern... Menschen, Tieren, Pflanzen
Tibets / China... und der ganzen Welt

„Punja & Tashi - Spurensuche in Tibet“
Fantasyroman - ab 12 Jahre
Einige Episoden sind als Podcast zu hören, siehe Hinweise:
www.art-parfum.eu/fantasy

Johanna Arven

Punja & Tashi
Spurensuche in Tibet

Die junge tibetische Parfümeurin Punja und ihr Bruder Tashi, Instrumentenbauer und Musiker, auf Abenteuerreise.

Fantasyroman
Band 2
der Punja & Tashi Tetralogie

Inhaltsverzeichnis

	Seite
Inhaltsverzeichnis	4
Steinach-Villa in Laxna / Auland	**6**
Was war inzwischen geschehen?	13
Und was geschah mit Punja und Tashi?	14
Bei Urs in der Schweiz am Lämmerberg	**15**
In Liechtenstein im ehemaligen Heinrich-Harrer-Haus	**25**
Abschied von Urs...	37
... und Punja und Tashi zurück im Auland	38
Professorin Dr. Ilse Harrer und Max Polder	42
Kloster der Nonne Tsering	**53**
Im alten Tibet	**65**
Zurück ins Kloster der Nonne	**107**
Wieder in der Alpenregion	114
Alle Fünf im Auland	116
Was geschah in der Steinach-Villa?	122
Die Überraschung von Eichenmax	**124**
Domizil unterhalb der Wartburg	**131**
Im Auland...	**149**
Besuch beim Eremiten am Gamsstein	159
Das Fest der sieben Freunde	**172**
Auf zum goldenen Tempel	**183**
Im Lande Ousla...	185
Drei Hochzeiten im Sommer 2037	**214**

Die 163. Oscar Verleihung - Los Angeles, US-Amerika **225**
Zurück im alten Lebkuchenhäuschen zum Dreikönigsfest im Jahr 2091 **232**
Ein ganz besonderer Traum 234

Empfehlungen 242
Impressum 246

Steinach-Villa in Laxna / Auland

Zeit: Anfang Januar im Jahr 2036

„Haltet euch bereit!“, schrie der Zxk34, einer der obersten Dunkelgrauen. Seine Untergebenen, alle in grauen Abstufungen bis hinab zu den Hellgrauen, den letzten der 20er Mannschaft, warteten in Anspannung auf den Befehl.

„Los!“, brüllte der Oberste. Einer der vorderen Grauen drückte mit aller Gewalt auf den Klingelknopf, der neben der mächtigen Holztür der ehrwürdigen Steinach-Villa in Laxna, angebracht war. Ein schriller, lang anhaltender Ton erklang - der gar nicht mehr aufhören wollte.

„Ich komme ja schon“, hörte man eine junge Männerstimme im genervten Tonfall von innen. „Wer klingelte denn da so unverschämt?“, dachte er.

„Wer sind Sie? Mitkommen!“, kam es im barschen Ton von dem Grauen, der geklingelt hatte. Der nahm den verdutzt guckenden jungen Mann fest und legte ihm Handschellen an.

„Hey, was soll das? Ich hab‘ nichts verbrochen. Ich werd` doch wohl noch meine Winterjacke holen können,“ kam es verärgert von dem jungen Mann, seine Arme hochhaltend.

„Dann aber fix. Zsv134 – geh du mit dem, damit der uns nicht entwischt!“, befahl einer der Mittelgrauen einem Hellgrauen.

„Okay Boss“, kam es unterwürfig von dem.

„Los. Durchsucht die Zimmer. Nehmt alle fest!“, schrie wieder der Oberste. „Bringt sie hier runter zum Eingang. Aber fix!“ Und so stürmten die Grauen in alle Räume der drei Stockwerke in der Steinach-Villa.

Den Türstehern Seppi und Ferdi blieb erst einmal der Mund offen stehen, so überrascht waren sie von dem Ansturm.

„Hey, Seppi. Such‘ du am besten den Eichenmax und sag ihm Bescheid, was hier los ist. Ich bleib derweil hier auf dem Posten“, fasste sich Ferdi als erster der beiden. Obwohl sie als Hausgeister von den Grauen nicht gesehen werden konnten, so war ihnen der Schock dieses Ansturms doch ordentlich in die Glieder gefahren. Was jetzt zu tun war, das musste unbedingt der oberste der Hausgeister, der Eichenmax, entscheiden.

Seppi fand den Eichenmax in der Küche, wo sie beide beobachteten, wie hier die Grauen zwei junge Frauen zur Rede stellten: „Wie heißen Sie?“

Die eine Frau mit dunklem Kurzhaarschnitt und in Jeans mit violettem Rollkragenpullover sagte: „Ich heiße Emma Huber und bin Studentin an der technischen Fachhochschule hier in Laxna. Was soll das Ganze? Wir haben nichts verbrochen.“

„Schnauze. Wo ist die Lena Burkowski?“, maßregelte sie einer der beiden Uniformierten.

„Die wohnt hier nicht mehr“, kam die kurze Antwort von Emma Huber.

„Was?“, schrie der Graue.

„Wir in der Villa sind alles Studenten. Die Lena Burkowski ist unsere Vermieterin. Wir haben allerdings keine Ahnung, wo sie sich derzeit aufhält. Soweit ich gehört habe, ist sie wohl verreist“, antwortete Emma Huber.

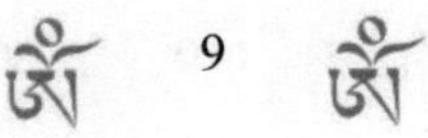

„Mitkommen, beide. Nach unten!“, forderte der Graue sie im forschen Befehlston auf.

Die beiden Studentinnen schnappten sich ihre Winterjacken und folgten den Uniformierten nach unten, wo schon ein ganzer Trupp junger Leute im weiten Foyer des Eingangs versammelt war.

„Alle mitkommen auf die Polizeistation zur Aufnahme der Personalien!“, befahl einer der Dunkelgrauen. Und so machte sich die Gruppe der Grauen mit den festgenommenen jungen Leuten auf in die Hauptstraße 5, der Polizeiwache der Stadt. Dort wurden sie, einer nach dem anderen, ausgefragt. Allerdings waren die Ergebnisse der Aktion ein ziemlicher Reinfall. Denn aus den jungen Leuten ließ sich nichts weiter herausbringen, als dass diese alle erst nach und nach ab etwa dem 20. Dezember 2035 in die Villa eingezogen waren. Einzig Emma Huber kannte die Vermieterin persönlich. Alle waren sie Studenten der technischen Fachhochschule von Laxna, angehende Programmierer und weiterer technischer Berufe.

Eichenmax war von Matthis, dem Partner von Lena Burkowski, zuvor informiert worden, dass die Familie noch am Morgen des Heiligen Abend, dem 24. Dezember 2035, in die Berge umziehen würde.

„Das Pflaster sei hier zu heiß“, hatte sich Matthis gegenüber Eichenmax ausgedrückt und ihm erklärt, dass die Grauen, sobald sie und die ORBs Regierung ab dem 7. Januar 2036 wieder das Sagen hätten, sofort Micha Burkowski und seine Mutter verhaften würden. Beide gehörten sie inzwischen zu den meist gesuchtesten Personen der Diktatur.

Matthis Oberleitner verstand sich noch darauf, mit Hausgeistern sprechen zu können und so waren die in der Steinach-Villa rechtzeitig vorgewarnt worden.

Matthis und Lena Burkowski hatten vor genau einem Jahr an Weihnachten als Paar zueinander gefunden. Er gehörte zu den Alpöhis, jener kleinen widerständigen Bevölkerungsgruppe innerhalb des Aulandes, die weit oberhalb der Stadt Laxna in der unzugänglichen Bergregion schon seit Jahren versteckt lebten. Dort oben gab es keinen Strom und keine Computer oder „anderen technischen Schnickschnack", wie sie sich ausdrückten. Diese Gruppe von Berglern lebte dort oben völlig autark und hatte sich so der Kontrolle der immer rigider regierenden ORBs Diktatur und ihren Unterorganisationen, wie etwa des berüchtigten Jugendverbandes der Salans, entzogen.

Emma Huber, eine der beiden jungen Frauen, die in der Küche verhört worden waren, war die Nichte der alten Zugehfrau Edna Huber, die über viele Jahre Jean Bousse, dem Parfumeur und seiner Frau Eva Steinach, den Haushalt in der Villa geführt hatte. Inzwischen war sie hochbetagt und hatte ihre Nichte Emma gebeten, immer wieder einmal nach dem Rechten zu schauen. Emma hatte für sich und ihre Mitstudenten händeringend nach bezahlbaren Zimmern gesucht und noch im Dezember 2035 Lena Burkowski gefragt. Vielleicht wären ja ein, zwei Zimmer in der großen Villa noch zu vermieten, hatte Emma gehofft. Wie erfreut war sie, als sie nur zwei Tage später zum Tee von Lena eingeladen wurde und sie Emma mitteilte, dass sie und ihre Freunde zehn Zimmer in der Villa beziehen könnten.

„Und kommt doch noch jetzt im Dezember, dann könnt ihr hier gemütlich Weihnachten feiern. Denn ich werde mit meiner Familie die letzten Pakete am Morgen des Heilig Abend mitnehmen", hatte Lena erklärt und ergänzte noch: „Wir sind dann für längere Zeit verreist."

Lena hatte Emma gesagt, dass sie vorhätte, mit ihren Kindern in den Süden zu verreisen, nach Italien. Dass sie eigentlich in die versteckt liegende Bergregion längst umgezogen war, hatte sie für sich behalten. Das war für alle Beteiligten die perfekte Lösung. Lena freute sich, dass so die Steinach-Villa nicht unbewohnt blieb. Denn dort wohnen konnte sie als Mutter von Micha, einem Abtrünnigen der Salans, nun mit ihren beiden jüngeren Kindern Nael und Mira nicht mehr. Die Jungsemester hingegen suchten nach einer guten Bleibe und waren hoch erfreut, dass Lena relativ wenig Miete für die Zimmer verlangte. Sie ihrerseits hatten sich bereit erklärt, etwa den Winterdienst zu übernehmen und auch pfleglich mit den Dingen in der Villa umzugehen. Hierfür hatte in erster Linie Emma die Hauptverantwortung übernommen, die die Villa ja von Kindesbeinen an bestens kannte.

Verärgert stellten die ORBs fest, dass die geplante Festnahme der Burkowskis ins Leere gegangen war. Von den jungen Leuten war nichts herauszubekommen.

„Hey, Mann, das war ja heftig“, stöhnte einer der vier Studenten, der gerade für alle einen Kaffee kochte.

„Was die wohl von Lena Burkowski wollen?“, rätselte Emma.

„Die muss ja gehörig was ausgefressen haben, sonst wären die nicht mit einer so großen Abordnung der Grauen Kittel hier aufgetaucht“, vermutete eine blonde junge Frau.

„Ja, Gilda, schieb doch mal die Schokokekse rüber. Ich brauch‘ jetzt dringend was für meine Nerven“, wandte sich Emma an die Mitstudentin.

Eichenmax und Gertrude, die oberste Küchenmeisterin, hörten sich die Unterhaltung an. Beide wurden als

Hausgeister von Menschen in der Regel nicht gesehen. Bis eben auf die Bergler, die dank ihrer Lebensweise so direkt in der Natur lebten und sie noch mitbekamen. Und auch Emma vermochte die Hausgeister zu sehen, wenn sie es darauf anlegte.

Sobald Matthis den Eichenmax über den Auszug seiner Partnerin Lena Burkowski und ihrer beiden jüngeren Kinder Nael und Mira informiert hatte, hatte der wiederum die hilfreichen Hausgeister zu einer Vollversammlung einberufen. So waren sie nicht überrascht worden vom Auszug der erst vor einem Jahr aus Berlin in die Villa eingezogenen Familie. Lenas inzwischen 18-jähriger Sohn Micha Burkowski war als ehemaliger Insider der Salans zu einem der meist gesuchtesten Personen mutiert. In der ORBs Zentrale in Laxna hatte man nach den Kämpfen in Norskot erfahren, dass dieser Micha Burkowski zum Widerstand übergewechselt war. Nicht zuletzt wohl durch den Bergler Matthis Oberleitner, dem neuen Partner seiner Mutter Lena, wurde vermutet. Die Grauen munkelten, dass dieser Oberleitner einer der führenden Köpfe des Widerstands im Auland sei.

Gleich darauf hatte die ORBs Diktatur eine ganze Abordnung von Grauen hoch in die Berge geschickt, um dort den Matthis Oberleitner und die ganze Gruppe des Widerstands festnehmen zu lassen.

Das war für die ein gänzlich ungewohntes Terrain. So viel Natur um sie herum und auch noch eiskalt. Ab 1500 Metern lag jede Menge Schnee da oben. So was mochten die Grauen überhaupt nicht. Fast blind wurden sie von der vielen Helligkeit um sie herum. Ihre Obersten, die Dunkelgrauen, mussten die widerwillig vorangehenden helleren Grauen regelrecht antreiben, dass sie gefälligst den schmalen Pfad nach oben zu kraxeln hätten. Und dann nichts wie dieser blendend weiße Schnee, wohin sie auch blickten. Fast wären sie gänzlich schneeblind geworden… bis. Ja, bis sie eine baufällige alte Hütte entdeckten und diese umzingelten.

„Auf mein Kommando brechen wir die Tür ein!“, schrie einer der Dunkelgrauen.

„Los! Schlagt drauf los!“, schrie der nur wenig später.

Was sie allerdings innen sahen war wenig spektakulär. Es sah hier innen alles genauso baufällig aus wie die Hütte von außen vermuten ließ.

„Hier ist schon ewig niemand mehr gewesen bei all dem Staub, der überall herum liegt“, kommentierte einer der Mittelgrauen achselzuckend.

Matthis und seine Freunde hatten zuvor dafür gesorgt, dass diese bis vor kurzem als Treffpunkt genutzte intakte Stube der Hütte jetzt diesen Eindruck des Zerfalls machte. Nachdem die Grauen auch beim weiteren Bergangehen nirgends auch nur eine Spur von den Berglern entdecken konnten, machten sie sich unverrichteter Dinge wieder auf den Rückweg.

Dass die Grauen dabei allerdings ziemlich nah vor dem ersten der neuen Holzhäuser, dem von Matthis und Lena, gewesen waren, hatten sie zum Glück nicht mitbekommen. Die von Irmi und Punja hochgezogenen neuen kraftvollen Zauberwände hatten sich bestens bewährt. Die Bergler konnten aufatmen. Denn ihre Späher hatten den großen Trupp der Grauen natürlich anrücken sehen und die Familien entsprechend gewarnt.

„Mensch, da haben wir aber Schwein gehabt“, nahm Matthis seine Partnerin Lena in den Arm und grinste vergnüglich Micha an, als sie sahen, wie die Grauen so kurz vor ihrem Haus wieder den Befehl zur Umkehr erhielten.

„Heftig. Dass die uns hier oben nicht gesehen haben. Mir sind ja doch die Knie weich geworden, als die da so nah anrückten. Ich war mir nicht so sicher, ob diese Zauberwände wirklich so gut halten würden“, kam es vom jungen Blondschopf Micha.

„Ja, Micha. Mir ging es genauso. Was für ein Glück, dass wir jetzt alle hier oben sind und nicht etwa noch unten in der Villa“, schaute Lena Matthis dankbar an.

Was war inzwischen sonst noch geschehen?

Lucia, Punjas Freundin, sie kannten sich noch aus ihrer Zeit bei Frau Holle, war im letzten Herbst in Norskot mit Micha Burkowski als Liebespaar zusammengekommen. Noch in der Weihnachtszeit, am 3. Januar 2036, war Lucia jedoch mit einem Bus nach London gereist. Dort wollte sie die von ihr schon lange ersehnte Ausbildung zur Regisseurin - Theater und Film - beginnen. Diese Ausbildung in einer der renommiertesten Schulen war sehr begehrt und nur zwölf junge Leute konnten in jedem Jahr aufgenommen werden. Daher hatten noch im November Aufnahmeprüfungen stattgefunden. Zum Glück hatte Lucia rechtzeitig davon erfahren und… die Prüfung bestanden! Ihr Freund Micha, Punja und Tashi, Lena und Matthis und alle neuen Freunde in der Bergheimat, hatten ihr kräftig die Daumen gedrückt und dann ihre geglückte Aufnahmeprüfung miteinander gefeiert.

Nun würden Micha und Lucia zwar erst einmal für eine Weile getrennt sein, aber nachdem Micha und seine Bergfreunde sowieso nur ein Thema kannten, nämlich wie sie den Widerstand gegen die ORBs organisieren sollten, war Lucia letztlich der Abschied gar nicht so schwergefallen. So war sie noch einige Zeit vor dem Beginn ihres ersten Semesters in die britische Hauptstadt gereist, weil sie wenig Lust verspürte, diesen blöden Grauen Kitteln auf der Reise nach Londen begegnen zu müssen. Denn Lucia wusste, dass diese ab dem 7. Januar 2036 wieder überall im Auland zugange wären.

Was geschah mit Punja und Tashi?

Ihre Norskoter Freunde Fenno und Halvar blieben bei den Berglern. Die Zwillinge hatten als neue Bleibe die Erdwohnung von Alex und Irmi übernehmen können. Denn diese beiden bewohnten inzwischen das zweite neu gebaute Holzhaus direkt neben Irmis Bruder Matthis.

Silvester war vorbei und gestern, am 6. Januar 2036, hatten Punja und Tashi das Dreikönigsfest mit ihren Freunden ausgiebig gefeiert. Und schon am nächsten Tag, dem 7. Januar, hatten die Geschwister vor loszuziehen. Der Abschied von Fenno fiel Punja sichtlich schwer. Aber sie sah ja ein, dass es das Beste wäre, jetzt ihre Reise anzutreten. „Es muss wohl so sein“, hatte sich Punja selbst stöhnend gesagt. Auch der Eremit hatte ihnen ja mit einem Brief, der noch am Heiligen Abend bei ihnen ankommen war, zum baldigen Aufbruch Anfang Januar geraten. Die Geschwister winkten zum Abschied ihren Freunden.

Und Tashi fragte: „Punja, du bist bereit? Hast du das genaue Bild vom Eingang der Erdhöhlenwohnung von Urs am Lämmerberg im Kopf?“

Punja nickte bejahend.

„Gut.“

Urs hatte ihnen im Brief eine genaue Skizze gezeichnet, damit sie ihn ja nicht verfehlen würden, wenn sie zu Besuch kämen. Die Geschwister drehten die Glücksringe an ihren Ringfingern, sprachen die Zauberwörter und…

Bei Urs in der Schweiz am Lämmerberg

… und landeten weit oben in der majestätischen Engadiner Bergwelt am Lämmerberg. Punja und Tashi schauten sich erst einmal in aller Ruhe um. Wow, was waren das hier hohe Gipfel! Und sie so mittendrin. Das hatten sie bisher noch nie erlebt. Kein Wunder, dass Urs so von seiner Heimat geschwärmt hatte. Noch über der Baumgrenze sei seine Behausung, hatte er ihnen erzählt. Stimmt, hier oben sahen sie Gras bewachsene steinige Böden und ab und zu knorrige, wettergekerbte Arven. Weiter unten schlängelte sich ein fröhlich plätschernder Bergbach den Weg hinunter ins Tal.

Für die Jahreszeit war es allerdings erheblich zu warm. Punja und Tashi, vorbereitet auf dicken Schnee, öffneten die Reißverschlüsse ihrer Winterjacken und holten erst einmal tief Luft.

„Ach, ist die gut“, kam es von Punja „so würzig, wohl vom Arvenduft. Riechts du das auch Tashi?“

Die Geschwister betrachteten die zwei knorrigen Arvenbäume, neben denen sie gerade standen.

„Hier oben, bei Wind und Wetter und bitterer Kälte im Winter und Hitze im Sommer... ja das sind schon echte

Überlebenskünstler“, kam es von Punja, die bei ihren Worten anerkennend über den Stamm glitt. „Und schau, wie fein dennoch seine Nadeln sind. Sieben an der Zahl und viel feiner als die etwa von Latschen.“

Die Geschwister schauten sich dann um und entdeckten ein paar Meter oberhalb von ihrem Standort Urs, wie er gemütlich vor seiner Höhle in der ungewöhnlich wärmenden Sonne saß.

Sie winkten ihm kräftig. Allerdings schien Urs die Geschwister nicht zu sehen.

„Hey altes Haus“, wurde Tashi von Urs mit einem kraftvollen „High Five“ begrüßt[1]. Allerdings stutzte Urs, denn das fühlte sich völlig anders als sonst an. Seine Pfote schlug da einfach durch. Da war kein Widerstand einer Hand.

„Äh, was ist mit dir los?“, wunderte sich Urs ganz verdutzt guckend.

„Mann, Urs, schnallst du es nicht? Wir sind doch in der Jetzt-Zeit und da sind Punja und ich noch Naturgeister, also ohne physischen Körper. Das weißt du doch!“, erklärte ihm Tashi.

Punja grinste ihn dabei schief an.

Irgendwie brauchte Urs noch einen Moment, bis er das wirklich schnallte.

„Hallo Punja“, kam es dann noch immer etwas recht zögerlich von Urs.

„Ach was.“ Punja nahm ihn wie früher in die Arme und so spürte Urs diese winzige Körperbegrenzung, wenn man darauf achtete.

„Hey ihr beiden!“, kam es nun schon etwas zuversichtlicher

---

1 Das kennt ihr sicher. Das macht ihr doch auch ab und zu, so ein Abklatschen mit den erhobenen rechten Händen. Man nennt das „High-Five“, also englisch für „hohe Fünf“, damit sind die fünf Finger gemeint.

von Urs. „Willkommen auf unserem Lämmerberg. Das hab‘ ich so mit euch ja noch nie erlebt. Schon seltsam. Aber dass ihr beiden anrückt, das hatte ich im Gefühl... in meiner linken Pfote“, grinste Urs die Geschwister nun an, „der Eremit hatte euch ja auch bereits angekündigt.“

„Das Wetter spielt ja ganz schön verrückt. Jetzt Anfang Januar und dann so warm hier hier droben?“, fragte Punja.

„Ja, das stimmt. Wir sind durch diese milden Temperaturen doch glatt aus unserem Winterschlaf geweckt geworden. Und nun hauen wir uns die Bäuche erst einmal voll bevor es doch wieder kalt werden wird. Ihr kommt also gerade richtig!“, stellte Urs fest und wies sie an: „Hier geht‘s lang.“

Urs umarmte ein größeres Murmeltier, das sich bisher alles ruhig angesehen hatte und er erklärte: „Das ist meine gute Emelda, von der hab‘ ich euch doch schon ganz viel erzählt!“

Und Urs fuhr fort: „Und das hier sind Punja und Tashi. Ach, was freuen wir uns, so eine Überraschung!“

„Herzlich willkommen, Punja und Tashi“, kam es freundlich von Emelda. „Dich, Tashi, hätte ich sofort erkannt, auch ohne deine rot-silberne Ritterrüstung.“

„Ja, wir beide, Tashi“, grinste Urs, „die legendären Helden aus dem Königreich Wallens... und dann landeten wir bei der großen Feier als Marzipan-Figuren auf deren Festtagstorten. Die hatten da oben schon ihren Humor.“

Urs nahm derweil Punjas dicke Winterjacke und hängte sie im Eingang auf einige Haken: „Hier ihr beiden habt ihr gemütliche Hausschuhe. Die müssten euch doch passen.“

Dann bat Vater Urs seinen Ältesten: „Xaver, zeigst du unseren Gästen zuerst das Gästezimmer und Bad? Dann kommt gern zum Tee.“

„Recht geräumig diese Wohnung. Das hätt‘ ich gar nicht gedacht“, flüsterte Tashi Punja zu als Xaver sie einen Gang entlang führte, wo er ihnen die Tür zu einem gemütlich eingerichteten Gästezimmer zeigte. Mit jeweils zwei Betten an den Seiten, einem Tisch mit drei knorrigen Holzstühlen und fluffigen hellen Wolltüchern an einem kleinen Fenster. Die Geschwister legten ihre Sachen ab und begaben sich durch den Gang dann wieder zurück zur Stube.

„Hier, nehmt bitte Platz“, bot Emelda ihnen an. Die Kinder stürmten herein, waren sie doch schon so gespannt auf diese ungewöhnlichen Besucher. Als erstes hatten Punja und Tashi Geschenke für die drei Kinder auf den Tisch gelegt. „Schließlich kommt auch zu uns der Weihnachtsmann in die Berge“, lächelte Punja die beiden Jüngsten an.

„Dürfen wir die gleich aufmachen?“, fragte eines der Kinder.

Ihre Mutter nickte bejahend. Und im Nu rissen sie das Geschenkpapier ab, wie es wohl alle Kinder tun, gespannt zu wissen, was sich darin verbergen würde. Punja und Tashi hatten von Urs in der langen Zeit, die sie miteinander bei ihren Abenteuern zusammen gewesen waren, die Charaktere der drei Murmeltierkinder von ihrem Vater Urs gut erläutert bekommen. Und so landeten Punja und Tashi richtige Volltreffer mit ihren Geschenken.

„Danke, Tante Punja und Onkel Tashi für das große Buch über die Entstehung der Alpen. Da hab‘ ich jetzt ja jede Menge Stoff zum Lesen“, freute sich der Älteste der Sprösslinge.

„Erzählt ihr uns von euren Abenteuern?“, bat Heidi sofort, kaum dass sie sich für ihr Geschenk bedankt hatte.

„Oh ja, bitte“, kam es vom mittleren Kind Peter, gerade noch ein Stück duftendes Schweizer Apfelbrot kauend.

„Ja, klar. Was wollt ihr denn genau wissen? Oder sollen wir einfach mal anfangen und ihr fragt zwischendrin.“

Und so hingen die Kinder an den Lippen von Punja und Tashi und der Nachmittag verging wie im Flug. Das aufmerksame Zuhören und aufgeregte Nachfragen hörte auch beim gemeinsamen Spaziergang nicht auf.

„Das ist hier wirklich großartig, Urs! Da hast du uns nicht zu viel versprochen.“ Die Sonne stand inzwischen schon tiefer und warf ein rötliches Licht auf die von hier aus so nah wirkenden schneebedeckten Gipfel. Von dieser Bergkulisse waren sie schier überwältigt. Es war eine geradezu feierliche Stimmung.

„Da seht ihr die majestätische Barriergruppe.“ Urs zeigte von der Anhöhe über dem Eingang seiner Erdwohnung in Richtung Süden, „und hier weiter östlich unser naher Gipfel, der Findzack. Da, weiter oben, wohnen auch einige von unserer Großfamilie.“

Punja und Tashi nahmen einen tiefen Atemzug. Es wurde langsam merklich kühler.

„Wie hoch sind wir denn hier?“, wollten die Geschwister wissen.

„Na, gute 2600 Meter exakt an dieser Stelle.“ Damit zeigte Urs auf den Eingang seiner Erdwohnung, bei der sie wieder angelangt waren.

„Die ist ja so gut versteckt wie die Erdwohnung der Eltern Oberleitner“, meinte Punja zu Tashi.

„Oberleitner? Wer sind denn die?“, fragte Urs stirnrunzelnd nach.

„Na, das erzählen wir dir gleich… so weit waren wir beim Erzählen noch gar nicht gekommen“, erklärte Punja.

„Na, dann mal rein in die Stube.“ Galant, mit einer leichten

Verbeugung, öffnete Urs die Eingangstür.

„Mmh, was riecht denn hier so gut?“, wollte Tashi gleich von Emelda wissen, als sie die Küche betraten.

„Oh, das ist eine Schweizer Spezialität, eine Zwiebel-Käse-Wähe. Die gibt es zum Abendessen. Setzt euch schon mal hin. Die Wähe ist gleich so weit“, antwortete Emelda.

„Und ich werd‘ geschwind einen guten Lämmerberg-Tropfen aus dem Lager holen. Euer Besuch soll schließlich ordentlich gefeiert werden!“, sprach Urs und ging flugs durch die gemütliche Wohnküche weiter nach hinten, öffnete dort eine Tür und verschwand.

„Peter und Heidi, deckt ihr den Tisch für uns alle“, forderte die Mutter ihre beiden Jüngsten zur Mithilfe auf. „Und nehmt das gute Sonntagsgeschirr und die Weingläser für uns Erwachsene.“

„Und du, Xaver. Hier! Nimm du die Wähe. Pass aber auf, die Form ist heiß.“ Damit gab die Mutter ihrem Ältesten dicke Topflappen mit denen er das heiße Gebäck auf einen Holzrost auf dem ovalen Küchentisch platzierte.

Urs kam mit zwei grünen Weinflaschen zurück: „Das ist ein besonders guter Jahrgang aus 2012. Den gönnen wir uns heute zur Feier des Tages.“

Urs entkorkte die erste Flasche und goss einen bernsteinfarbenen funkelnden Wein in die Gläser.

Punja roch am Glas: „Mmh, der hat ein feines Aroma, irgendwie nach schwarzen Brombeeren.“

„Ja, und erst der Geschmack!“, freute sich Urs sichtlich. Punja und Tashi erinnerten sich noch gut daran, wie Urs aus seinem dicken Rucksack eine Flasche seines Lämmerbergs genommen hatte. Damals in Israel, in der Hütte der Eselin Heidika und sich genüsslich ein erstes Gläschen gegönnt hatte.

„Ein Stück meiner Käse-Wähe, Punja?“ Damit schob

Emelda die herrlich duftende Wähe auf Punjas Teller und dann eine für Tashi. Die Kinder hielten schon erwartungsvoll der Mutter ihre Teller hin, die jedem ein Stück aufgab. Zum Schluss kam Urs dran und ihr eigener Teller.

Sie fassten sich an den Händen und Pfoten und „Guten Appetit!" erschallte es von allen Seiten.

„Mmh, diese Wähe ist köstlich, liebe Emelda!", schwärmte Tashi, als er das erste Stück probiert hatte. „Kriegen wir das Rezept?", wollte er auch gleich wissen.

„Klar. Das schreib ich euch nachher auf", freute sich Emelda, dass es ihren Gästen so gut mundete.

„Zum Wohl, ihr beiden!" Damit stießen sie mit ihren Gläsern an, dass es nur so klingelte. Die Kinder machten das Zuprosten mit ihren Apfelsaftgläsern nach.

Punja und Tashi erzählten nun weiter, was sie alles im historischen Norskot erlebt hatten. Und wie wichtig die Rolle von Edi, ihrem gemeinsamen Freund, dabei gewesen war.

„Der Edi, dieser alte Schlawiner. Hättet ihr das gedacht, was der noch alles so zu Wege bringen würde?", grinste sie Urs dabei vielsagend an.

Der Abend wurde noch lang. Die Kinder waren längst zu Bett geschickt geworden und Punja und Tashi erzählten dem Murmeltierpaar von den Kämpfen im modernen Norskot.

„Jetzt, Urs, stehen auch in unserem Auland diese Auseinandersetzungen mit der ORBs Diktatur an. Matthis Oberleitner und der ganze Trupp der Bergler würden bald mit ihren Aktionen des Widerstands loslegen. Aus Norskot seien ihre Freunde Halvar und Fenno mit dabei und es seien kurz nach Weihnachten noch viele weitere Norskoter zur Unterstützung bereits angereist. Nur wir beide... sind mal wieder ganz woanders", endete Tashi mit einem schiefen

Blick. Denn dass er als Noch-Hausgeist erneut nicht richtig hatte mithelfen können, wurmte Tashi.

Punja ergänzte: „Du musst wissen Urs, der Eremit hatte uns an Weihnachten einen Brief geschrieben, indem er uns gesagt hat, wir sollten deine Einladung annehmen und gleich Anfang Januar zu dir reisen. Er meinte, dass wir über unseren Weg letztlich doch auch bei den jetzigen Auseinandersetzungen mithelfen würden. Da käme mal wieder so eine Zeit-Raum-Komponente mit hinzu."

„Stimmt. Die Frage ist nur wie? Das Ganze ist mal wieder ziemlich rätselhaft, Urs!", ergänzte Tashi mit noch immer genervtem Tonfall.

„Ich verstehe!", kam es nachdenklich von Urs. „Mir hat der Eremit nämlich auch einen Brief zu Weihnachten geschickt. Vielleicht ist das für euch ja ein wichtiger Hinweis. Denn darin hat er mir gesagt, ich solle euch nach Liechtenstein begleiten. Und zwar genau dorthin, wo ihr die erste Zeit in Europa länger gelebt habt, nachdem ihr Tibet 1950 verlassen habt."

„Ins Haus von Heinrich Harrer?", kam es erstaunt von Punja.

„Ja, genau dorthin", antwortete Urs.

„Und warum wir dorthin reisen sollen? Hat der Eremit dir dazu was geschrieben?", rätselte Tashi.

„Nö. Weiter war da nix von ihm. Das wird sich wohl klären, wenn wir dort sind", fügte Urs hinzu.

„Wann meinst du Urs, sollten wir denn dorthin aufbrechen?", hakte Punja nach.

„Och, ich würd' sagen, wir nutzen jetzt diese ungewöhnlich warmen Temperaturen aus. Das kann sich ja schlagartig ändern und dann wird es schon beschwerlicher. Also, ich dachte, dass wir gleich morgen früh starten. Was meint ihr?", schaute Urs die Geschwister fragend an.

„Ja, doch. Das klingt plausibel, Urs. Je eher wir dorthin kommen, desto klarer werden für uns die nächsten Schritte“, klang es schon etwas zuversichtlicher von Tashi.

„Ja, das finde ich auch“, bestätigte Punja.

„Gut, dann ist das abgemacht!“ bekräftigte Urs die Entscheidung.

Punja und Tashi schliefen erstaunlich gut in dieser Erdhöhle so hoch in den Alpen und konnten nachvollziehen, wie schön es sein mochte, hier einen längeren Winterschlaf zu halten.

„Hey Urs. Ist das der gleiche Getreidekaffee, den du für unser erstes Frühstück im Lebkuchenhäuschen gekocht hast? Damals. Das kommt mir inzwischen ja vor, als sei das schon ewig her“, meinte Punja beim Frühstück.

„Ja, Punja. Exakt die gleiche Sorte. Mir kommt das noch gar nicht so lang vor. Bei euch ist das wohl anders, weil ihr im letzten Jahr so viel erlebt habt. Was meinst du?“, fragte Urs nach.

„Doch. Mir geht es genauso wie Punja. Wenn ich an dieses intensive Jahr in Norskot denke. Wer weiß, was uns dieses Jahr noch alles blüht?“, antwortete Tashi.

„Und wir hoffentlich endlich diese doofe Verzauberung loswerden“, stöhnte Punja leicht, dabei sehnsüchtig an Fenno denkend.

„Also wenn der Eremit euch wieder auf Reisen schickt, dann hat das sicherlich damit zu tun, dass ihr weiter dieser Entzauberung auf der Spur seid. Sonst ergibt das Ganze doch keinen Sinn und ihr hättet ja auch im Auland bleiben können, oder nicht?“, folgerte Urs richtig.

„Ja doch, Urs. Da ist was dran“, stimmte ihm Tashi nachdenklich zu.

Nach dem Frühstück standen also die Geschwister zusammen mit Urs dick angezogen und bepackt vor der Eingangstür der Erdwohnung. Urs drückte seine Kinder zum Abschied und dann seine Gattin, die meinte: „Pass auf dich auf, Urs. Und komm gesund wieder!“

„Ja und ihr auch.“ Und zu den Kindern gewandt: „Ihr geht am besten gleich wieder zurück in den Winterschlaf. Es wird bald kälter. Neuer Schnee liegt in der Luft; das spür ich deutlich!“

„Och, eine gute Idee“, gähnte Xaver, der Älteste, demonstrativ und die beiden Jüngsten machten das Gähnen nach, lachten dabei jedoch verschmitzt.

„So, und wir drei schlafen jetzt aber nicht, sondern verreisen. Wie überhaupt?“, guckte Urs Punja und Tashi fragend an.

„Na, mit unseren Glücksringen natürlich. Das ist doch wohl klar“, grinste Punja vielsagend zurück.

„Upps, das haben wir ja noch nie gemacht. Kann ich denn da so einfach mitkommen? Das ist ja ein Ding“, wunderte sich Urs.

„Logo. Unsere großen Freunde Fenno und Halvar haben wir doch auch mitnehmen können. Nun Urs, du hältst dich an mir fest und Punja, du hast das Haus vom Harrer noch genau vor Augen? Okay. Dann drehen wir die Ringe.“

Tashi und Punja sprachen beide die Zauberwörter und…

In Liechtenstein im ehemaligen Heinrich-Harrer-Haus

... und die drei landeten exakt auf dem Gehweg vor dem ehemaligen Haus von Heinrich Harrer in der Stadt Vaduz. Es handelt sich hier um die Hauptstadt des Fürstentums Liechtenstein, schön gelegen am Fuße des imposanten Alpenpanoramas. Zum Glück waren gerade keine Passanten hier unterwegs gewesen. Auch wenn Punja und Tashi als Hausgeister nicht sichtbar waren, so hätten sie das Murmeltier Urs doch so plötzlich auftauchen gesehen. Glück gehabt!

In diesem Haus, erklärten die Geschwister, hätten sie vor 65 Jahren zuletzt gelebt. Es war ein merkwürdiges Gefühl für Punja und Tashi genau wie zu jener Zeit wieder an der Treppe zu stehen, die in sechs Stufen zur überdachten Eingangstür führte. Die schön gearbeitete mittelbraune Holztür war in einem vorgesetzten Bau unter dem Giebel des Hauses gebaut worden. Rechts und links davon waren genau jeweils die Hauserweiterungen mit Erdgeschoss und einem Stockwerk. Die Sprossenfenster besaßen dunkelgrüne Fensterläden. Punja erinnerte sich noch genau daran, wie diese immer im Herbst und Winter zum Abend hin zugeklappt worden waren.

„Tashi. Das gibt's doch nicht. Das Haus sieht ja noch genauso aus wie früher", meinte Punja überrascht sich das

Haus mit dem Garten anschauend.

„Stimmt“, entgegnete ihr Tashi, „da, am Rand des Gartens, war doch noch so eine hohe Tanne, die ist weg. Aber sonst?“

„Kommt, wir schauen mal, ob die hintere Tür vielleicht offen ist?“, rief Punja Urs zu, die sich schon auf den Weg dorthin gemacht hatte. Die beiden anderen folgten Punja durch den leichten Schnee, der hier lag, hinter das villenartige Haus, wobei nur Urs Spuren im Schnee hinterließ. Der reckte sich, so hoch er konnte, und drückte nun den Hebel der versteckt liegenden Tür… und wirklich, die Tür ließ sich ganz leicht öffnen.

„Die war früher auch immer offen. Witzig, dass das heute noch so ist!“, freute sich Tashi, der gleich hinter Urs ins Haus eintrat. Alle drei stiegen sie die wenigen Stufen hoch und waren nun im vorderen Teil des Flurs vis-à-vis vom Haupteingang.

Und wieder hatten sie Glück, dass ihnen hier nicht gleich die heutigen Hausbewohner begegneten. Auch wenn die Geschwister nicht sichtbar waren, Urs aber eben nicht. Also schlichen sie auf leisen Pfoten, jedenfalls Urs, hinter Punja die Treppe hoch. Dann im oberen Flur ging es in einen Raum, der ganz am Ende lag. Die Tür quietschte etwas, als Urs sie öffnete. „Die müsste mal geölt werden“, dachte Tashi, als alle drei in das Zimmer huschten.

Was sie dort sahen waren ein alter Schreibtisch, direkt unter dem hohen Sprossenfenster, und Bücher über Bücher in den offenen dunklen Holzregalen. Die Regale, die den ganzen Raum einnahmen, waren bis auf den letzten Platz vollgestellt. Selbst auf dem Boden stapelten sich noch jede Menge Bücher.

„Mensch, Punja. Auch hier kaum Veränderungen. Riechst du wie früher diese alten Schinken... äh Bücher, das Papier?“ wollte Tashi wissen.

„Ja, gewiss. Nur die Lampe am Schreibtisch sieht neuer aus und auch dass da so ein My-Book liegt. Das gab es zu unserer Zeit ja noch nicht“, bemerkte Punja.

Alle schauten plötzlich auf die Zimmertür, die sich mit einem Schwung öffnete. Und die da herein kamen schauten mindestens so groß wie die, die sie anblickten.

„Mensch… Peldon, Ösel und Sherab! Ich fass‘ es nicht!“, kam es überrascht von Punja.

„Wow – dass ihr noch lebt – stark!“, rief Tashi laut vor Begeisterung.

Die da in der Tür standen, blieb der Mund offen vor Staunen.

„Tashi Delek“, kam es dann jedoch etwas zögerlich von einem. Dabei falteten nun alle drei ihre Hände vor der Brust zum Gruß.

„Hallo, ihr drei und auch für euch: Tashi Delek“, erwiderten Tashi und Punja nun diesen tibetischen Gruß mit ebenfalls vor der Brust gefalteten Händen. Auch Urs schaute groß und war ziemlich „von den Socken“ über diese überraschende Begegnung, brachte dann aber ein Schweizerisches: „Grüezi mitenand“ heraus.

„Wie geht es euch?“, brach Tashi das noch immer herrschende Schweigen der verdutzt Guckenden.

„Mensch, ich fass es nicht, Punja und Tashi“, äußerte sich nun das Mädchen und ging auf Punja zu und umarmte sie.

„Urs, darf ich bekannt machen? Das sind unsere Freunde aus Tibet. Das ist Peldon“, zeigte Tashi begeistert auf das Mädchen, dass sein dunkles Haar in vielen Zöpfen geflochten hatte und das ein tibetisches Kleid trug. Dann deutete Tashi auf die ebenfalls im tibetischen Gewand gekleideten zwei Burschen: „Und dies sind Ösel und Sherab."

„Ja und wir haben unseren Freund Urs mit dabei", deutete Punja auf Urs, „ein Murmeltierkönig aus der Schweiz, dem Lämmerberg."

„Wow… ich fass es noch immer nicht. Wir haben uns seit 65 Jahren nicht mehr gesehen. Ich hätte ja nie gedacht, dass wir euch noch einmal treffen würden!", staunte Tashi. „Umso mehr freuen wir uns, gell Punja!"

Punja trug inzwischen Jeanshosen und dazu einen dicken roten Rollkragenpullover. Peldon hingegen hatte noch wie früher ein tibetisches ärmelloses Kleid aus einem königsblauen Stoff mit goldenen Ornamenten an, darunter blitzte eine weiße Bluse auf. „Sie sieht sehr hübsch darin aus", dachte Tashi.

„Äh… wo kommt ihr denn auf einmal her?", fragte das Mädchen. „Wir hätten ja mit vielem gerechnet, aber dass wir euch nochmal wiedersehen ganz gewiss nicht!"

„Mann, Sherab und Ösel!" Tashi wollte mit den beiden Jungs einen „High Five" zur Begrüßung abklatschen, die aber seltsam schauten, denn mit dieser Geste aus der modernen Zeit konnten sie nichts anfangen. Tashi hob nochmals seine rechte Hand und nahm die rechten Hände seiner tibetischen Freunde und zeigte ihn dieses Abklatschen.

„Das ist eine Willkommensgeste bei uns", erläuterte Tashi, „in unserer heutigen Zeit jedenfalls. Oder auch wenn man was bekräftigen will, dann machen wir auch so ein ‚High Five'. Mit „Five" sind unsere fünf Finger einer Hand gemeint."

„Aha", war nur der kurze Kommentar von Sherab mit schiefem Grinsen zu Ösel.

„Ihr habt euch ja gar nicht verändert", kam es verwundert

von Tashi, der wie Punja in einer dunklen Bluejeans und einem dicken hellen Schafwollpullover mit Zopfmuster bekleidet war.

„Ihr aber schon. Ihr seht ganz anders aus. Nicht nur die Kleidung“, räusperte sich Peldon.

„Ja, ihr seht auch irgendwie älter aus“, ergänzte Ösel stirnrunzelnd.

„Stimmt. Wir haben inzwischen auch so einiges erlebt. Das erzählen wir euch alles in Ruhe. Und was ihr so die ganzen Jahre getrieben habt, wollen wir natürlich auch wissen. Kommt, das feiern wir!“, schlug Tashi begeistert vor und klatschte mit Urs einen „High Five“, der daraufhin grinsend anmerkte: „Ihr seht, so was geht auch mit `ner Pfote.“

„Urs, hast du Franken dabei, dass wir was kaufen können?“, wollte Tashi wissen.

„Einkaufen? Das brauchen wir doch nicht. Schaut, was ich alles dabeihabe“, damit deutete Urs vielsagend auf seinen dicken Rucksack. Dem entnahm er seelenruhig ein großes Stück Bergkäse und legte es auf den Schreibtisch. Dann eine Alpenbutter und ein rundes lecker duftendes Brot: „Das hat mir meine Emelda noch gestern frisch gebacken.“ Dazu gesellten sich eine Flasche Lämmerberg-Tropfen, eine Papiertüte mit Walnüssen und eine große Tafel feinster Schweizer Schokolade.

„Wow, Urs. Das ist ja fantastisch! Mit dir kann man wirklich in die Welt ziehen“, schmunzelte Punja, als sie all die Schätze sah, die Urs da vor ihnen ausgebreitet hatte.

„Wohnt ihr noch wie früher oben unter dem Dach?“, wollte Tashi wissen.

„Ja. Klar. Die Wohnung kennt ihr doch. Kommt mit hoch, da können wir es uns gemütlich machen“, antwortete Sherab. Alle zusammen schnappten sich die guten Sachen von Urs und weiter hinauf ging es bis unters Dach. Sherab öffnete eine Holztür. Tashi, Punja und Urs traten ein. Staunend sahen sie sich um.

„Mensch, das schaut ja wirklich noch so aus wie zu unserer Zeit, als wir hier mit euch lebten“, kam es verwundert von Punja. Sie atmete tief ein. Auch der Geruch kam ihr vertraut vor. Der große Raum war ganz im tibetischen Stil eingerichtet, jedenfalls was die Stoffe und die Farben der Wände anging. Jede der vier Wände war in einer anderen Farbe angestrichen. Links vom Eingang in kräftigem Rot, die Außenseite ihnen gegenüber mit den Fenstern in Grün. Die rechte Seite war blau angestrichen und die rückwärtige Wand mit dem Sofa in einem warmen Sonnengelb. Die Möbel allerdings waren alle von einer stilvollen westlichen Prägung noch vom Anfang des letzten Jahrhunderts. So stand unter zwei Sprossenfenstern ein ovaler Holztisch mit drei Stühlen.

„Gutes Kirschholz“, meinte Tashi anerkennend und strich über einen der schön gearbeiteten Stühle mit grünen Samtpolster und einer jugendstilartigen Verstrebung im Rückenteil.

„Die Möbel stammen noch vom Harrer. Der hat das hier oben für sich so eingrichtet. Gästezimmer und sonst seine Rückzugsklause, wie er sich ausgedrückt hatte“, erklärte Tashi. Er und Punja schwelgten in Erinnerungen.

Drei weitere dieser formschönen Stühle aus Kirschholz standen an der Wand. Auf schmalen Fensterbänken vor den beiden Sprossenfenstern entdeckten die Freunde jede Menge Topfpflanzen. Die Vorhänge waren aus einem sonnengelben Stoff. Und gegenüber der Fenster nahm ein grünes Samtsofa fast die ganze Seite ein. Davor standen ein niedriger Couchtisch mit zwei einladenden Sesseln, die ebenfalls mit grünem Samt bezogen waren. Zwei tibetische bodenlange Vorhänge hingen inmitten der roten und blauen Wand. Der Stoff des Vorhangs auf der blauen Wand war hauptsächlich im kräftigen Gelb gehalten und der andere war von grüner Farbe.

Punja ging an die Fenster und schaute hinaus: „Draußen hat sich ja richtig viel verändert. So dicht standen hier früher keine Häuser. Ich erinnere mich, dass wir damals – mit diesem Haus am Rande der Stadt – noch einen gänzlich freien Blick auf die Alpen hatten."

Auch Tashi meinte: „Stimmt, Punja, wieviel seitdem hier doch gebaut worden ist!"

„Ich koche uns erst einmal einen Tee", schlug Ösel vor.

„Tee, etwa Buttertee?", fragte Tashi.

„Ja klar. Was denn sonst?", antwortete Ösel prompt.

Peldon war zu einem hohen schmalen Schrank gegangen, der neben der Zimmertür stand und entnahm ihm Teetassen und Teller. Sherab verschwand hinter dem gelben Vorhang, hinter dem sich eine weitere Zimmertür verbarg und kam mit einer Schale voller Kekse zurück.

„Selbst gebacken. Nach einem Rezept, wie es meine Mutter früher gemacht hat", erklärte er.

„Mmh, die duften aber gut. Unglaublich. So ein tibetisches Gebäck haben wir ja schon ewig nicht mehr gegessen", freute sich ganz besonders Punja.

„Setzt euch. Macht es euch gemütlich!", fordete Ösel auf, der mit einer dampfenden Kanne voller Buttertee zurück war.

„Ihr lasst es euch ja auch gut gehen", kommentierte Urs, den für ihn etwas merkwürdig schmeckenden Buttertee und einen eher pikant schmeckenden Keks dazu kostend.

„Ja, klar. Wir hatten ja wohl auch Zeit genug, uns hier einzurichten“, grinste ihn Ösel an.

„Wie lange wohnt ihr denn schon hier“, hakte Urs nach.

„Also – wir alle fünf zusammen – kamen mit dem Österreicher und Bergsteiger Heinrich Harrer hierher. Zuerst war der 1951 mit seinem ganzen Gepäck, wo ja unsere fünf Silberopferschalen dabei waren, nach Indien und dann ging es mit dem Flieger nach Europa. Erst nach Kitzbühel in Österreich und dann 1952 hierher nach Vaduz“, fasste Ösel chronologisch zusammen.

„Und heute haben wir das Jahr 2036. Also sind das nach Adam Riese ganze 84 Jahre, die ihr hier lebt. Und dabei schaut ihr noch ziemlich jung aus“, wunderte sich Urs.

„Urs, wir haben dir doch erklärt, dass wir als Hausgeister nicht so altern wie Menschen. Außer… ja ihr habt recht, denn Tashi und ich sind im letzten Jahr wirklich älter geworden. Schneller als mir lieb ist“, stöhnte Punja. „Das ist mir überhaupt nicht recht!“

„Ihr müsst wissen, dass wir dabei sind, wieder so einen materiellen menschlichen Körper zu kriegen wie vor unserer Verzauberung. Das ist ziemlich kompliziert und braucht viel Geduld“, erläuterte Tashi in die verwundert drein schauenden Gesichter ihrer drei tibetischen Freunde blickend.

Und so begannen Punja und Tashi zu erzählen, wie sie von hier aus 1969 ins Auland gekommen waren. Damals hatte Heinrich Harrer das frisch getraute Ehepaar Jean Bousse und Eva Steinach besucht und ihnen zur Hochzeit ihre beiden kostbaren Silberopferschalen geschenkt. Genau die Schalen, an die das Geschwisterpaar angezaubert worden war.

„Wir hatten dort in der Steinach-Villa auch ein recht beschauliches Leben… bis… ja, bis wir über einen Zauberspiegel oben am Dachboden der Villa auf einmal bei einem Eremiten im Gebirge auftauchten“, erzählte Tashi.

„Ja, und da kam nun auch ich ins Spiel. Denn dieser Eremit Bruder Bernhard ist ein alter Freund von mir“, fügte Urs an.

Die drei erzählten, was sich dann alles ereignet hatte und dass sie diesen seltsamen Auftrag bekommen hätten, „Weihnachten zu retten“. Die Abenteuer, die sie da zu bestehen hatten und dass Edi in Israel zu ihnen gestoßen wäre. Der sei ursprünglich aus Kanada, den Rocky Mountains, und sei auf einmal bei ihnen aufgtaucht.

„Und wie doof der erst war“, grinste Urs bei der Erinnerung: „Und heute, sag ich euch, ist das ein ganz prima Kumpel.“

„Stimmt“, pflichtete Tashi bei, „der hat uns in Norskot ziemlich gut geholfen.“

Die drei tibetischen Freunde schauten immer wieder groß, was das alles für Abenteuer waren, von denen Punja und Tashi so locker erzählten.

Gegen Abend fragte Punja dann: „Jetzt haben wir so viel von uns erzählt, wie ist es denn euch hier ergangen?“

„Bei uns hat sich nicht so viel getan, was ihr allein daran seht, dass wir noch immer so wohnen wie zu eurer Zeit“, fing Ösel an.

„Ja, aber auch wir waren nicht untätig. Denn hier ist eine Nichte von Heinrich Harrer eingezogen mit ihrem Mann. Der lebt allerdings nicht mehr. Jetzt wohnt diese Nichte, Prof. Ilse Harrer heißt sie, mit ihrem Enkel in unserem Haus. Der studiert Informatik. Seine Tante war dort an der Uni eine angesehene Mathematik-Professorin. Jetzt ist sie allerdings im Ruhestand“, erklärte Sherab.

„Das ist das Büro der Professorin, wo wir eben waren und da haben wir auch angefangen, Mathematik zu studieren“, ergänzte Peldon.

„Und mit dem Max, so heißt der Enkel, sind wir jetzt sogar mitgekommen, wenn der in die Uni geht. Wir sind sozusagen nun auch Studenten“, gab Ösel an. „Ich sag euch, das ist super! Sechs Semester haben wir schon mitstudiert.“

„Allerdings ohne Prüfungen schreiben zu müssen“, grinste Sherab verschmitzt.

„Könnt ihr denn da so einfach mitgehen?“, wollte Tashi wissen.

„Doch schon. Wir haben es anfangs auch nicht glauben können. Denn vorher waren wir höchstens mal ein paar Ecken weiter hier vom Haus aus. Aber irgendwie klappt das jetzt mit einem weiteren Kreis. Vielleicht weil wir zusammen mit den Menschen doch so etwas wie eine Hausgemeinschaft bilden“, kam es nachdenklich von Peldon.

„Warum seid ihr, Punja und Tashi, denn nun älter geworden und gewachsen? Was hat das mit dieser Entzauberung auf sich? Hat das auch was mit uns zu tun?“, hakte nun Sherab nach.

„Stimmt. Du hast recht, Sherab. Wenn wir diese Entzauberung schaffen, dann muss das doch auch irgendwie für euch gelten. Darüber haben wir mit dem Eremiten noch gar nicht gesprochen, Punja!“, richtete Tashi seine Worte direkt an seine Schwester.

„Das haben wir glatt vergessen. Tut uns leid“, kam es kleinlaut von Punja.

„Aber wie ich den Eremiten kenne“, ergänzte Urs, „kennt der eure Situation ziemlich gut und wird auch euch drei bei der ganzen Aktion bedacht haben. Warum sonst hätte er schließlich gewollt, dass ich euch, Punja und Tashi, hier her nach Liechtestein begleiten sollte?“

„Da ist was dran, Urs. Da bin ich aber froh, wenn du das auch meinst“, seufzte Punja sichtlich erleichtert.

Es wurde noch viel erzählt und am Abend kochten sie gemeinsam die Lieblingsspeise der Tibeter: Momos! Das sind gefüllte Teigtaschen, die entweder eine vegetarische Füllung enthalten oder eine mit Fleisch. Nach dem Füllen werden sie besonders aufwändig gefaltet, wozu ein ziemliches Geschick gehört und viel Übung. Punja und Tashi hatten völlig vergessen wie gut ihnen diese Momos schmeckten.

Urs ließ sich zeigen, wie man diese Momos richtig isst. Denn zuerst beißt man in eine Ecke der gefüllten Teigtaschen und lässt die darin enthaltene feine Soße in den Mund laufen und dann verzehrt man so ein schön gefaltetes Teigpäckchen. Zuvor tunkt man es in eine der dazu gereichten Soßen. Besonders die beliebte rote Chilisoße war ziemlich scharf; Urs verzog sein Gesicht.

Der Abend wurde lang bei all dem Erzählen, Essen und Trinken. Irgendwann gähnte Punja und wollte wissen: „Wo können wir heute Nacht denn schlafen?“

„Na, ganz einfach. Natürlich da, wo ihr auch früher genächtigt habt“, antwortete ihr Peldon lächelnd.

Und so folgten die drei Gäste Ösel, der die Tür rechts vom Eingang in der blau gestrichenen Wand hinter dem gelben Vorhang öffnete. Hier war ein Schlafraum mit drei Betten zu sehen. An jedem Bett stand ein Regal mit Lampe. Nur eines der Betten war mit Büchern voll gestapelt. Auf das zeigte Ösel und meinte zu Tashi: „Das ist doch dein Bett. Das räumen wir gleich leer. Und du, Urs, magst du hier hier auf der Couch übernachten?“

Urs nickte. Er war so müde, dass er fast nicht mehr auf den Beinen stehen konnte, sich ziemlich schnell lang machte und auch gleich anfing leise zu schnarchen.

„Na, das war ja höchste Zeit für den?“, sagte Ösel leise zu Tashi, der das grinsend bejahte.

Peldon war inzwischen schon mit Punja zusammen zurück ins Wohnzimmer gegangen und von dort zur Tür in der roten Wand, die hinter dem grünen tibetischen Vorhang versteckt war. Auch Punja fand dort noch ihr früheres Bett wieder. Alle sechs schliefen „bis in die Puppen“ an diesem Sonntag.

Beim Frühstück – die guten Mitbringsel von Urs wurden dazu auftischt - wurde beratschlagt, wie sie nun weiter vorgehen wollten.

„Hat euch denn dieser Eremit nichts weiter dazu gesagt“, fragte Peldon ihre Gäste.

„Nein, leider nicht“, stöhnte Punja.

Nach einer Pause, wo alle vor sich hin grübelten, rief Sherab plötzlich laut in die Runde: „Ich hab‘s!“

Alle guckten groß. Aber noch ehe einer Fragen stellen konnte, fing Sherab bereits an mit seiner Idee, dabei Punja und Tashi nacheinander ansehend: „Ihr habt uns doch erzählt, dass ihr den Widerstand gegen diese ORBs in eurem Auland anders angehen müsst als in Norskot. Ihr habt ja nicht die Armee auf eurer Seite. Meiner Meinung nach müsste eine interne Strategie über deren Computersysteme erfolgen.“

Punja und Tashi schauten beide skeptisch, noch konnten sie Sherab nicht folgen.

So fuhr er fort: „Wir hier sind inzwischen – vor allem mit der Professorin und Max – doch schon richtige Cracks, was das Programmieren angeht. Nur mal angenommen – wir können die beiden überzeugen mitzumachen – ja dann könnten wir uns in deren Systeme einhacken und das Ganze von innen platzen lassen.“

„Wow“, kam es nun von den Geschwistern gleichzeitig. Es war als wäre ihnen ein Licht aufgegangen. Das war wirklich eine Chance. Vielleicht DIE CHANCE!

„Gute Idee, wirklich. Die Frage ist, können die Professorin und dieser Max denn einfach so mit uns reden? Äh, mit uns Hausgeistern, meine ich“, fragte Punja.

„Upps, daran habe ich gar nicht gedacht. Nee, das können die wohl nicht“, antwortete Ösel.

„Ja, dann…“, überlegte Tashi hin und her und meinte: „Dann müssten wir am besten Irmi hier her mitnehmen. Die könnte als Vermittlerin uns helfen. Was meinst du Punja?“

„Doch, so könnte es gehen. Wir könnten es zumindest versuchen“, stimmte Punja ihrem Bruder zu. Auch die drei Liechtensteiner nickten zustimmend mit ihren Köpfen.

Abschied von Urs…

„Gut, aber ich mache mich vorher auf die Socken. Die Meinen daheim warten schon auf mich“, sagte Urs in die Runde.

„Ja, das verstehe ich“, stimmte Punja Urs zu, der bereits am Morgen die ganze Zeit immer wieder verstohlen gegähnt hatte. „Der braucht wirklich seinen Winterschlaf“, dachte Punja. Und so begleiteten sie Urs gemeinsam nach unten zur hinteren Haustür.

„Mach es gut, Urs. Und danke nochmals für deine Begleitung hierher und eure wundervolle Gastfreundschaft. Grüß deine Emelda und die drei Sprösslinge ganz herzlich von uns.“ Punja nahm Urs in die Arme.

Und auch Tashi drückte seinen Murmeltierfreund so gut es ging: „Ja und wir kommen garantiert wieder, wenn das alles klappt so wie wir uns das wünschen. Drück uns die Daumen, Urs!“

„Ja, das mache ich. Euch viel Glück, dass ihr diesen ORBs Code knackt. Bin schon gespannt, wann wir uns wiedersehen. Bis hoffentlich bald und!“, winkte Urs den Geschwistern zu, „und mit Christus!“ ergänzte Urs, den Segensspruch vom Eremiten wiederholend.

Auch Peldon, Ösel und Sherab winkten Urs zum Abschied. Sie beobachteten, wie Urs auf dem Bürgersteig den Weg zurück in seinen Schweizer Lämmerberg ging.

Tashi lief ihm plötzlich hinterher: „Urs, halt!“ rief er ihm zu.

Urs drehte sich verwundert um: „Tashi?“

„Urs, ich kann dich doch mit meinem Glücksring direkt in dein Zuhause bringen. Entschuldige bitte, dass mir das erst so spät eingefallen ist. Irgendwie hatte ich den Kopf so voll“, grinste Tashi seinen Kumpel etwas schief an.

„Och, ich hab‘ da schon dran gedacht, Tashi. Allerdings freue ich mich jetzt richtig auf dieses langsame Zurücklaufen. So weit ist das ja nicht von hier. Ich kann beim Gehen meine Gedanken so gut ordnen. Ich hätt‘ schon was gesagt, wenn ich’s gewollt hätte“, grinste ihn Urs zurück.

„Okay Sportsfreund!“ Das bekräftigten die beiden mit einem „High Five“.

... und Punja und Tashi wieder zurück im Auland

Nachdem sich die fünf von Urs verabschiedet hatten, machten sich auch Punja und Tashi auf, denn nun ging es ja zuerst wieder zurück ins Auland… Und die Geschwister landeten vor der Tür des neuen Holzhauses von Matthis und Lena, hoch droben in der Bergregion über der Stadt Laxna. Es war deutlich kälter geworden und frisch gefallener Schnee lag dick über der Landschaft. Sie klingelten.

Lena war es, die ihnen öffnete: „Hey, das ist ja ein Ding! Punja und Tashi! Kommt rein!“

Lena nahm vorsichtig die Geschwister zur Begrüßung in die Arme, soweit das eben für Geistwesen möglich war. Zum Glück konnte Lena die beiden inzwischen doch recht gut wahrnehmen. Sobald Fenno hörte, dass Punja und Tashi zurück waren, war er aufgesprungen und begrüßte Punja überschwänglich. Am liebsten hätte er Punja ganz fest an sich gedrückt, aber das ging ja leider nicht.

„Mensch, Tashi und Punja. Ich glaub es nicht. Ihr seid zurück!“, mit Tashi klatschte der Norskoter einen „High Five“.

Die Geschwister sahen, dass mehrere ihnen bekannte Menschen um den großen Küchentisch saßen: Matthis, Micha, Irmi und ihr Mann, Alex und Halvar, sowie die Bergler Max, Karl und Fritz, die alle auch im letzten Jahr in Norskot dabei gewesen waren.

„Das ist ja eine Überraschung, dass ihr beiden wieder da seid! So schnell haben wir mit eurer Rückkehr ja nicht gerechnet“, freute sich Matthis, der sich sogleich erhob, um die Geschwister zu begrüßen.

„Hallo in die Runde! Seid ihr gerade mitten in einer Besprechung?“, kam es fragend von Tashi.

„Das ist richtig. Kommt, setzt euch“, damit bot ihnen Matthis ihnen zwei Stühle an. Lena hatte Tassen geholt und ihnen Tee eingeschenkt. Und so hörten die Geschwister der Gruppe zu und erfuhren von ihren Plänen.

„Es gibt immer mehr Menschen, die sich von den Grauen nicht mehr einschüchtern lassen. Im Winter hatten wir große Gruppen darin fortgebildet, dass sie sich über die Mechanismen der ORBs klar werden sollten. Dass deren Hauptmittel das Erzeugen von Angst sei. Je mehr Angst, desto mehr Graue. Wir waren erstaunt, wie schnell das doch so einige von denen kapierten haben. Und das ist jetzt die Saat, die am Aufgehen ist. Allerdings sind es noch zu wenige, Die können an dem System bisher nur kratzen, so will ich das mal ausdrücken. Die brauchen jetzt dringend Hilfe von uns, sonst verpufft diese ganze gute Energie wieder", hob Matthis an.

„Ihr müsst wissen, dass wir hier im Auland eine völlig andere Situation haben als oben in Norskot. Dort hatte Sir Olsen diesen überaus wichtigen Partner mit dem General Malmö, einem Überläufer zur Widerstandsgruppe. Die kannten sich ja von Kindheit her. Das war eine solide Basis und somit war die Widerstandsgruppe überhaupt fähig, mit einem Schlag die Zentrale einzunehmen, die Gefängnisse zu stürmen und mit der Armee alle anderen Stützpunkte zu besetzen. Diese Möglichkeit haben wir hier nicht. Wir müssen da anders an die Sache ran. Noch fehlt uns der zündende Funke!", erläuterte Alex.

Punja schaute Tashi an und begann mit ihren Erklärungen: „Unsere Liechtensteiner Freunde haben da so eine Idee." Und so erzählten die Geschwister den erstaunten Zuhörern von ihrem Besuch zuerst bei Urs und dann in dem Liechtensteiner Haus, in dem sie zuletzt vor 65 Jahren mit ihren drei Freunden gelebt hatten. Alle drei seien inzwischen ausgebuffte Programmierer geworden.

„Also, unsere gemeinsame Idee ist, dass wir diese Professorin und ihren Enkel mit einspannen und dass sie versuchen, in die Systeme der ORBs reinzukommen!" erläuterte Tashi.

„Ja und weil die Professorin und ihr Neffe Hausgeister wohl eher nicht sehen können, dachten wir, dass du, Irmi, mit uns kommst und sozusagen als Übersetzerin fungierst.

Was meinst du?“, fragte Punja leicht aufgeregt.

„Mensch Punja und Tashi. Wenn so etwas möglich wäre, wäre das wie der fehlende Schlüssel…“, kam es nachdenklich von Irmi.

„Micha. Du müsstest uns noch mehr über diese obersten Strukturen der ORBs erzählen. Neben diesem Kjal, wer war da noch wichtig?“, wollte Tashi wissen.

„Also, wie gesagt, der Kjal war der Oberste. Aber mit ihm ganz nah, ich habe mich oft darüber gewundert, wie eng die waren… waren da elf Typen. Die waren wie Pech und Schwefel. Kjal war eindeutig deren Boss. Da muckste keiner von denen auf. Ich und auch andere haben uns immer wieder gewundert, dass in diesen innersten Zirkel dieses Zwölferzirkels niemand reinkam. Selbst ich nicht“, erklärte Micha.

„Du sagtest zwölf Leute? So langsam dämmert mir da was“, kam es nachdenklich von Punja. „Was du da sagst, Micha, macht mich nachdenklich. Irgendetwas Merkwürdiges ist da mit diesen Zwölf verbunden. Es ist bisher nur so ein Gefühl, aber meiner Intuition kann ich meist vertrauen.“

Nach einer Pause, in der diese Worte allen durch den Kopf gingen, erklärte Punja weiter: „Wenn das stimmt, was ich da fühle, dann haben wir es mit ziemlich dunklen Mächten zu tun. Die können wir nicht direkt besiegen. Das wird nur auf einem ungewöhnlichen Weg gehen und mit Methoden, mit denen sie nicht rechnen können.“

„Du sprichst in Rätseln, Punja. Ich verstehe noch nicht so ganz was du meinst,“ merkte Matthis an.

„Vielleicht hilft das weiter,“ fing nun Tashi an. „Dieser Kjal und seine elf engen Leute sind ja die Hauptakteure dieser ORBs Diktatur. Okay der Kjal wurde in Norskot gefasst, der sitzt also fest. Aber wenn der mit übelsten

Geistern verbunden ist, wie du, Punja, es vermutest, dann wird er sogar noch aus seinem Gefängnis heraus mit seinen Verbündeten agieren können. Der ist mit Sicherheit noch nicht schachmatt gesetzt. Damit meine ich, irgendwie sind diese elf, die hier in Laxna ihren Hauptstützpunkt haben, wie ein Schlüssel, mit dem wir weiter machen sollten."

„Mir kommt da gerade die Idee, ob nicht auch du Micha mitkommen solltest nach Liechtenstein in dieses Haus zu den Programmierern. Du weißt so vieles von den ORBs, da können manchmal Kleinigkeiten entscheidend werden", schlug Alex vor.

Micha hatte bis jetzt ruhig zugehört. Er schien über den Vorschlag von Alex nachzudenken und meinte dann in die Runde: „Doch, da ist was dran, Alex. Ich könnte es zumindest versuchen. Das Ganze scheint ein gangbarer Weg. Jedenfalls haben wir so nun endlich eine Idee, wie weiter vorgehen können!"

„Super, Micha und Irmi. Das ist großartig. Also abgemacht!", freute sich Tashi und klatschte ein „High Five" mit den beiden ab.

Professorin Dr. Ilse Harrer und Max Polder

Der Abend wurde noch lang. Punja und Tashi wurden zur Nacht in den Gästezimmern von Matthis und Irmi untergebracht. Die Bergluft tat ihnen merklich gut und so schliefen sie vor Erschöpfung ziemlich bald ein.

Im Haus von Irmi und Alex wurde dann am nächsten Morgen gemeinsam gefrühstückt… Punja fiel es sichtlich schwer, sich erneut von Fenno trennen zu müssen. Sie hatte sich so gut mit ihm gefühlt. Aber nun hieß erneut loszuziehen. Nach dem Frühstück standen die Geschwister zusammen mit Irmi und Micha zur Abreise bereit.

Tashi fragte: „Micha, hast du alles, was du brauchst? Dann halte dich bei mir bitte fest. Irmi, du auch? Punja, wir haben wieder das Bild vom Liechtensteiner Haus vor Augen. Direkt auf dem Gehweg vor dem Haus kommen wir auf. Ja?“

Punja nickte und so drehten die Geschwister ihre Glücksringe, sprachen die Zauberwörter und…

Und die vier landeten exakt wieder auf dem Gehweg vor dem ehemaligen Haus von Heinrich Harrer in Vaduz, Liechtenstein. Gerade in dem Moment als sie auf dem Bürgersteig aufgekommen waren, bogen zwei Spaziergänger um die Ecke. Mist! Die schauten ziemlich verblüfft, aber glaubten letztlich ihrer eigenen Wahrnehmung nicht. Denn das, was nicht sein kann, sehen viele Menschen schlichtweg überhaupt nicht.

Tashi schaute erleichtert, als die Spaziergänger einfach weitergingen als sei nichts Ungewöhnliches geschehen und meinte: „Super, das hat ja gut geklappt. Ihr beiden klingelt am besten am Haus, denn ihr könnt ja nicht, so wie wir, einfach ungesehen ins Haus spazieren. Wie gesagt wohnen dort die alte Professorin Dr. Ilse Harrer und ihr Enkel Max Polder.“

Und so schritten sie zu viert die sechs Stufen hoch zur Eingangstür. Micha läutete. Es ertönte eine melodische Klingel. Dann hörten sie, wie jemand im Flur sich langsam bewegte und die Haustür öffnete.

„Guten Tag, Prof. Dr. Harrer“, fing Irmi an. „Mein Name ist Irmi Oberleitner und das ist ein junger Freund von mir, Micha Burkowski. Wir kommen direkt aus dem Auland mit einem ziemlich ungewöhnlichen Anliegen.“

„Guten Tag. Wie kann ich ihnen helfen?“, fragte die alte Dame, die leicht füllig und mittelgroß war. Eingehüllt war sie in eine wärmende erdfarbene Stola, die sie mit einer Hand vorne geschlossen hielt.

„Das wird Sie wundern, aber wir beide stehen hier nicht allein“, fuhr Irmi fort. „Vor ihnen stehen auch zwei Hauselfen, die ursprünglich aus Tibet stammen. Punja und Tashi kamen zusammen mit Ihrem Onkel Heinrich Harrer – angezaubert als Hauselfen an zwei Silberopferschalen – erst hier her in dieses Haus in Liechtenstein. Und dann schenkte Ihr Onkel diese beiden Schalen seinem Freund Jean Bousse und Eva Steinach bei einem Besuch zu deren Hochzeit. Das war im Jahr 1969 in Laxna, im Auland. Seitdem leben Punja und Tashi dort in der Steinach-Villa“, berichtete Irmi der Professorin diese ziemlich ungewöhnliche Geschichte.

„Kommen Sie doch erst einmal herein, Frau Oberleitner und Herr Burkowski.“ Damit schritt die Dame zu einer Tür, die sie seitlich im Flur öffnete. Nacheinander traten die vier hinter der Professorin ein. In dem stilvoll eingerichteten Wohnzimmer wurden sie gebeten, Platz zu nehmen.

Die Professorin hob an: „Erzählen Sie mir doch bitte ausführlicher über all diese Begebenheiten. Denn mein Onkel hat mir einiges an ähnlichen Geschichten erzählt, als er alt wurde. Er hatte mir gegenüber auch angedeutet, dass hier in unserem Haus noch weitere Wesen aus Tibet leben würden. Wissen Sie dazu näheres?“

„Ja, das sind auch Hauselfen, drei Freunde von Punja und Tashi. Sie kamen mit ihnen, mit diesen Silberopferschalen, die Ihr Onkel wohl als Geschenk von einem Abt eines Klosters für Hilfsarbeiten erhalten hatte. Es handelt sich bei Ihnen um ein Mädchen namens Peldon und zwei Hauselfen-Jungs mit Namen Ösel und Sherab.

Sie haben sich, wie uns Punja und Tashi erzählt haben, oben inzwischen gut eingerichtet. Dort leben sie ja bereits seit…?“ Irmi stockte und fragte die Geschwister wie lange sie dort nun schon wohnten.

„Punja sagte mir gerade, dass sie und Tashi, sowie ihre drei Freunde im Jahr 1952 mit ihrem Onkel hier her nach Liechtenstein gekommen wären. Zuvor seien sie an verschiedenen anderen Orten mit ihm gewesen“, ergänzte Irmi.

„Ja, das stimmt mit den Daten überein. Was kann ich denn für Sie tun?“, wollte die Professorin nun wissen.

Und so fingen Irmi und Micha an, ihr abwechselnd von all den Begebenheiten und Plänen zu schildern, die sie in dieses Liechtensteiner Haus geführt hatten.

Die Professorin fragte nach: „Und Sie meinen wirklich, dass wir hier – zusammen mit ihren Hauselfen – einen solchen Code knacken könnten, mit der die ORBs Diktatur arbeitet?

Wir haben die schlimmsten Berichte aus unserem Nachbarland ja immer wieder gehört. Wenn wir da zur Lösung etwas beitragen könnten, das wäre ganz in meinen Sinn…“ und sie fügte nach einem Moment des Nachdenkens hinzu: „und sicherlich würde auch Max helfen wollen. Max Polder, mein Enkel, wird zum Mittagessen etwas aus der Stadt mitbringen. Ich rufe ihn an, dass er noch ein paar Portionen mehr besorgen soll. Es sind gute asiatische Speisen, die Ihnen und Ihren Freunden sicherlich schmecken werden.“

Und so machten sie es. Als Max mit den Speisen nach Hause kam, wurde alles auf der großen Tafel im Esszimmer des Hauses angerichtet. Punja und Tashi hatten zuvor oben unter dem Dach ihre drei Freunde begrüßt und ihnen die Einladung der Professorin zum gemeinsamen Essen freudig mitgeteilt.

„Wie schön, dass wir euch nun besser kennenlernen können. Wir sind am besten einfach per Du. Das machte das Ganze einfacher“, begrüßte die alte Dame ihre drei längjährigen Mitbewohner Peldon, Ösel und Sherab. Sie nahm ihr Glas Wasser in die Hand und alle taten es ihr nach: „Nennt mich Ilse und das ist Max und wie schön, Irmi, dass du mir und Max mit den Übungen zur Wahrnehmung von Naturgeistern helfen wollt.“

„Max und ihr alle sollten wissen, dass mein Onkel, immer wieder so begeistert von den Tibetern erzählt hatte. Er sprach davon, wie naturverbunden das tibetische Volk grundsätzlich gewesen sei; gerade die einfachen Menschen, hatte er betont. Sie lebten im Einklang mit ihrer Umgebung, achteten die Elemente. Er hätte erlebt, wie ein tibetischer Nomade mitten in einer ruhigen weiten Grassteppe, einen kräftigen Wind herbeigerufen hätte. Er war eben dabei, den Spelz von den Körnern zu trennen und würde dazu diesen Wind brauchen, hatte er meinem Onkel ganz einfach erklärt. Mein Onkel war darüber sehr verwundert. Aber dieser Nomade, ein Mann aus Amdo, meinte nur, er und seine Frau würden die Windgeister achten, ihnen Geschenke machen und so wären sie seiner Familie gut gesonnen.“

Die Professorin hatte Irmi und Micha eingeladen, mit ihnen in dem großen Haus zu wohnen. Platz sei ja genug vorhanden, hatte sie angemerkt. Und Punja und Tashi fanden wieder ihre Schlafplätze bei ihren Freunden unter dem Dach, genau dort, wo sie die vielen Jahre in Liechtenstein mit ihnen gelebt hatten.

Und so begannen sie miteinander Schritt für Schritt ihre Aufgaben anzugehen. Max war mit Feuer und Flamme dabei, denn er hatte von Mitstudenten aus dem Auland gehört, wie hart es dort ihren Familien zum Teil ging. Und Feuer und

Flamme war hier nicht jetzt nur so dahingesagt, denn an einem Abend, als sie rätselten, wie sie den Code nur knacken könnten... Alles hatten sie schon hin und her geschoben, da zündete Punja wie jeden Abend zum gemeinsamen Abendessen eine Stumpenkerze an. Dieses Mal jedoch winkte ihr erstaunlicherweise einer der drei Feuergeister aus der Steinach-Villa aus der Flamme heraus zu.

Verwundert fragte Punja: „Das ist ja ein Ding. Wer von euch bist du denn? Fix, Fox oder Fu?“

„Ich bin Fu! Die anderen beiden sind in der Villa beim Eichenmax. Sie lassen euch alle übrigens herzlich grüßen!“, begann der kleine Feuergeist.

„Danke Fu. Wie geht es euch denn in der Villa?“, wollte Tashi wissen.

„Och, die ORBs haben ja das Haus Anfang des Jahres gestürmt, weil sie Lena und ihre Kinder festnehmen wollten. Wegen Micha“, erklärte er.

Micha wurde es ganz anders, als er das mit anhörte.

„Aber das war ein kluger Schachzug von Lena, dass sie Emma und ihren vielen Freunde Zimmer vermietet hatte und die noch vor Weihnachten bei uns eingezogen waren. Da konnten diese ORBs und ihre grauen Gesellen nichts ausrichten und waren ziemlich verärgert, kann ich euch sagen.“ Der rotgesichtige Fu schaute dabei auf seine ihm aufmerksam lauschenden Zuhörer. Und er fing an zu erzählen, dass es die Feuergeister gewesen seien, die im Auftrag der großen lichten Himmelskräfte kräftig zugange gewesen waren.

„Die haben uns so etwas wie eine ‚kleine Freiheit‘ geschenkt“, grinste Fu verschmitzt aus der Flamme heraus. „Übrigens, das Wasser hat auch schon so eine ‚kleine Freiheit‘. Die Undinen und wir müssen uns also nicht mehr alles gefallen lassen, was die Menschen da fabrizieren.

Bisher mussten wir da immer mittun, sozusagen auf Befehl von oben. Aber das ist jetzt vorbei!"

„Ja, dann wart ihr das, die die Computer, Handnix und anderen Geräte lahm gelegt habt… also in der Zeit ab dem ersten Advent im vorletzten Jahr und im letzten Jahr schon ab Michali?", staunte Punja.

Fus Gesicht strahlte vor Stolz aus der Flamme heraus: „Stimmt. Das waren meine Freunde und ich. Wobei ‚Freunde' schon recht viele von uns sind. So einfach war das dann ja auch nicht, uns über so große Bereiche hinweg zu organisieren. Aber das hat doch super geklappt!"

„Wow", pflichtete Tashi bei. „Allerdings Fu, verstehe ich das noch nicht so ganz. Inwieweit habt ihr als Feuergeister überhaupt mit Computern zu tun? Ihr seid doch Flammen!"

Fu antwortete: „Na, ganz einfach. Wir Feuergeister sind es doch, die uns in diesen Strom hinein zu zwengen haben. Furchtbar eng ist das für uns da drin. Gern machen wir das nicht. Wir Feuergeister sind es doch, die diese Energie tragen. Das merkt ihr allein daran, dass all eure elektrischen Geräte warm werden. Oft müssen große Anlagen extra gekühlt werden, weil die sonst drohen zu überhitzen. Das ist sozusagen unser ‚modernes Arbeitsfeld'. Ich komme zwar hier in dieser Kerze nur als eine kleine Gestalt zu euch rüber, aber das heißt bei uns Salamandern, wie wir Feuergeister auch genannt werden, ja nichts. Wir bewegen uns zwischen Zeit und Raum und können riesig groß sein oder eben klein."

Sherab fragte: „Wenn ihr sozusagen dieser Strom seid, äh… wie können wir das denn verstehen?"

„Das ist leider nicht so lustig für uns." Fu stöhnte nun deutlich. „Ich gebe euch ein Bild, damit ihr das besser kapiert. Ihr wisst doch, dass es das Wasser liebt, sich frei zu bewegen. Ein Fluss beispielsweise fließt gern in seinem natürlichen Flussbett mit Steinen, Stromschnellen, eben ganz lebendig, ganz spielerisch. Ihr hört einem fröhlich dahin sich schlängelnden gurgelnden Bach doch auch gerne zu. Was aber machen diese Menschen? Sie zwingen das Wasser in enge Kanäle, wo es sich kaum bewegen kann. Jedenfalls machen die da keine lustigen Luftsprünge mehr... oder besser Wassersprünge.

So ähnlich ist das auch mit uns Feuergeistern in diesen endlos langen Stromleitungen. Wir mögen das überhaupt nicht. Stell dir hingegen ein herrlich flackerndes Lagerfeuer vor oder Holzscheite in einem Kamin und sogar so eine kleine Kerze. Das macht Freude. Aber diese engen Stromdinger – igitt, igitt!“ Fu schüttelte sich regelrecht, so eklig fand er das.

„Und dann sollen wir auch noch so üble Sachen weitertragen, mit denen wir gar nicht einverstanden sind. All dieses Garstige der ORBs, die Verleumdungen und Beleidigungen ihrer Grauen Kittel. Ich kann euch sagen, wir waren heilfroh, dass wir endlich mehr Freiheit bekommen haben.

JA UND DAS HAT JA SCHLIESSLICH AUCH MIT EUCH ZU TUN. Für die erste Freiheit während der Weihnachtszeit wart ja auch ihr involviert, Punja und Tashi und euer Urs! Und dann für diese zweite erweiterte Zeit, ab Michaeli, wart wieder ihr beiden dabei, zusammen mit euren Norskoter Freunden. Das hat uns Feuergeistern ordentlich Schwung gegeben, kann ich euch sagen.“

Fu hatte jetzt heftig gesprochen: „Ihr habt doch schliesslich mitgeholfen, dass wir diese kleine neue Freiheit nun haben. Fantastisch, sag ich euch!“

Fu schien fast vor Freude zu tanzen.

„Mensch oder vielmehr Feuergeist Fu, das ist wirklich ein Ding. Dass ihr quasi die Lösung seid, für das, was da passiert ist. Darauf wäre ja nie einer gekommen“, staunte Punja.

Nach einem Moment der Stille fragte Tashi: „Fu, wenn du über die Stromkabel überall hinkommst, kannst du uns vielleicht auch jetzt weiterhelfen? Wir suchen nämlich nach Möglichkeiten, wie wir in dieses geheime ORBs System eindringen können. Wir wollen die komplett lahm legen. Sobald wir wissen, wie wir das machen können, sprechen wir uns mit dem Widerstand der Bergler ab, so dass diese die ORBs dingfest machen. Was meinst du?“

Fu antwortete: „Logo! Zeigt mir doch, was ihr bisher rausbekommen habt.“

Und so breiteten die Professorin und Max die Schaltpläne aus, die sie bisher miteinander erarbeitet hatten. Sie hätten da ein geheimes Muster erkannt bei den elf ORBs-Leuten im Auland und deren Obersten, der allerdings in Norskot im Gefängnis sitzen würde…

Am Abend, als Punja und Tashi oben in der Dachwohnung mit ihren drei Freunden allein waren, fing Tashi an: „Die kommen doch nun hier auch ohne uns klar. Was wir jedoch unbedingt tun müssen, ist mehr zu unserer Verzauberung raus zu kriegen. Das eine sind die ORBs, aber das andere ist unsere eigene Situation.“

„Hat euch denn dieser Eremit nichts weiter dazu gesagt“, fragte Peldon.

„Nein, leider nicht“, erwiderte Punja. „Aber wenn ich logisch überlege, kann es eigentlich nur bedeuten, dass wir fünf gemeinsam dazu vorgehen sollten. Warum sonst sind wir hier? Alles andere hätte doch keinen Sinn, finde ich. Was meint ihr?“

„Ja, das leuchtet mir ein, Punja“, kam es nachdenklich von Tashi. „Immerhin haben wir unsere Glücksringe und da können wir euch drei ja locker überall hin mitnehmen.“

Stille.

Die fünf grübelten angestrengt.

„Okay, dass wir miteinander verreisen können, das geht ja anscheinend, wie ihr sagt“, nahm Sherab den Faden auf. „Allerdings WOHIN wollen wir denn überhaupt?“

„Wohin reisen wir nur?“, dachte auch Tashi laut.

„Ich hab’s! Wir gehen dahin zurück woher, wir kamen. Und das ist…?“, ließ Punja ihre Freunde raten.

„In die Klosterzelle der Nonne Tsering!“, rief Peldon aus.

„Ja, aber die lebt doch wahrscheinlich gar nicht mehr. Wir sind doch schon seit 82 Jahren da nicht mehr gewesen. Und über 100 wird die Nonne doch wohl nicht geworden sein“, merkte Ösel an.

„Egal. Das Kloster wird hoffentlich noch stehen und auch der Raum, in dem die Nonne Tsering gewohnt hat. Jetzt ist halt eine andere Nonne dort“, kam es von Tashi.

„Wir sollten schließlich auch Dekyi und Nima finden. Die Entzauberung betrifft schließlich auch sie“, erklärte Punja.

„Stimmt“, bestätigte Tashi, „Wohin sonst sollten wir reisen, wenn nicht genau dorthin, wo wir zuletzt gelebt haben. Und ein klares Bild von dort haben wir ja auch. Denn das brauchen wir, damit wirklich alle dort mit den Glücksringen richtig landen. Ihr müsst wissen, dass wir ohne ein klares Bild des Ziels unserer Reise mit den Ringen sonstwo landen würden.“

„Sind das die Glücksringe, die ihr aus einem Königreich habt?“ fragte Peldon nach.

„Ja, König Karl vom Königreich Bergau hat uns diese als Geschenk übergeben. Wir müssen allerdings aufpassen, denn wir wissen nicht wirklich, wie lange deren Kraft noch hält.

Aber ohne die Ringe kommen wir auf keinen Fall weiter. Also, das müssen wir unbedingt versuchen“, erklärte Punja.

„Gut, also das Ziel haben wir. Nun noch die Frage: Wann wollen wir starten? Mein Vorschlag wäre so bald wie möglich“, kam es bestimmt von Tashi.

„Upps. Das geht ja nun ziemlich schnell“, stöhnte Peldon leise.

„Was brauchen wir? Wir packen unsere Taschen mit dem nötigen Zeug und ab geht die Post“, kam es hingegen abenteuerlustig von Sherab, der mit Tashi freudig ein „High Five“ abklatschte - das erste Mal. Auch Tashi grinste. Ösel und Peldon sahen ein, dass das wohl die beste Lösung war. Alle drei packten daher ihre Siebensachen und standen gegen Mittag reisefertig bereit.

Und so eröffneten die fünf beim Mittagsessen gegenüber der Professorin und Max ihr Vorhaben. Die beiden und auch Irmi und Micha schauten erst einmal verdutzt, als sie von den Plänen der fünf Freunde erfuhren.

„Das hört sich richtig an“, meldete sich als erstes Irmi. „Ich denke, wir kommen hier gut miteinander weiter und ihr habt ja noch ganz andere Aufgaben vor euch. Also, ich wünsche euch ganz viel Glück, dass ihr endlich diesen Knoten mit der Verzauberung lösen könnt!“

Die anderen nickten bejahend.

Punja und Tashi waren froh, dass ihre Auländer Freunde sie verstanden und so schnappten sie sich ihre Rucksäcke, die sie oben in der Dachwohnung liegen hatten. Auch die drei Freunde nahmen ihre gepackten Taschen, allerdings wurde es ihnen nun doch etwas mulmig zumute. Wie lange hatten sie hier schon gelebt. Über 80 Jahre! Und sie hatten es doch auch gut hier, kam es den dreien beim Betrachten ihrer Behausung.

Was mochte das Neue ihnen bringen?

Ösel sprach aus, was auch Peldon und Sherab dachten: „Hoffentlich kommen wir auch hier wieder zurück. Es war ja doch eine schöne Zeit, vor allem zuletzt mit dem fantastischen Studium!“

„Stimmt“, pflichtete Sherab ihm bei. „Aber wir haben letztlich keine andere Wahl. Wir müssen das jetzt angehen.“

Tashi nickte ihnen zu und meinte: „Gut. Peldon, du hältst dich an Punja fest. Und ihr beiden ‚Ösel und Sherab, bei mir. Punja, du hast das Bild der Klosterzelle der Nonne Tsering klar vor Augen? Okay… los geht’s!“

Punja und Tashi drehten ihre Glücksringe, sprachen dazu die Zauberwörter und…

Kloster der Nonne Tsering

… und alle fünf landeten in einer Klosterzelle. Es kam ihnen hier so vieles sofort bekannt vor, auch wenn sie vor unendlich langer Zeit zuletzt hier gewesen waren.

„Zum Glück sind wir alle gut gelandet. Dafür danken wir unseren himmlischen Kräften!“, kam es von Punja aufatmend.

Peldon stand direkt neben ihr am Altar und Tashi mit Ösel und Sherab waren an der mit einem gelben tibetischen Vorhang verdeckten Eingangstür angekommen. Punja nahm einen tiefen Atemzug... und sog diese ihr bekannte und so lange vermissten Düfte des Raumes ein. Da war das für Europa eher gewöhnungsbedürfte Aroma von Buttertee in den Vorhängen zu erahnen, aber auch die rauchigen Reste von Sandelholz und Guggul der zahlreichen Räucherstäbchen, die bei der Meditation in dem Raum hier immer wieder qualmten.

„Es ist wirklich unglaublich, wieder hier zu sein!“, stieß Tashi aus, der auch diese ganz besondere Luft-Duftmischung einatmete: „Das riecht wirklich nach Heimat!“

Aber wer kam da gerade ebenfalls in die Zelle?

„Das gibt’s doch nicht. Nima und Dekyi!“, rief Punja auf einmal begeistert aus. Die fünf, die grade in der Klosterzelle gelandet waren, erblickten zwei Hauselfen-Mädchen mit kurz geschorenen Haaren und in dem typisch weinroten Nonnengewand.

„Punja und Peldon?“, fragte eines dieser Mädchen und das andere ergänzte: „Sherab, Ösel und Tashi. Wo kommt ihr denn auf einmal her?“

„Hallo, ihr beiden“, freute sich Punja.

„Tashi Delek“, kam es ruhig von Peldon, Sherab und Ösel, die ihre Hände gefaltet hatten und sich bei der Begrüßung leicht verneigten.

„Hallo Dekyi und Nima“, begrüßte sie auch Tashi. „Woher wir kommen? Na, aus Europa. Ösel, Peldon und Sherab haben wir gestern in Liechtenstein besucht. Das liegt in den Alpen, ziemlich nah an der Schweiz und Österreich. Und wir, Punja und ich, wir kommen direkt aus dem Auland. Das liegt auch in der Alpenregion… nicht so weit von Schloss Neuschwanstein. Das kennt ihr vielleicht von Bildern?“

„Also, das ist vielleicht eine Überraschung! Wir unterbrechen unsere Puja[1], die singen wir nachher weiter, ja Dekyi?“, erkundigte sich Nima bei ihrer Freundin, die zustimmend nickte.

„Setzt euch doch. Wie seid ihr denn so plötzlich hier aufgetaucht? Mit einem Flugzeug?“, wollte Nima wissen.

„Och nein. Wir sind ja – wie ihr beiden – noch immer Hausgeister“, antwortete Tashi. „Und da haben wir solche Glücksringe von einem König bekommen, mit denen wir ganz einfach reisen können.“

Punja ergänzte Peldon anlächelnd: „Und so konnten wir auch unsere drei Freunde mitnehmen.“

Ösel nickte: „Ja, das war richtig gut. Das hätte ich nicht gedacht, dass wir hier einfach so herfliegen können. Richtig

1 Eine Puja - ausgesprochen „Puscha“ - ist eine im tibetischen Buddhismus gewachsene Tradtion, eine Ansammlung von Gebeten, gesungenen Liedern, die sich mit Meditationsphasen abwechseln. Man kann eine Puja allein machen oder in einem Kreis von Menschen wie hier im Kloster.

klasse, sag ich euch!“ Er war noch immer nicht so ganz gelandet, dachte Punja. Kein Wunder, wenn man bedenkt, wie rasch all das Neue für ihre drei Liechtensteiner Freunde gekommen waren.

Das spürten wohl auch Dekyi und Nima und so fragte Nima: „Habt ihr Lust auf einen Tee. Ich organisier eine Kanne. So viele Gäste hatten wir hier ja schon ewig nicht mehr.“ Und ohne abzuwarten, Dekyi zunickend, war Nima schon auf dem Weg zur Klosterküche.

„Setzt euch doch. Sitzkissen haben wir genug. Die Nonne Tsering dürfte auch bald kommen“, lud sie Dekyi mit einer Handbewegung ein. An der Wand entlang lagen einige rot und gelb bezogene Kissen, die für gelegentliche Pujas mit mehreren Personen gedacht waren.

„Nonne Tsering? Die muss ja inzwischen uralt sein?“, erkundigte sich Punja.

„Stimmt. Sie ist wirklich hoch betagt… ihren 100sten Geburtstag haben wir vorletztes Neujahrfest begangen. Aber die ist noch erstaunlich gut auf den Beinen. Gleich ist die große Puja in der Halle vorbei. Sie führt diese an und wird sicherlich bald hier sein. Na, die wird ja Augen machen!“, erklärte Dekyi.

Tibeter feiern in der Regel keinen Geburtstag, sondern jedes Neujahrfest gilt als ein gemeinschaftliches Geburtstagsfest für alle. Mit Ausnahme, der seltenen 100-Jährigen, die dann beim Fest zumindest extra erwähnt werden.

Die Tür ging auf und Nima schleppte eine große Metallkanne mit einem schönen rosafarbenen Blumenmuster herein und in einer umgehängten weinroten Stofftasche hatte sie einige Schalen, die sie für ihre Gäste auf ein kleines niederes Tischchen stellte. Gerade wollte Nima den heißen Buttertee eingießen, da hielt sie inne. Der Vorhang bewegte sich und eine kleine alte Nonne betrat den Raum.

„Nonne Tsering“, rief Punja laut. Die Hände gefaltet verbeugte sich Punja höflich vor ihr. Auch alle anderen und wünschten ihr „Tashi Delek“, was übersetzt wird mit „ein glücklicher Tag“ und die Bedeutung von unserer Begrüßung „guten Tag“ hat.

Die Nonne hielt inne und schaute jeden einzelnen der Reihe nach ruhig an, bevor sie mit leiser Stimme sprach: „So seid ihr wieder alle hier. Alle sieben Freunde vereint. Auf diesen Moment habe ich all die langen Jahre gewartet.“

Nonne Tsering schwankte ein wenig. Tashi sprang ihr schnell zur Seite und hielt sie am rechten Arm fest. Er führte sie zu ihrem Bett, worauf sie sich setzte. Dann machte sie ein Zeichen und deutete damit an, dass sie sich auch setzen sollten.

„Hier eine Tasse Buttertee, Nonne Tsering“, bot ihr Nima eine Schale mit dem dampfend heißen Getränk an.

„Oh, das ist gut. Bewirtet auch unsere Gäste bitte“, bat die Nonne und trank einen Schluck.

„Zum Wohl. Auf unser Wiedersehen!“, hob Tashi seine Schale in die Höhe.

Mit dieser Geste opfert man zuerst den Göttern, bevor man selbst trinkt. Diese Geste, die jedoch vor allem bei alkoholischen Getränken wie Bier im Auland und auch in Norksot üblich war, kannte man hier überhaupt nicht. Und so schauten die tibetischen Freunde etwas verwundert.

Punja und Tashi genossen, diesen ihren Lieblingstee, der nach purer Heimat, nach Zuhause für sie schmeckte. Auch wenn sie ihn im Auland in der Steinach-Villa gelegentlich für sich zubereitet hatten, hier schmeckte er doch noch viel besser. Das lag sicherlich an der original Yak-Butter.

Die Nonne wollte von den fünfen wissen, was in all den 80 Jahren geschehen sei. Und so erzählten zuerst die Liechtensteiner Freunde und anschließend Punja und Tashi. So war es inzwischen Abend geworden, als Tashi fragte: „Und wie ist es euch ergangen, Nonne Tsering und Nima und Dekyi?“

Die Nonne: „Das lasst uns am besten bei einer guten Then-Thuk, einer tibetischen Nudelsuppe, weiter besprechen. Kommt mit in den Essraum. Es ist gerade Essenszeit.“

So machten sich die Nonne Tsering mit den nun wieder sieben vereinten Hausgeistern auf den Weg in den Speisesaal des Klosters. Die meisten rotgewandeten Nonnen sahen nur die Nonne Tsering und nicht die sieben, die bei ihr waren. Aber es gab doch so einige, die erstaunt schauten. Denn in diesem abgeschiedenen Kloster, eine gute Autostunde entfernt von der tibetischen Hauptstadt Lhasa, lebte man ziemlich einsam. Hier waren einige noch fähig, die überall in der Natur und in den Häusern lebenden Naturwesen wahrzunehmen. Die hochbetagte und geachtete Nonne Tsering hatte einen erhöhten Platz am Tisch, auch weil sie nicht sehr groß war.

„Mmh, eine richtig gute tibetische Nudelsuppe, Punja! Die haben wir ja schon ewig nicht mehr gegessen“, freute sich Tashi sichtlich. Punja grinste, das war mal wieder typisch für ihren Bruder.

Nach dem Essen wandte sich Tsering an Dekyi und Nima: „Könnt ihr unseren fünf Gästen zeigen, wo sie schlafen werden. Danke.“

Und an Tashi und Punja gewandt ergänzte sie: „Mit euch beiden hätte ich jetzt gern noch ein paar Worte gewechselt. Kommt, wenn ihr eure Schlafplätze gesehen habt, wieder zu mir!“ Die Geschwister nickten bejahend.

Nima zeigte Tashi, Ösel und Sherab den Gästeschlaftrakt für Männer und Dekyi nahm Peldon und Punja mit einen Gang weiter in der großen Klosteranlage. Dort in einem Mehrbettzimmer junger Novizinnen fanden auch sie ihren Schlafplatz.

Tashi und Punja trafen sich vor dem Eingang zur Klosterzelle von Nonne Tsering und klopften an.

„Herein", kam die Antwort in einer noch erstaunlich kraftvollen Stimme für eine Hundertjährige: „Kommt, setzt euch."

„Wir sind überglücklich, wieder hier sein zu können", fing Punja an. „Wie oft hatte ich die Bilder genau dieser Klosterzelle vor meinen Augen."

„Das freut mich, Punja. Es ist ein wichtiger Schritt, ein sehr wichtiger, den ihr jetzt hierher gemacht habt. Ich bin im guten Kontakt mit dem Eremiten Bruder Bernhard, eurem Mentor."

Die Nonne machte eine Pause, sie schien nachzudenken. Punja und Tashi sahen sich vielsagend, Bruder Bernhard?

„Ich glaube an eurem Blick zu erkennen, dass ihr darüber erstaunt seid, dass wir uns kennen. Das ist, ehrlich gesagt, eine ziemlich lange, eigene Geschichte. Was ich von ihm erfahren habe, was ihr im Auland und in diesem nordischen Norskot erlebt habt und auch getan habt… darüber bin ich sehr froh!", meinte sie nachdenklich mit leiser Stimme und fuhr fort: „Letztlich sind es genau diese Linien, die euch hierher zurück geführt haben an diesen Ort. Das wäre ohne eure Taten so habt nicht möglich gewesen. Diese Türen hierher hätten sich nicht geöffnet. Seid euch über die Tragweite dieser Situtation bewusst, ja!"

Die Nonne fuhr nach einem Moment der Stille fort: „Das könnt ihr noch nicht verstehen. Aber ich bin mit dem

Eremiten auch deshalb in einem nahen Kontakt, weil es jetzt darum geht, dass ihr hier in Tibet genau an die Orte gelangt, die euch ermöglichen, diese Verzauberung endgültig aufzulösen.

Und das gilt nicht nur für euch beide, sondern von diesem Bann sind auch eure fünf Freunde betroffen. Das war wohl nicht ganz so geplant, wie ich inzwischen weiß."

„Was weißt du denn darüber? Und was ist mit unseren Eltern, unserer Familie?", fragte Punja sofort nach.

„Was da geschehen ist, Punja, das ist alles lange her. Viele Jahrhunderte. Daher gibt es keine Überlebenden eurer Familie mehr. Allerdings…", kam es nachdenklich von Tsering.

Punja hob an: „In einem besonderen Traum haben wir beide - Tashi und ich - aber doch erlebt, dass uns unsere Eltern gesagt haben, sie seien noch immer mit uns; sie würden weiter auf uns achten. Das war ein so schöner Traum!" Punja erinnerte sich noch ganz deutlich an diese eine Nacht in Israel in der Hütte der Eselin Heidika.

„Ja, genau das wollte ich eben ergänzen. Das ist auch mein Eindruck. Ihr habt kraftvolle Helfer an eurer Seite, Tashi und Punja. Seid euch darüber bewusst", fügte die Nonne hinzu.

„Was heißt das denn nun ganz konkret für uns, Nonne Tsering? Wie sehen denn jetzt unsere nächsten Schritte aus?", fragte Tashi nach, der sich noch keinen rechten Reim auf das bisher Gesagte machen konnte.

„Darum geht es jetzt. Das ist der Grund, warum ich mit euch allein sprechen wollte. Denn ihr beide werdet ohne eure fünf Freunde weitergehen. Die fünf bleiben hier im Kloster. Letztlich bleibt ihnen nichts weiter übrig als zu warten. Zu warten auf euch, auf eure Rückkehr. Denn nur darin liegt auch ihre Chance."

Die Nonne trank einen Schluck Buttertee.

Punja fragte: „Du hast eben gesagt, dass diese Verzauberung vor vielen Jahrhunderten geschehen ist. Aber wir – Tashi und ich – sind doch erst 120 Hauswichteljahre alt. Wie kann denn das sein?“

„Ja, Punja“, erklärte die Nonne. „So gesehen stimmt diese Zahl, wohl gemerkt für eure Zeit als ‚Hauswichtel‘. Aber dennoch geschahen diese Dinge weit früher. Ich kann es mir selbst nur so erklären, dass ihr erst nach vielen Jahren zu diesem Bewusstsein von Naturgeistern oder genauer gesagt Hauselfen, angebunden an diese Silberopferschale, gelangtet. Das war nicht der Anfang des Geschehens, so viel ist mir klar.

Eure Spuren führen in eine Zeit, an einen Ort, den ich – zusammen mit eurem Eremiten – sehen kann. Von dort aus werden sich die Dinge für euch schlüssiger fügen, das ist unsere Hoffnung. Und wie auch Bruder Bernhard euch sagt, er und auch ich sind mit euch. Ihr seid von einem großen Schutz umgeben. Das dürft ihr nie vergessen! Egal, was kommt.“

Punja wurde es nun doch etwas unheimlich. Was hatte das zu bedeuten? In eine längst vergangene Zeit zurückgehen zu müssen und wieder nicht zu wissen, was sie dort erwarten würde.

„Ich würde nun ich vorschlagen, überschlaft das Ganze erst einmal. Morgen früh sehen wir in aller Ruhe weiter“, schlug die Nonne vor.

Tashi und Punja verabschiedeten sich von der Nonne und gingen zu ihren jeweiligen Schlafstätten. Sie kamen spät, alle anderen waren bereits zu Bett gegangen und sie hörten den einen oder anderen schnarchen. Anders als die Gäste standen sie ja hier im Kloster ziemlich früh auf. Denn bereits um fünf Uhr erschallte der Gong, der Ruf zur ersten Meditation.

Den Geschwistern gingen die Worte der Nonne noch lange durch den Kopf und sie fielen erst spät in einen Schlaf mit unruhigen Träumen.

Das Frühstück nahmen Punja und Tashi mit ihren fünf Freunden ein. Ihre Ankunft im Kloster war inzwischen der Gesprächsstoff, denn die sie Sehenden hatten das auch an die weitergetragen, die nicht dazu fähig waren, Naturwesen wahrzunehmen. Und so gab es viele neugierige Blicke hinüber zu ihrem Tisch und die Geschwister waren letztlich froh, als sie wieder von Nonne Tsering in ihre Klosterzelle eingeladen wurden.

Punja und Tashi klopften an und traten nach dem „Herein“ in das ihnen bekannte Zimmer mit diesem wohligen „Zuhause-Duft“.

„Gut, dass ihr beiden da seid. Hier habe ich etwas für euch.“ Damit überreichte die Nonne Punja und Tashi eine silberne Kette mit einem runden Anhänger.

„Ihr wisst ja noch was ein Gau ist“, sprach die Hunderjährige. „In eurem sind kostbare Reliquien des heiligen Milarepa enthalten, eines unserer größten tibetischen Yogis. Ich selbst habe diesen Schatz von meinem verehrten Lehrer Dhampa Rinpoche bekommen. Immer habe ich auf diesen Augenblick gehofft, dass ich euch diese Gaus werde übergeben können. Dass ich das noch erleben darf, ist ein großer Segen.“

Nonne Tsering war sichtlich bewegt. Sie hatte feuchte Augen. Auch Punja und Tashi waren berührt. Reliquien von solcher Kostbarkeit von einem der größten Heiligen Tibets aus dem 13. Jahrhundert geschenkt zu bekommen, das ging über jede Vorstellung eines Tibeters.

Punja und Tashi hatten sich vor der Nonne so tief hinuntergebeugt, dass sie ihnen die Gaus umlegen konnte. Sie erläuterte weiter: „Damit seid ihr bestens gerüstet für das, was jetzt auf euch zukommt. Regelmäßiges Beten und Meditieren sowie das Tragen eines solch kraftvollen Gaus, wirken wie ein Schutzschild um euch herum."

Punja befühlte den runden silbernen Anhänger.

Die Nonne fuhr fort: „Ich werde ein ‚Mo', ein Orakel, machen, um zu sehen, ob jetzt auch wirklich ein günstiger Zeitpunkt für diese besondere Reise ist."

Damit nahm sie ihre Lotosmala, eine Art Rosenkranz würde man im Westen sagen, mit der sie ihre Mantras zählte. Nun wollte sie jedoch mit der Kette einen Blick in die nahe Zukunft werfen. Dafür schüttelte sie mit geschlossenen Augen die Mala mehrmals in einem durch die Hände geformten Hohlraum. Dann hielt sie sich die Mala an die Stirn. Währenddessen sprach sie leise Mantras und Bittgebete. Die Geschwister sahen fasziniert zu, wie sich die alten knorrigen Finger der Ehrwürdigen zu den jeweiligen Enden der Mala hinbewegten und dann von beiden Enden her, Perle für Perle, hin zur Mitte glitten… so lange bis… ja bis sich nur noch eine Perle zwischen ihren Fingern befand.

„Das ist ein gutes Omen. Ja, ihr dürft jetzt dorthin reisen", kam es erleichtert von ihr.

Allerdings wurde es Punja jetzt doch eher flau im Magen. Nun sollten sie und Tashi sich also wirklich auf die Spur ihrer eigenen Vergangenheit machen. Was bisher immer vage Ahnungen waren, dem hatten sie jetzt ins Auge zu sehen. Und Punja wusste, dass sie da auf heftige Geschehnisse stoßen würden. S ie hatte ja immer wieder eine Ahnung davon bekommen, wie etwa durch die Bilder, die sie unter der hohen Weltenesche in Norskot gesehen hatte.

„Hier! Ich gebe ich euch Proviant und Wasser mit für eure Rucksäcke. Und zieht bitte diese Kleidung an. Sie gleicht der, die man zu alter Zeit in Osttibet, in Kham getragen hat. Mit eurer modernen Kleidung würdet ihr nur unnötig auffallen“, meinte sie.

Die Geschwister taten, was die Nonne ihnen gesagt hatte. Tashi und Punja zogen sich die ihnen ungewohnte Kleidung eines Nomadenvolkes an. Das war für beide ein gewickelter Mantel aus Fell, der mit breiten Leopardenfell umsäumt war. Das Gewand der Frauen war zusätzlich mit roten Fäden gewebten Bordüren am Rock und an der Seite verschönt. Für beide war es ungewohnt, dass das Fell so über der Schulter zu tragen, dass einer der Arme nicht so dick bedeckt blieb.

„Seltsam? oder Tashi. Schau, ist das bei mir so richtig?“, fragte Punja. Tashi zog an einer Seite, so dass der Silbergürtel bei ihr besser saß.

„Doch, so schaut es doch richtig gut aus, Punja. Wie eine bei einer echten Khampa Frau“, witztelte Tashi.

Na ja, so ganz war das noch nicht der Fall, denn dafür hätte Punja ihre Haare in 108 Zöpfe flechten müssen. Tashi zog sich eine Fellmütze über und fertig waren die Geschwister. Die Rucksäcke sahen etwas deplatziert aus, aber die brauchten sie schließlich. So gingen sie zurück zur Zelle der Nonne. Dort verstauten sie die Vorräte, die ihnen die Nonne reichte und waren reisefertig.

Die Geschwister falteten die Hände und verbeugten sich zum Abschied vor der Nonne, die auf ihrem Meditationssitz saß. Tsering legte ihnen ihre rechte Hand auf ihre Köpfe und segnete sie. Dabei wurde es ihnen ganz licht und hell, so stark war die Segenskraft der Buddhas, mit der sich die Nonne verbunden hatte.

Dann sprach sie: „Nun meine Kinder, hier habe ich besondere Segenspillen, die ich vor vielen Jahren von meinem Lama Dhampa Rinpoche extra für euch bekam. Nehmt sie mit etwas Wasser ein und haltet euch an euren Händen fest.“

Genauso taten es die Geschwister.

„Seid gesegnet. EMMA HO!“, hörten Punja und Tashi die Nonne kraftvoll ausrufen, während beide, sobald die Pille wirkte, wie in einen Tunnel gelangten…

Im alten Tibet

… erstaunlich ruhig war es für die Geschwister in diesem Tunnel... bis sie ein glänzendes Morgenlicht immer näher aufscheinen sahen und sie mit beiden Füßen auf einer steinigen Oberfläche landeten. Die Geschwister blinzelten in dieses helle ungewohnte Licht mit einer schier überwältigenden Sicht auf extrem hohe Berggipfel.

Sie wussten, dass die südlichste Himalaya Hochgebirgswelt hier im Inneren von Asien mit ihren gewaltigen Felsen von 4000 bis 8000 Metern Höhe das größte und höchste Bergland der ganzen Erde war.

Die Geschwister staunten nur so. Tief unter ihnen schlängelte sich in einer Biegung ein kleinerer lebendiger Fluss durch einen noch leichten Nebel, der das Weideland verhüllte. Ganz nah vor ihnen erhob sich ein mächtiges Gebirge mit imposanten schneebedeckten Gipfeln und tiefgrünen Tälern. In der Ferne erkannten sie schwarze Yaks, die auf flachen Hängen friedlich grasten und weiter unten kletterte eine Herde Schafe. Ihnen bot sich fürwahr ein erhebender Anblick. Die Kraft und Dramatik dieser Landschaft verschlug Punja und Tashi regelrecht die Sprache.

Tashi kletterte ein paar Meter höher auf eine steinige Anhöhe, wo an hölzernen Pfählen befestigte Gebetsfahnen im Wind flatterten. Plötzlich stieß er einen wilden, triumphierenden Schrei aus: „Lha Gyalo!“

Immer wieder rief er „Lha Gyalo!“ und warf dabei seine Arme hoch in die Luft.

Er fühlte sich endlich zuhause. Während seine Stimme von den nahen Bergen widerhallte, begann auch Punja hoch zu ihrem Bruder zu klettern. Auch sie ließ nun ihre Stimme kraftvoll erschallen und so jubelten sie gemeinsam. Die unerwartete Freude, die diese Landschaft auf sie ausübte, war einfach immens.

Tashi packte seine Schwester auf einmal: „Wirst sehen, Punja, jetzt wird alles gut!“

Tashi war sich auf einmal so sicher. Es war genau richtig, hier zu sein. Egal, wie jetzt noch ihr weiterer Weg sein würde. Egal welche Hindernisse noch kommen sollten. Sie würden es mit ihm, mit Tashi, aufnehmen müssen!

Die Geschwister legten andächtig einen Stein auf die schon von anderen zuvor auf dem Pass aufgehäuften Steintürmchen und sprachen innerlich dabei einen Dank an all die hilfreichen Kräfte aus, die mit ihnen waren. Das alles geschah so selbstverständlich, als wenn alte Erinnerungen sie führten. Innerlich verschenkten sie ihre Freude zum Wohle aller Wesen.

Von der Anhöhe aus blickten die Geschwister in alle vier Richtungen. Wohin sollten sie sich jetzt gehen?

„Noch ziemlich frisch hier oben“, bemerkte Punja als erstes. Sie hatte zum Glück diesen wärmenden Fellmantel an, darunter trug sie eine dicke Bluse aus gefüttertem brokatartigem grünblauen Stoff. Ihr rechter Arm war nicht so dick eingepackt in diesem traditionellen Fellmantel. Das sei so Sitte, hatte die Nonne ihr gesagt. Und so fror es Punja auf der weniger bedeckten Seite und sie versuchte, den Mantel auch über die rechte Schulter zu ziehen.

„Es wird schon noch wärmer werden. Nach dem Sonnenstand ist es noch früher Morgen, denn Schnee liegt hier auf der Anhöhe ja zum Glück keiner“, beruhigte Tashi sie.

Auf einmal hörten sie einen Lärm, der noch weit entfernt war, aber deutlich näherkam. Was war das? Weit und breit war kein Zeichen einer Zivilisation zu erkennen.

„Gut, dass wir hier oben auf der Anhöhe stehen“, meinte Tashi, ein ungewohntes Schauspiel betrachtend. Was sie sahen, konnten die Geschwister zuerst kaum glauben. Eine Herde von Esel kam da in Richtung des Flusses angaloppiert. Und kein Mensch weit und breit. Das musste wohl eine Horde wilder Esel sein. Ihr Fell war dunkel, nur die Bauchdecke schimmerte hell im Morgenlicht.

„Wie schön sie aussehen“, meinte Punja leise.

Die Geschwister beobachteten fasziniert die im Fluss trinkenden Esel, so dass sie nicht merkten, wie von hinten etwas heranschlich. Auf ziemlich leisen Pfoten.

Punja, die sich umdrehte, weil sie eine Wasserflasche aus ihrem Rucksack nehmen wollte, erstarrte vor Schreck. Ganz leise kam von ihr: „Tashi!“

Tashi drehte sich um und auch ihm fuhr der Schreck in die Glieder. Denn was sie da vor sich, nur wenige Meter von ihnen entfernt, sahen war äußerst gefährlich. Allerdings kam zugleich ein seltsam vertrauter Impuls in ihnen hoch. Merkwürdig!

„Keine Angst, ihr beiden“, kam es von dem vierbeinigen Gegenüber.

„Du… du kannst sprechen?“, fand zuerst Tashi seine Sprache wieder.

„Klar doch. Ich bin doch wegen euch hier. Warum sonst sollte ich hier diesen kargen Pass hochsteigen?“, hörten sie als Antwort.

„Bist du… bis du ein Schneeleopard?“, nahm Punja ihren Mut zusammen und fragte: „Und warum bist du wegen uns gekommen?“

„Jetzt kommen wir der Sache schon etwas näher“, antwortete der Schneeleopard mit einer leicht näselnden Stimme. „Ich heiße übrigens Baktor. Nun… ich werde euch zu jemanden bringen, dessen Lager ihr von diesem Pass aus in der Ferne sehen könnt.“

Damit drehte sich der Schneeleopard um und zeigte mit seinem Kopf in eine Richtung: „Das ist Osten und dort hinten auf dem Weideland könnt ihr schwarze Zelte erkennen, wenn ihr genau hinschaut. Da will ich mit euch hin.“

Stimmt! Jetzt nachdem der Schneeleopard ihnen diese Richtung gezeigt hatte, wussten sie, was diese schwarzen Punkte in der Entfernung waren: Nomadenzelte.

„Ja, nun. Wer hat dich denn zu uns geschickt?“, wandte sich Tashi stirnrunzelnd wieder an das Tier. Er versuchte herauszufinden, warum er sich an diesen Schneeleoparden tief irgendwo in seinen Inneren erinnerte.

Baktor antwortete: „Dort in den Zelten leben Khampas, Osttibeter. Ihr Clanchef Sönam bat mich euch abzuholen. Ich bin so etwas wie ein Totemtier und bin mit diesen Menschen eng verbunden. Schaut euch doch um. Das ist bestes Weideland, das ihr unter euch seht. Wir sind, von allen Erdbewohnern dieser Welt, hier im Himalaya dem Himmel am nächsten. In diesem hohen Gebirge befinden sich unsere gemeinsamen Ahnen, eure und die eures Stammes. Die Weisen unter den Nomaden wissen noch darum und vermitteln es weiter. Das geht nur über den direkten Weg über den Himmel, über geistige Räume meine ich.

Nach einer Pause, wollte Baktor von ihnen wissen: „Habt ihr noch Zweifel?“

„Wir kommen mit!“, entschied Punja spontan. Sie hatte, ähnlich wie Tashi, in sich hinein gespürt und war sich sicher, dass sie diesem Baktor trauen konnte.

„Nun denn, es ist eine gute Wegstrecke. Ich pass mich eurem Tempo an. Folgt mir einfach“, gab der Schneeleopard vor.

So schritten sie hintereinander einen langen schmalen felsigen Pfad in Serpentinen, immer weiter hinunter. Am Fuß des Berges dehnte sich das weite Tal einer Grassteppe aus, inmitten des grünlich-blaue Flusses, den sie von oben gesehen hatten. Die Geschwister bestaunten immer wieder das majestätische Gebirge, das dieses Tal auf der einen Seite umgab, während die Berge auf der gegenüberliegenden Seite nicht ganz so hoch waren. Immer wieder nahm Punja einen tiefen Atemzug, es roch hier alles so gut... die Frische des nahen Flusses und die Pflanzen und Kräuter die dort am Ufer wuchsen...

Schweigsam gingen sie hinter Baktor her, Punja und Tashi ihren Gedanken nachhängend. Das war ja schon ein seltsamer Empfang, der eines sprechenden Totemtieres. Was das zu bedeuten hatte?

Baktor machte ein Zeichen, dass sie sich an dieser Stelle des Flusses erfrischen könnten. Das reine Wasser tat gut und auch Baktor trank ausgiebig. Die Geschwister teilten ihren Proviant mit dem Schneeleoparden. Nonne Tsering hatte ihnen getrocknetes Yakfleisch mitgegeben und gebackene Sha-Pales, das waren mit Fleisch gefüllte kleine flache Teigtaschen. Diese bereiten die Tibeter auch heute noch gern für ihre beliebten Picknicks zu und waren daher ideal für unterwegs.

Nach einer kurzen Rast ging es weiter. „Der Pfad durch das Weideland zieht sich ja endllos hin“, dachte Punja, die die Müdigkeit in ihren Beinen von dem ungewohnten Gehen spürte. Auch machte den Geschwistern die ungewohnt dünne Luft in dieser Höhe zu schaffen. Die schwarzen Zelte waren weiter weg, als sie das von der Passhöhe aus, vermutet hatten. Gegen Mittag, die Sonne stand nun schon höher und es war zum Glück deutlich wärmer geworden, änderte Baktor die Richtung. Bisher waren die Geschwister parallel zum Fluss gewandert, jetzt jedoch ging es leicht bergan, hinein in das vor ihnen sich ausbreitende Weideland. Nach einer Biegung zeigte Tashi auf eine Silhouette schwarzer Zelte, die sich in einem Tal zwischen zwei Felsen zusammenkauerten. Es waren die schwarzen Punkte, die sie von der Anhöhe aus gesehen hatten und die nun näher vor ihnen aufgetaucht waren.

„Dies ist das Tal der Steinriesen“, erklärte Baktor kurz.

Mehr als zehn typische Jurten der osttibetischen Nomaden, die sie aus der dunklen Wolle der Yaks hergestellt wurden, konnten die Geschwister ausmachen. Unweit der Zelte erblickten sie eine Herde Yaks, diese urwüchsigen imposanten Tiere beim Grasen. Yaks, die ihnen wie eine wildere Rasse im Vergleich zu den Auländer Rindern vorkamen. „Denen will ich lieber nicht in die Quere kommen“, dachte Punja, so mächtig schienen sie ihr mit ihrem zotteligen langen Fell und den imposanten lang gebogenen Hörnern, seitlich am Kopf ansetzend.

Ein Mann mittleren Alters mit den für den osttibetischen Stamm der Khampas typischen roten Bändern im langen dunklen Haar in einem Fellmantel mit breiter Leopardenborte trat aus einer der Jurten heraus.

„Baktor! Gut, dass du da bist.“ Der Mann warf dem Schneeleoparden einen Fleischhappen hin, der sich gütlich daran tat.

An die Geschwister gewandt sprach er: „Tashi Delek. Willkommen bei uns hier im Tal der Steinriesen. Ihr seid die Geschwister Tashi und Punja?“

„Tashi Delek. Ja, wir kommen aus Europa, dem Auland“, antwortete Tashi. Beide verbeugten sich leicht, dabei die Hände vor der Brust faltend. Ein etwa siebenjähriger Junge guckte vorwitzig aus dem Eingang des Zeltes heraus, ebenso bekleidet in einem Fellmantel.

„Darf ich bekannt machen? Das ist Norbu, unser Jüngster“, lächelte der Mann den Jungen an, der etwas scheu am Eingang der Jurte stehen blieb. „Und mein Name ist Sönam. Ich trage als Oberhaupt Verantwortung für das Wohl dieses Clans.“

Damit machte Sönam eine ausladende Handbewegung zu den Jurten hin.

„Tretet ein.“

Sönam fasste seinen Jüngsten an den Schultern und schob ihn ins Zelt hinein und hielt dann den Geschwistern die Stofftür hoch. Etwas gebückt traten die Geschwister in das Zeltinnere ein. Ihre Augen mussten sich erst an das diffuse Licht darin gewöhnen. Sie erblickten eine jüngere Frau in ihrer seidig glänzenden, mit Pelz gesäumten Dschuba (tibetisches Gewand) und angetan mit imposantem Schmuck aus Türkisen und roten Korallen. Ihr langes Haar hatte sie in feine dünne Zöpfe geflochten. „108 Zöpfe“, dachte Punja gleich. Die Zahl 108 war eine Glückszahl. „Eine echte Khammo, eine Frau aus Kham“, dachte Tashi. Die Frau lächelte die Geschwister freundlich an während ihrer Begrüßung mit vor der Brust gefalteten Händen: „Tashi Delek. Seid herzlich bei uns willkommen“.

Das Zelt war erstaunlich geräumig. Rot leuchteten die Flammen des Feuers aus dem Lehmofen in der Mitte und sie warfen bewegende Schatten gegen das Dach aus Yakwolle. Prächtige Webteppiche waren ausgelegt und auf einem Tisch stand eine Schale mit Tsampa, das war geröstetes Gerstenmehl. Der rauchige Geruch von Wacholderspitzen und verbranntem Yakdung erfüllte die Luft. Erinnerungen kamen bei Tashi auf. Ob er in solchen Jurten auch als Kind herumgelaufen waren?

Die Frau, hinter ihr der Junge Norbu. der scheu und neugierig zugleich hervor lugte, wies Punja und Tashi an, auf den Kissen Platz zu nehmen.

„Ihr trinkt doch Buttertee?“, wollte Sönam wissen und ergänzte: „Darf ich vorstellen, die Herrin unserer Jurte, meine Frau Alma.“

Im warmen Schein des Feuers reichte ihnen Alma eine Schale Tee, Buttertee, den die Geschwister so liebten.

„Mmh, der schmeckt fein. So gut! Wie wir das doch vermisst haben, gell Punja!“, meinte Tashi zu seiner Schwester.

„Ja, das stimmt“, kam es etwas seufzend von ihr, die auch mit Freude dieses ihnen bekannte tibetische Nationalgetränk zu sich nahm.

„Der ist so gut, weil wir unsere eigene Yakbutter für den Tee nehmen“, erklärte Sönam.

Seine Frau hatte sich dazu gesetzt und ergänzte: „Die Butter für den Tee habe ich erst gestern gemacht.“

„Ihr habt eine ungewöhnliche Reise hinter euch“, fing der Mann an. „Damit ihr Vertrauen zu uns fassen könnt, will ich euch ein paar Hintergründe aufzeigen. Als erstes solltet ihr wissen, dass ich mit eurer Nonne Tsering in bestem Kontakt stehe. Wir verfügen beide über telepathische Methoden, die eine Brücke über Zeit und Raum entstehen lassen. Und das ist gerade in eurem Fall besonders notwendig.“

Der Mann trank einen Schluck und fuhr fort: „Dass euer erster Kontakt Baktor, der Schneeleopard war, ist kein Zufall. Auch ihr seid über eure Vorfahren mit diesem Totemtier, verbunden. Und das schon seit vielen Generationen.“ Gespannt hörten die Geschwister zu. Der schien ja wirklich mehr über sie zu wissen!

„Ich will etwas weiter ausholen. Zu ganz früher Zeit haben sich Menschenströme aus dem sagenhaften Land Atlantis in den Himalaya aufgemacht. Damals waren es noch unverfälschte Atlantiker. Ein größerer Teil, ein Kulturstrom aus dem mittleren Nordatlantis, ist hierbei nach Tibet eingewandert. Diese Menschen haben besonders hier in unserem Reich auf die schamanischen Ströme Einfluss genommen, aber auch über Länder, die weiter weg von uns liegen. Der große Schneeleopard hat immer zu all diesen Stämmen und diesen Reichen bis in unsere Tage hinein Verbindung gehalten. Und Baktor – euer wie auch unser Totemtier – untersteht einem großen anführenden Schneeleoparden.“

„Was bedeutet das denn überhaupt, ein Totemtier?“, hakte Punja nach.

„Das drückt sich so aus, dass Baktor mir als Schamanen, als Führer unseres Clans, immer wieder erscheint. Einfach so. Oft aus dem Nichts heraus. Er macht uns aufmerksam, wenn Gefahren drohen. Solche Totemtiere vermögen uns Weisheiten einzuflüstern. Es sind deren geistige Hüter, die die einzelnen Totemtiere anleiten. Diese Hüter wie der große Schneeleopard gelten als mächtige Wesen mit einem tiefen Verständnis für Gerechtigkeit. Sie helfen uns und Baktor hilft euch.“

Nach einem Moment des Schweigens fuhr Sönam fort: „Er ist als eines der edelsten Tiere mit euren Ahnen direkt verbunden. Es sind eure Ahnen, Tashi und Punja, die diese Verbindungen auch zu mir aufrechterhalten.

Mir ist wenig bekannt, was eure Zeit angeht, aus der ihr kommt. Ihr könnt uns davon erzählen, wenn ihr möchtet. *Aber mir scheint, dass ihr wenig Ahnung davon habt, woher ihr stammt?"*

„Ja, da sagst du etwas sehr Wichtiges. Die Herkunft von Punja und mir ist für uns wie mit einem dichten Schleier verhüllt. Wir haben keinen Schimmer, hören nur immer wieder Hinweise, Andeutungen, aber keiner konnte oder wollte uns bisher hierzu wirklich die Wahrheit sagen. Also, wenn Sie etwas wissen, bitten wir Sie, uns davon zu berichten", bat Tashi eindringlich.

Punja sah Sönam an. Ihr Blick verriet, dass sie den gleichen Wunsch hatte wie ihr Bruder.

„Habt ihr schon einmal vom König Ling Garwa gehört?", wollte Sönam von ihnen wissen.

„Ling Garwa? Doch, den Namen habe ich schon einmal gehört. Allerdings weiß ich nichts Genaueres", entfuhr es Punja spontan.

„Tashi und Punja", damit sah Sönam die Geschwister eindringlich an, „IHR BEIDEN SEID DIREKTE NACHKOMMEN DIESES KÖNIGS LING GARWA. ER GILT UNS TIBETERN ALS NATIONALHELD… UND IHR SEID SEINE EINZIGEN URENKEL!"

In die Stille hinein stand Alma auf. Der Junge Norbu schmiegte sich verlegen an seine Mutter, die allen aus der großen Metallkanne dampfend heißen Buttertee nachschenkte. Dazu stellte sie eine Schale mit Gebäck auf den niedrigen Tisch. Die lockten nun Norbu an, der, verschmitzt den Vater ansehend, sich flink ein Gebäck schnappte.

„Können Sie uns bitte mehr über diesen König erzählen", fragte Tashi nach „und was dann mit uns geschah!", ergänzte Punja.

„Danke, Alma."

Damit reichte Sönam den Geschwistern die bunte aus Pflanzenfasern kunstvoll geflochtene Schale. Beide griffen sie nach einem runden Gebäckstück. Das alles war so aufregend.

„Man erzählt, dass König Ling Garwas Geburt von mystischen Zeichen angekündigt worden sei. Er war dazu bestimmt, unser Reich von Dämonen zu erretten und unserem Volk Frieden und Glück zu sichern.

Mit Dämonen waren Nordvölker gemeint und damit interessanterweise genau die Stämme, die mit denen verwandt sind, aus deren Reiche ihr gerade zu uns kommt. Mit Nonne Tsering habe ich mich darüber unterhalten. Sie meinte, diese Stämme würden in der neuen Zeit als ‚indogermanische Clans' bezeichnet werden. Das finde ich schon sehr erstaunlich und zeigt mir, wie nah ihr diesem legendären König Ling Garwa letztlich noch immer sein müsst!", kam es nachdenklich von Sönam.

Punja und Tashi staunten. Mit einem solch ungewöhnlichen Bogen in die Vergangenheit, mit ihrer Vergangenheit hatten sie gewiss nicht gerechnet.

Sönam fuhr fort mit seinen Erläuterungen: „Was nun direkt eure Geschichte betrifft… Baktor wird uns an den Ort geleiten, wo ihr früher gelebt habt. Macht euch auf unangenehme Szenen gefasst. Ihr werdet dort eurem eigenen früheren Ich begegnen. Ihr könnt nicht direkt eingreifen. Das müsst ihr verstehen und mir versprechen, nicht zu vergessen. Egal, was ihr dort seht. Versprecht ihr mir das?", forderte Sönam mit ernster Stimme.

„Ja. Das müssen wir wohl", gab Tashi sein Einverständnis und sah Punja an.

„Ich will mein Einverständnis auch geben, will aber noch genauer wissen, was uns dort erwartet", kam es nachdenklich von Punja.

„Das ist berechtigt, Punja. Und bitte, sagt „du" zu mir. Unsere Familien kennen sich letztlich doch sehr gut. Ich war ein guter Freund eures Vaters Garpa und oft in eurem Zuhause", fing Sönam an.

Mit großen Augen erfuhren die Geschwister nun die näheren Umstände ihres früheren Lebens in Tibet. Als Urenkel des großen Königs Ling Garwa seien sie als Kinder in der Festung Tigerhill aufgewachsen. Sönam hatte gemeinsam mit ihrem Vater in der Jugend an Pferderennen teilgenommen, an Wettkämpfen im Bogenschießen und sie seien nebeneinander sitzend von dem buddhistischen Lehrer Geleg Rinpoche unterrichtet worden.

„Daher habe ich Lesen und Schreiben gelernt, was sehr selten in unserer Zeit ist", fügte Sönam ein.

Er und Garpa seien wie Brüder gewesen. Dabei wären seine Eltern, schob Sönam ein, nur einfache tibetische Nomaden gewesen. Aber nachdem die Mutter eures Vaters, also eure Großmutter, keine weiteren Kinder bekommen konnte, waren sie mit seinen Eltern übereingekommen, dass er mit ihrem Vater gemeinsam erzogen würde. Seine Eltern waren darüber überaus froh. Das war zum einen eine hohe Ehre für seine Familie, dass ich mit dem Enkel von König Ling Garwa so nah beisammen sein durfte, und auf der anderen Seite hatte ich viele Geschwister und somit war ein Esser weniger zu Hause zu versorgen.

Die Hochzeit von Garpa mit der ihm schon in seiner Kindheit versprochenen Braut Pelmo sei groß gefeiert worden. Aus allen Reichen des Landes waren die Clanführer eingeladen worden. Eure Mutter Pelmo und euer Vater Garpa hätten sich, obwohl sie einander versprochen waren, bei einer Gelegenheit ganz ungezwungen zuvor kennengelernt. Sie hatten sich bei einem Pferderennen unterhalb der Burg Tigerhill ineinander verliebt und sich ihre Vornamen verraten. Beide wären sie betrübt gewesen, weil sie ja bereits anderen Partnern versprochen waren.

Was war das für eine Überraschung, als euer Vater am Tag der Hochzeit den Schleier seiner Braut lüftete und in die Augen eurer Mutter sah! Genau dem Mädchen, dem er zuvor kurz zufällig begegnet war und sie sich ineinander verguckt hatten. Auch eure Mutter konnte es kaum glauben. Das war ein großer Segen. Ihr könnt euch vorstellen, wie glücklich eure Eltern waren und damit die ganze Gesellschaft. *Es schien allen, als sei diese Verbindung geradezu von der Vorhersehung herbeigeführt worden.“*

„Eure Eltern haben sich wirklich geliebt, Punja und Tashi. Das ist in den königlichen Kreisen, aus denen ihr stammt, ziemlich ungewöhnlich. Weil es sich ja meist um politische Verbindungen handelt, die aus Kalkül geschlossen werden. Euer Großvater hatte schon zum Clan eurer Mutter Verbindung wegen einer Heirat aufgenommen, als beide noch kleine Kinder waren. Eure Mutter Pelmo entstammte der angesehenen bhutanesischen Königsfamilie, die ein strategisch günstig gelegenens Reich für euren Großvater beherrschte. Somit hatten sich eure beiden Großväter mit ihren Heeren gegenseitige Hilfe bei Angriffen versprochen.

Bereits euer Urgroßvater König Ling Garwa hatte hierzu die Weichen gestellt. Denn er stand im engen Kontakt mit dem bhutanesischen Königshaus. Seine Jugendreise hatte ihn damals an das noch zu euren Zeiten, Punja und Tashi,

Kloster Taktsang im Westen Bhutans - auch als „the Tiger's Nest' bezeichnet. (Das Foto stammt von der Autorin, aufgenommen während ihrer Pilgerreise im Jahr 1987).

berühmte Kloster am hohen Felsen ‚Taktsang' im Westen Bhutans geführt. ‚Taktsang' bedeutet ‚das Nest des Tigers'. Euer Vater erzählte mir, dass euer Urgroßvater dort längere Zeit meditiert hatte und diese Zeit an diesem heiligen Ort einen großen Eindruck bei ihm hinterlassen hätte, so dass er seine später seine eigene Festung ‚Tigerhill' (Berg der Tiger) danach benannt hätte.

„Aus dieser Verbindung, Punja und Tashi, seid ihr hervorgegangen. *Es waren besondere glückverheißende Zeichen bei euch beiden zur Geburt beobachtet worden.* Zeichen, wie sie nur selten und auch nur bei großen Führern unseres Landes auftreten. Ungewöhnlich war, das muss ich ausdrücklich erwähnen, dass sich diese Zeichen auch bei dir, Punja, einem Mädchen zeigten. Man spürte, dass das Schicksal hier etwas mit euch vorhatte.

Eure Eltern waren so froh. Zuerst mit deiner Geburt, Tashi, und dann drei Jahre später, mit dir Punja. Ihr hattet liebevolle Eltern und wart als Urenkel vom großen König Ling Garwa zu Großem bestimmt."

Hier hörte Sönam auf zu sprechen.

Man spürte, wie ihn diese Schilderungen bewegten. Er trank einen Schluck Tee und fuhr mit leiserer Stimme fort: „Das Glück währte jedoch nur wenige Jahre. Als du Tashi, neun Jahre alt warst und du, Punja, sechs, starb euer noch junger Vater überraschend an einer Krankheit. Es ist bis heute nicht geklärt, ob dies einer langsamen Vergiftung geschuldet war, die gezielt zu seinem Tod führte oder…?

Denn ihr müsst wissen, dass ein Bruder eures Großvaters von Eifersucht getrieben mit Neid auf das Glück eures Großvaters und seines Sohnes schaute. Er fühlte sich immer als der zu kurz Gekommene. Die glückliche Ehe eures Vaters war ihm ein zusätzlicher Dorn im Auge. Sein eigener einziger

Sohn brachte ihm nur Unglück. Als dieser heiratete waren die Umstände, die zu dieser Ehe führten, sehr mysteriös... als wenn ein dunkler Schatten über allem schwebte.

Auf der Hochzeitsfeier, so erzählte man sich, kam keinerlei Freude auf. Die nachfolgenden Umstände lassen vermuten, dass dieser Sohn, euer Großonkel Axor wohl den Tod eures Vaters zu verantworten hat.

Die Vorteile lagen ja auf der Hand. Denn wie es in unserem Land Sitte ist, so übernahm er als einzig lebender männlicher Vertreter der Familie in allem nun die Stellvertreterrolle für euren Vater... bis du Tashi, erwachsen wärst.

Nachdem euer Großvater nur zwei Jahre zuvor verstorben war, hatte er jetzt ein einfaches Spiel. So beanspruchte er alles Land, all die Besitztümer eures Vaters. Seine Frau Xanir war ihm in allem nur zu gern behilflich. Die beiden waren sich, was Hass und Raffgier betreffen, ziemlich ähnlich.

Eure wundervolle Mutter musste nun als einfache Magd auf einem Anwesen eures Großonkels ihren Dienst verrichten. Und das Druckmittel, damit sie spurte, das ward ihr. Sie kam aus dieser Zwickmühle nicht heraus und war gefügig und arbeitete Tag und Nacht, nur damit ihr geschont würdet.

Ihr beiden wurdet, so jung ihr noch ward, ebenfalls zur harten Arbeit gezwungen. Du, Tashi, hast so gut du es vermochtest, deiner Schwester geholfen. Zum Glück bliebt ihr zusammen. Man dachte wohl, dass du, Punja, in deinen jungen Jahren noch der Hilfe deines Bruders bedurftest. Sonst hätte man euch sicherlich getrennt. Aber so hattet ihr zumindest euch."

Sönam hatte lange gesprochen: „Ich glaube, es wäre jetzt gut, wenn wir etwas raus gehen. Das alles war viel für euch." Er sah die bleichen Gesichter der Geschwister und wandte sich an seine Frau: „Alma, ich zeige unseren jungen Gästen die Yaks. Wir sind, zusammen mit Tenzin, zum Essen rechtzeitig zurück.“

Alma nickte. Sie war längst aufgestanden und hatte angefangen, das Mahl zu bereiten.

„Komm, Norbu. Wir schauen, ob unser Yak Seta schon ihr Kälbchen geboren hat“, Alma nickte zustimmend, dass ihr Mann den jüngsten Sohn mit hinausnahm.

Schweigsam, mit ihren Gedanken beschäftigt, gingen die Geschwister neben Sönam zur nah an den Jurten gelegene Weidefläche. Dort sahen sie einen etwa 11-Jährigen, den Sönam ansprach: „Tenzin. Wie geht es unserer Seta? Hat sie schon gekalbt?“

„Ja, gerade eben Vater“. Aufgeregt ging der Sohn dem Vater voraus und zeigte auf eine Yak-Kuh, neben der ein gerade geborenes Kalb auf wackeligen Beinen stand und schon am Euter der Mutter trank.

„Gut hast du das gemacht, mein Sohn!“ Der Vater legte dem Jungen seine rechte Hand anerkennend auf die Schulter. Punja war entzückt von dem kleinen Kalb und für eine kurze Weile hatte diese Szene ihren sorgenvollen Blick erhellt.

„Die Milch einer Yakkuh ist sehr nährend“, erläuterte Sönam, während sie das Kalb beim Saugen beobachteten. „Die Kälber brauchen diese extrem fettreiche Milch, damit sie recht schnell Fett entwickeln. Auch wenn wir jetzt Sommer haben, der Winter ist bald da und dann brauchen sie dieses Fett zum Überleben.“

Sönam erklärte ruhig weiter: „Das Melken ist ziemlich kompliziert, da die Yakmütter nur auf ihre Kälber reagieren. Man fesselt das Bri, so nennt man ein weibliches Yak, an den Hinterbeinen und ein zweiter holt dann das Kalb, damit die Milch einschießt. Dann muss man das Kälbchen wieder weiter wegführen und vermag nun etwas zu melken. Aber schon nach einer kurzen Zeit muss man diese ganze Prozedur wiederholen. Allein daran seht ihr, wie kostbar diese Milch ist."

„Das ist wirklich nicht mit unseren genügsamen Auländer Rindern zu vergleichen", flüsterte Punja zu Tashi.

„Kommt! Wir gehen jetzt weiter in diese Richtung zum Lotosblüten-See", wandte sich Sönam an die Geschwister.

„Und Norbu, bleib du bis Mittag bei Tenzin." Der Junge nickte und wollte sowieso nicht so schnell weg von dem kleinen Kälbchen, dass er liebevoll streichelte.

Während sie sich dem tiefblauen See näherten, der wie ein Juwel da lag, zeichneten sich dichte Vogelschwärme an den Ufern ab. Je näher sie dem See kamen, desto reicher gestaltete sich die Pflanzenwelt. Zu den üppig gruppierten blauen Enzianen gesellten sich stellenweise gelbe Polsterpflanzen und näher am Ufer eine Art Jasmin, den Punja noch nie gesehen hatte. Die Geschwister taten einen tiefen Atemzug und genossen diese herrlichen Düfte.

„Wie unglaublich schön es hier ist", kam es von Punja und Tashi, die beide überwältigt waren von der Kulisse hoher Berge, in der der Farbenreichtum des Lotossees so malerisch lag. Den Namen trug er zu Recht, denn eine üppige Anzahl pinkfarbener Lotusblüten wuchs an seinen Ufern. Vögel zwitscherten, blau-seidige Libellen und bunte Schmetterlinge glitten zwischen den Blüten umher.

Nur wenige Worte miteinander wechselnd schritten sie danach den Weg zurück zur Jurte. Es roch gut nach frisch gerösteten Gerstenkörnern. Die beiden Söhne des Paares warteten schon auf die Fremden. Alle nahmen sie auf den Kissen Platz und die Mutter verteilte Paneer Tarkari mit Naan.

„Oh, an den Geschmack erinnere ich mich. Das kennen wir doch von früher!“, rief Tashi begeistert aus. Punja runzelte die Stirn und versuchte sich zu erinnern, aber es stiegen in ihr keine Ahnungen auf.

Nach dem Mahl, die Kinder waren wieder draußen, fuhr Sönam mit seinen Erzählungen fort: „Tashi, du hast eben gesagt, dass du dich an den Geschmack des Mahls erinnern kannst. Du hast als Älterer eine längere Zeit mit euren Eltern leben können. Sie waren ja sehr wohlhabend und ihre Küche war exzellent. Ich war häufig genug in eurer Familie zu Gast, so dass ich weiß, wovon ich spreche.“

Sönam schmunzelte bei den Erinnerungen und erzählte weiter. Die Abende mit seinem Freund Garpa und weiteren Freunden sei nicht selten bei kräftigem Genuss von Chang fröhlich ausgeklungen.

Sönam sprach weiter: „Jedoch du, Punja, wirst kaum noch Erinnerungen haben können, du warst noch zu klein. Die Kost bei eurem Großonkel war mehr als dürftig und so etwas Gutes ist dort für euch nie auf den Tisch gekommen.“

„Was mich wundert, Sönam, ist, dass ich mich an dich nicht erinnern kann! Überhaupt habe ich kaum Erinnerungen, außer wie eben bei einem Essen. Aber mit meinen neun Jahren müsste ich doch einiges hier wiedererkennen!“, wunderte sich Tashi stirnrunzelnd.

„Tashi, das muss mit den Ereignissen zusammenhängen, die so plötzlich passierten. Ich, wie auch andere eurer Familie, wohlgesonnene Leute... wir konnten uns auf das was dann geschah, keinen Reim machen.

Denn ihr beiden wart auf einmal wie vom Erdboden verschluckt. Und nicht nur ihr zwei, sondern noch weitere fünf Nachbarkinder. Wir dachten erst, ihr würdet nicht mehr leben. Aber unser Lama Geleg Rinpoche wiederholte fortwährend, dass er euren Tod nicht sehen könnte. Da müsse etwas Merkwürdiges geschehen sein. Ihr würdet leben, meinte er immer wieder!“

Und so erklärte Sönam weiter: „Alles ging in dieser Zeit drunter und drüber. Dieser Großonkel und seine Frau sind im Feuer, das dann auf eurem Anwesen der Festung Tigerhill wütete, umgekommen. Nachdem ihr verschwunden wart, wurde eure Mutter sehr krank. Sie ist nur kurze Zeit danach gestorben. Zum Glück konnten wir sie zu uns holen, gell Alma!“

Sönams Gattin nickte und dann sprach sie weiter: „Punja und Tashi. Wir waren sehr froh, dass wir eure Mutter Pelmo hier bei uns pflegen durften. Schaut! Genau dort lag sie einige Wochen auf ihrem Krankenlager.“

Damit zeigte Alma auf eine Schlafstelle in der Jurte. Punja und Tashi waren aufgestanden, um sich den Platz näher anzusehen. Es war, als suchten sie in den Fellen nach Abdrücken, nach einem Lebenszeichen ihrer geliebten Mutter.

Alma fuhr fort: „Wir haben oft von euch beiden gesprochen, Punja und Tashi. Ihr wurdet von euren Eltern so sehr geliebt…“

Punja fing an zu weinen. Das alles ging ihr einfach zu nah. Auch Tashi hatte Tränen in den Augen und schloss Punja in seine Arme: „Wir sind doch zusammen, Punja.“

„Tröstlich für euch dürfte sein, dass eure Mutter sich in Liebe von unserer Erde verabschiedet hat. Trotz all dem Leid, was ihr und auch euch passiert ist, hatte sie sich ihr gutes Herz bewahrt. Sie war häufig in tiefem Gebet versunken und meditierte auf Chenresig, den Buddha des Mitgefühls. Ich habe noch immer ihre leise gemurmelten Mantras ‚Om mani peme hung‘ in den Ohren.“

Alma schenkte frischen Buttertee nach. Punja und Tashi setzten sich wieder zu den Gastgebern. Sönam fuhr in der Schilderung fort: *„Als eure Mutter starb, stand ein klar leuchtender voller Regenbogen für längere Zeit über unserer Jurte. Das war ein deutliches Zeichen der Buddhas, dass sie segensvoll weitergehen konnte."*

„Wie lange ist das denn inzwischen her, Sönam?" wollte Tashi wissen.

Er erklärte: „Seitdem sind 10 Jahre vergangen. Euer Vater starb, als er 30 Jahre zählte; eure Mutter war einige Jahre jünger. Die Nonne Tsering hat mir genau das bestätigt, was unser Geleg Rinpoche angedeutet hatte. Sie erklärte mir, dass ihr und diese fünf Kinder wohl verzaubert worden wäret und dass hier bei uns die Lösung für all das zu finden sei. Was meint sie denn damit, wisst ihr mehr dazu?"

Und nun fingen die Geschwister abwechselnd an zu erzählen, was sie wussten, was sie in all den Jahren seit sie sich erinnern konnten, erlebt hatten. Das Ehepaar schaute mit großen Augen, als sie ihnen klar machten, dass sie in einem sehr weit entfernten Land leben würden und das über viele Jahrhunderte entfernt in der Zukunft.

„Wir sind in den letzten zwei Jahren immer wieder in Situationen gekommen, wo wir einen materiellen Körper hatten, wie jetzt auch hier", fügte Tashi ein.

„Und dabei haben wir auch Zeichen gesehen, die mit dieser Verzauberung zu tun haben. Es müssen ungeheuer böse Mächte sein, dass sie uns über so viele Jahrhunderte und Länder hinweg, verfolgen, uns keine Ruhe geben", sprach Punja ganz leise.

Nach einer Weile der Stille, in der alle ihren Gedanken nachhingen, kam es nachdenklich von Sönam: „Ich habe keine Ahnung, was das für Aufgaben sind, in die ihr gestellt seid. Ich sehe jedoch, dass ihr beiden mit starken lichten Kräften verbunden sein müsst. All die Geschehnisse zeigen ganz deutlich, dass ihr da wohl etwas Großes in der Welt bewegt. Das müsst ihr unbedingt erkennen."

Und er ergänzte leise: „Direkte Nachfahren von König Ling Garwa zu sein, geboren zu werden bei diesen segensreichen Eltern - das alles geschah nicht zufällig. Ihr habt fürwahr große Aufgaben zu bewältigen, Punja und Tashi. Das höre ich deutlich aus euren Erzählungen heraus. Und ihr habt auch die Kraft, die Fähigkeit dazu … und die Helfer auf eurer Seite. Vergesst das nicht!"

Es war Abend geworden und Tenzin mit Norbu stürmten in die Jurte. „Was gibt's heute Abend zu essen?" wollten sie wissen.

„Na, da habt ihr Glück, dass wir Gäste bei uns haben", lächelte ihre Mutter sie an: „Gleich gibt es Momos!"

„Juhu, Momos!"

Norbu tanzte vor Freude in der Jurte und schnitt Grimassen dabei, wie er all die guten Momos verzehren würde. Alle lachten. Das machte er zu gut. Ein richtiger kleiner Schelm war dieser Norbu, da waren sich alle einig. Bei gutem Chang, dem Bier der Tibeter, den Tashi und Punja das erste Mal probierten, wurde der Abend noch lang. Ihnen wurde ein Lager für die Nacht genau dort eingerichtet, wo ihre Mutter gelegen hatte.

„Das ist erst wenige Jahre her", kam es leise von Punja.

„Ja, nicht zu fassen", erwiderte Tashi, der, wie Punja, es besonders fand, genau jetzt hier zu liegen. Zum Glück hatte sie der ungewohnte Chang mit seinem leichten Alkoholgehalt müde gemacht, so dass sie doch bald einschlafen konnten. Beide hatten sie wilde Träume von all dem Neuen, was sie erfahren hatten, so dass die Geschwister geradezu erleichtert waren, als sie ungewohnt früh am Morgen wach wurden.

Am Stupa und...

Die Geschwister begaben sich nach draußen in eine herrlich golden strahlende Morgensonne um mit ihren sportlichen Übungen zu beginnen. Allerdings waren sie dabei nicht so ganz alleine. Denn zuerst schauten Norbu und Tenzin ihnen dabei neugierig zu und mit der Zeit kamen aus den Nachbarjurten noch weitere junge Zuseher. Tashi und Punja machten ihnen ein paar der Übungen langsam vor und forderten sie auf, mitzumachen. Was diese unter Gekicher dann auch versuchten.

Nach dem Frühstück hatten die Kinder die Yaks zu versorgen, bis ihre Mutter zum Melken nachkommen würde. Sönam sprach Punja und Tashi an: „Jetzt will ich euch die nächsten Schritte erläutern, die nun anstehen. Dies habe ich so mit eurer Nonne Tsering und auch unserem Geleg Rinpoche besprochen.

Der Schneeleopard Baktor, unser – und auch euer – Totemtier wird gleich hier auftauchen. Mit ihm zusammen werden wir an die Stelle gehen, wo ihr früher gelebt habt. Ihr werdet Bilder sehen, Bilder aus längst vergangener Zeit, auch von euch selbst. Ihr könnt jedoch eurem jüngeren Ich nicht helfen. Es wird hart sein, Punja und Tashi, diese Szenen zu beobachten. Macht euch bitte darauf gefasst. Diese Bilder eures früheren Lebens sind noch in den Wänden zu finden. Die Steine haben ein gutes Gedächtnis. Baktor vermag diese Erinnerungen aufsteigen zu lassen."

Gerade hatte Sönam geendet, da war der Schneeleopard auf leisen Sohlen in die Jurte gekommen.

„Baktor, gut dass du da bist. Wir haben gerade darüber gesprochen, dass wir gleich gemeinsam losziehen werden“, begrüßte Sönam das imposante Tier.

„So sei es“, kam es näselnd von Baktor, der Punja und Tashi fragte: „Seid ihr bereit?“

„Ja“, antwortete Tashi, der dabei Punja ansah, die auch mit einem „ja, dann soll es nun sein“ antwortete.

Wie lange schon wollten sie wissen, was hinter ihrer Verzauberung steckte. Und jetzt war diese Zeit gekommen. Punja war froh, dass auch Sönam mitkommen würde. Zusammen mit ihm, dem besten Freund ihres Vaters, fühlte sie sich beschützter für das, was ihnen nun bevorstand.

„Alma, ich weiß nicht wie lange es dauern wird. Es kann gut sein, dass wir erst gegen Abend zurück“, verabschiedete sich Sönam. Die Geschwister hatten beobachtet, dass er einiges an Proviant eingepackt hatte.

Und so starteten sie in Richtung, der grasenden Yakherde. Der Vater winkte noch seinen Söhnen zu. Schweigend folgten sie weiter einem schmalen Pfad, der am schön gelegenen Lotossee vorbeiführte, wo sie noch gestern gewesen waren. Weiter ging es inmitten der Grassteppe in östliche Richtung. So gelangten sie an eine Biegung, einem etwas breiteren, ausgetretenen Weg. Wie viele Generationen von Menschen mochten hier wohl entlang geschritten sein? „Sicherlich waren auch Ihre Eltern hier unterwegs gewesen… mit ihnen zusammen?“, kam es Punja und Tashi in den Sinn. Das war ein seltsames Gefühl für die Geschwister, die Steine, das Gras betrachtend. Es war, als würden sie versuchen, darin Spuren ihrer Vergangenheit, zu finden.

Nach einer kurzen Rast, bei der Sönam ihnen Wasser zum Trinken und getrocknete Aprikosen reichte, ging es weiter. Lange gab es kaum Abwechslung, bis sie sahen, dass der Weg einen Bogen in Richtung Norden machte. Nun ging es für eine Weile stetig bergan. Auf der Anhöhe angekommen bot sich ihnen ein Blick auf eine sich weit unter ihnen öffnende Ebene. Dort waren Reste einer Besiedelung erkennbar. Mauerreste ließen unterschiedlichste Gebäude erahnen.

„Wie in einer Geistersiedlung“, dachte Punja.

Sönam unterbrach die Stille: „Tashi und Punja, wir sind hier am höchsten Punkt des Passes mit dem Stupa[1], angelangt. Was ihr dort unten liegen seht, sind die Überreste

---

1 Ein Stupa ist ein buddhistisches Bauwerk oft auf einer Anhöhe. Es symbolisiert die alle uns innewohnende Buddhanatur - das Allgute.

der Festung Tigerhill, einer damals imposanten Anlage, die euer Ahne König Ling Garwa hatte bauen lassen.

Und genau hier, an dieser Stelle, hielt euer Vater manchmal inne. Wenn ihr euch einmal komplett umdreht, dann habt ihr von hier aus einen weiten Blick in alle vier Himmelsrichtungen. Dieser erhabene Anblick, meinte er, hätte die Fähigkeit unseren Geist zu weiten."

Die drei umrundeten langsam den Stupa im Uhrzeigersinn. Ein tief bewegender Moment für die Geschwister. „Genau so hatte es ihr Vater also gemacht", kam es Punja. Am liebsten wäre sie für immer hier geblieben.

Sönam zeigte jetzt jedoch auf das Trümmerfeld: „Wir werden uns nun in diese Richtung begeben zu den Überresten der Burg Tigerhill. Dort ist euer Vater aufwachsen und eure Eltern verlebten mit euch zusammen dort glückliche Jahre… bis das Schicksal seinen Lauf nahm".

Nach einer Weile der Stille sah sie Sönam eindringlich an: „Habt ihr Fragen? Es wäre gut, diese jetzt zu stellen. Wenn wir uns innerhalb der Burg befinden, sollten wir schweigen!"

„Nein, soweit ist alles klar", kam es von Tashi und auch Punja nickte bejahend. „Noch habe ich keine weiteren Fragen."

„Gut! Baktor, geh du voraus. Wir bitten dich, uns die Bilder zu zeigen, an die sich die Steine noch erinnern", bat Sönam das Totemtier.

Der Schneeleopard schritt wieder in seinem geschmeidigen Gang voraus. So steuerte die kleine Gruppe auf vormals wohl imposantes Gebäude zu, das zentral im hinteren Drittel der Ruinenlandschaft lag. Mehrere zerfallene Steinhäuser waren von diesem Platz aus sternenförmig nur noch durch andeutungsweise erkennbare Mauern verbunden. Um dorthin zu gelangen durchschritten sie ein erstaunlicherweise nahezu intaktes hohes Tor. Bunte Malereien waren in kunstvoller Weise darauf aufgebracht.

„Seltsam, dass das Tor noch wohl wie früher einfach so da steht“, dachte Punja. Baktor schritt auf das genau diesem Tor gegenüberliegende größte Gebäude zu. Wie bei allen anderen Häusern waren die oberen Stockwerke komplett zerstört, nur die robusten dicken unteren Mauern, die nach unten breiter wurden, standen zum Teil noch. Fenster oder Türen waren zu erahnen.

Sönam sah die Geschwister nochmals eindringlich an, bevor sie durch den Eingang in ein ehemaliges Gebäude eintraten. Diese nickten ihm zu und bekräftigten damit ihr Einverständnis weiter zu gehen.

Ein kräftiger Wind kam auf einmal auf. Punja umfasste ihren Fellmantel, so dass er sie besser zu schützen vermochte. Die Geschwister folgten Sönam, der zielsicher in den Ruinen des großen Gebäudekomplexes, das er von Kindheit an kannte, auf einen ehemaligen gößeren Raum zusteuerte, der sich auf der linken Seite befand. Hier erkannten die Geschwister Reste von Möbeln, die über und über von Staub bedeckt waren. Ein großes Feuer hatte wohl gewütet und kaum noch Erkennbares zurückgelassen. Eine Metallkanne lugte aus den Trümmern hervor, aus der einmal Buttertee eingeschenkt worden war. „Ob auch sie aus dieser Kanne den Tee getrunken hatten?“ Sie beobachteten Sönam, der wohl erriet, was sie dachten und ihnen bejahend zunickte.

Der Schneeleopard hatte sich, auf leisen Pfoten, von einer ihnen nicht einsehbaren Seite auf die Mauern des ehemaligen Raumes gestellt mit der jetzt weit gen Himmel offenen Decke. Inzwischen waren dunkle Wolken aufgezogen, die der kräftige Wind immer dichter werden ließ.

Plötzlich hörten sie das typische Geheul des Schneeleoparden. Zusammen mit dem aufkommenden Sturm führte das bei Punja dazu, dass sie fröstelte. Ein Schauer lief ihr über den Rücken und verursachte eine Gänsehaut.

Tashi hatte die Hand seiner Schwester ergriffen. Ein leichtes Durchatmen zeigte ihm, dass das genau das Richtige gerade für Punja war.

Am Rand des ehemals großen Zimmers, wurden die Bilder allmählich deutlicher. Bilder von ihnen! Beinahe hätte Punja einen Laut von sich gegeben, aber sich noch rechtzeitig zurückgehalten. Denn schemenhaft stiegen Bilder ihrer geliebten Eltern aus den Steinen auf.

Da, ihre Mutter hielt ein Baby in ihren Armen. Der Dreijährige neben ihr war eindeutig Tashi.

Ein jüngerer Mann betrat nun den Raum. Der Junge sprang ihm begeistert entgegen. Ihr Vater! Er hob seinen Erstgeborenen hoch und drehte ihn mehrmals im Kreis. Der Junge jauchzte vor Vergnügen. Dann stellte der Vater ihn wieder behutsam auf dem Boden ab. Ihre Mutter hatte dabei lächelnd zugesehen. Sie und ihr Baby - und das war Punja - wurden zur Begrüßung nun vom Vater liebevoll umarmt und geküsst.

„Ach, ist das schön, unsere Eltern zu sehen“, dachte Punja wehmütig und wäre am liebsten zu ihnen hingelaufen. Sie musste stark an sich halten, nicht diesem Impuls zu folgen. Denn Sönam hatte sie und Tashi deutlich gewarnt. Würden sie diese Bilder ihres früheren Lebens jetzt stören, so wüsste man nicht, was dann geschehen würde. Das alles ging Punja in Bruchteilen von Sekunden durch den Kopf und sie hielt an sich, um ja ruhig zu bleiben.

Dann verblassten diese Bilder wieder und zogen sich in die Mauern zurück.

Erneut heulte der Schneeleopard hoch über ihnen auf den Mauerresten. Sein Heulen wurde markdurchdringend und von einer Lautstärke, als wolle er es mit den Windgeistern aufnehmen, die dort, wo der Leopard stand, immer stärker zu werden drohten.

Nun verfolgten die Geschwister und Sönam, wie weitere Bilder den Mauern entstiegen. „Das war ja sie, Punja, als etwa Sechsjährige“, erkannte Punja. Ihr junges Ich war eben dabei, eine große und sichtlich schwere Metallkanne mühsam herein zu schleppen. Tashi, als wohl Neunjähriger, war eben dabei, neben einer Feuerstelle, Holzscheite aufzuschichten. Die Geschwister erkannten, dass ein älterer Mann, vermutlich ihr Großonkel und seine Frau an einem Tisch saßen. Ihre Gesichter waren übel vom Alkohol gezeichnet.

„Ihr Nichtsnutze, schaut, dass ihr fortkommt!“, schrie diese Frau plötzlich mit schriller Stimme ihre jüngeren Abbilder an. „Verschwindet! Raus hier zu eurer Arbeit!“

Der junge Tashi sah sofort nach seiner kleinen Schwester und half ihr beim Tragen der schweren Kanne, die sie bei dem Paar abstellten. Der neunjährige Tashi nahm Punja bei der Hand und beide verließen sie eiligst diesen düsteren Raum.

Die Frau schrie ihren Mann an: „Wie konntest du nur unseren gesamten Besitz verspielen! Du ungeheurer Depp, du Dummkopf! Nun sind wir ärmer als je zuvor.“

Der Schneeleopard machte Sönam ein Zeichen, dass sie weitergehen sollten.

Noch angewidert von dem, was sie da eben gesehen hatten, folgten die Geschwister Sönam. Der führte sie nun zu einem weiteren Raum, der wohl einmal eine Küche gewesen war.

Man konnte noch zerbrochenes irdenes Geschirr, Reste von Schüsseln am Boden liegen sehen. Alles war bedeckt mit grauem Staub. In der Mitte des Raumes erkannten sie eine frühere Feuerstelle mit Resten von Metallketten. Daneben lag ein löchriger Topf. Der hatte wohl einmal über der Feuerstelle an dem Gestell gehangen. Wie im anderen Zimmer standen nur noch Außenmauern und gaben den Blick auf die dunkelblau-schwarzen Wolken am Firmament frei.

Baktor, der sich erneut auf eine der höchsten Maueреste begeben hatte, heulte wieder lautstark. Erneut entstiegen Bilder den mächtigen Steinen, die nach und nach immer deutlicher wurden. Was sie jetzt sahen, verschlug ihnen fast den Atem.

Ihre jüngeren Selbste arbeiteten in dieser Küche als es begann lichterloh zu brennen. Ein Stoff hatte Feuer gefangen und ein Holzbalken war gerade eben auf den neunjährigen Tashi gestürzt. Er lag jetzt am Boden und konnte sein rechtes Bein nicht mehr bewegen. Die Flammen wüteten und kamen immer näher. Die kleine Punja schrie vor Entsetzen.

Tashi rief ihr zu: „Öffne das Fenster. Spring über das Fenster raus."

Die kleine Punja kletterte auf eine Truhe um ans Fenster zu gelangen. Sie vermochte zum Glück das Eisengitter zu öffnen. Draußen sah sie Nachbarskinder, die entsetzt zu ihnen hereinschauten.

Punja schrie: „Hilfe! Tashi am Boden!"

Zwei Jungen und drei Mädchen kletterten nun eilends durch das Fenster in die Küche. Die zwei Jungen halfen Tashi vom Boden auf, eines der Mädchen hielt Tashis verletztes Bein in der Waagerechten. Die beiden anderen Mädchen hatten Punja umfasst. Sie waren eben dabei, sie hochzuheben, so dass sie zum Fenster hinaus klettern konnte…

Aber da!

DIE ZUSCHAUER, DIE DIE BILDER DER ERINNERUNGEN BETRACHTETEN, ERBLICKTEN AUF EINMAL WIE EIN RIESIGER WEISS LEUCHTENDER SCHNEELEOPARD AN DER EHEMALIGEN DECKE DER KÜCHE ERSCHIEN – GLEICH EINER FATAMORGANA.

Und dann… plötzlich waren alle verschwunden. Weder waren die Kinder Tashi und Punja noch zu sehen, noch konnten die Betrachtenden die fünf Nachbarskinder entdecken, während die rot lodernden Flammen inzwischen die gesamte Küche erfasst hatten.

Währendessen hielt Tashi weiterhin Punjas Hand fest. Tashis Augen sahen Sönam fragend an: „War es das?"

Die Bilder verblassten, die Mauern nahmen sie wieder auf. Nun sah die kleine Gruppe von Menschen wieder nur die Ruinen, stille Zeitzeugen, die nun erneut verstummt waren.

Baktor war von den Mauern herab gestiegen und machte ihnen ein Zeichen, dass sie ihm folgen sollten. Punja hatte sich die ganze Zeit zusammengerissen, aber jetzt weinte sie. Tashi hielt Punja fest in seinen Armen.

„Lass uns raus gehen. Das ist kein guter Ort", flüsterte er leise in Punjas Ohr.

Er zog sie weg, raus aus diesen elenden Mauerresten. Die Geschwister und Sönam folgten Baktor mit raschen Schritten hinaus. Nur raus hier durch das Tor der ehemaligen Festung Tigerhill und weiter bis zum Rand der Steinreste. Wie lange waren sie dort gewesen? Sie hatten jedes Gefühl für die Zeit verloren. Endlos schien es ihnen, waren sie in den Bildern der Mauern gefangen gewesen. Der Sturm hatte die dunklen Wolken weitergetrieben. Eine wärmende Sonne stand inzwischen deutlich tiefer; es musste inzwischen später Nachmittag sein.

Im freien Gelände begann Baktor zu sprechen: „Euer Großonkel hatte alles Hab und Gut durch seine Spielsucht verloren. Die Großtante war so erzürnt, dass sie daraufhin euren Großonkel und mit ihm seine ganze Gesippschaft verfluchte. Diesen Fluch konnte ich als euer Totemtier abmildern. Und genau in diesem Augenblick wart ihr beiden in direkter Verbindung mit den fünf Nachbarskindern, die euch gerade helfen wollten. Und so betraf dieser in eine Verzauberung umgewandelte Fluch nun auch sie.

Ihr seid nicht gestorben, wie es eure Großtante gewünscht hatte, sondern nach einer Zeit des Unbewusstseins vermochtet ihr als Hausgeister weiterzuleben. Der Fluch wurde umgeleitet ins Kloster, dort zu den euch bekannten sieben Silberopferschalen… bis zu jenem Tag, an dem dieser Zauber vollends aufgelöst sein wird.“

Tashi fragte sofort den Schneeleoparden: „Und wie werden wir diese Verzauberung wieder los? Wie können wir wieder ganz normale Menschen werden?“

Baktor antwortete:

„Findet den goldenen Stern im roten Grund.
Gebt die Essenzen auf das Herz.
Folgt eurem Herzen.
Zwei für Sieben.
Hier liegt der Schlüssel verborgen.“

Sönam wandte sich an den Schneeleoparden: „Danke Baktor, für deine wertvolle Hilfe. Du findest an dem vereinbarten Platz unsere Geschenke für dich und deine Familie.“

„Auch von uns ein ganz besonderer Dank für all deine Unterstützung“, kam es von Tashi.

„Ja, früher und auch heute“, ergänzte Punja.

Baktor schaute jeden einzeln nochmals an, bevor er sich umdrehte und die Anhöhe würdevoll hinunter schritt. Die drei sahen ihm still nach, bis nichts mehr von ihm zu sehen war.

Sönam sprach die Geschwister an: „Ich bin an diesem Ort, eurem Elternhaus, seit langer Zeit heute das erste Mal wieder gewesen. Die Mauern bergen auch schöne Momente, die ihr mit euren Eltern dort erlebt habt. Ich will euch von diesen erzählen, damit ihr nicht nur diese letzten schrecklichen Bilder vor euch seht.

Wir haben unsere Jurten seit dem Tod eurer Mutter in den letzten Jahren nie mehr in diesem Tal der Steinriesen aufgestellt. Nur weil Nonne Tsering mich darum bat, sind wir wieder hierher zurück gekommen. Ich möchte daher jetzt die Gelegenheit nutzen und eine Chenresig-Puja hier oben an dem Stupa durchführen, an dem Ort, den euer Vater so liebte. Wir stärken uns zuerst etwas und dann seid ihr willkommen, bei der Puja mitzumachen.“

Und so geschah es. Sie ließen sich neben dem Stupa nieder, tranken frisches Quellwasser und aßen den Proviant, den Sönam mitgenommen.

Sönam zündete dann drei Räucherstäbchen an, damit umrundeten sie einige Male im Uhrzeigersinn den Stupa. Es duftete nach Sandelholz, nach heiligem Guggul und würzigen Bergkräutern. Dann ließen sie sich auf der Decke nieder, die Sönam zur Rast ausgebreitet hatte. Von hier aus hatten sie den Blick auf die darunter liegenden Ruinen. Mi seiner tiefen Stimme stimmte Sönam die Lobpreisungen an Chenresig, dem Buddha des Mitgefühls, an.

Erinnerungen an die Zeit in der Klosterzelle der Nonne Tsering kamen bei Punja und Tashi auf. Denn auch sie hatte diese Texte gesprochen und Lieder gesungen. Und so vermochten Punja und Tashi manche der Lieder auswendig mitzusingen. Dann.. die Lotusmala in der Hand haltend, begann Sönsam langsam das große Mantra zu sprechen bis er dann leiser wurde: OM MANI PADME HUM. Punja und Tashi fielen mit ihren Stimmen ein in das monotone Sprechen der Silben.

Mit halb geschlossenen Augen murmelten sie die Mantras, bis auf einmal eine strahlend weiße Vision von Chenresig direkt über den Ruinen ihres Elternhauses erschien. Regenbogenfarbiges Licht strömte spiralförmig aus dem Herzzentrum vom Buddha Chenresig in alle Richtungen.

Alles Dunkle, spürten sie, wurde ins Licht geführt.
Zeit und Raum hörten auf zu existieren...

Stille.

Ergriffen von diesem heilenden, heiligen Moment – sprach Sönam die den Geschwistern vertrauten tibetischen Abschlussworte der Chenresig-Puja. Alles Positive, dass durch das gemeinsame Tun entstanden war, widmeten sie dem Wohl aller Wesen.

EM MA HO!

Sönam packte wieder alles zusammen. Punja dachte, wie stark dieses heilende Ritual doch gewirkt hatte. Es war ihr so viel leichter zumute als all die Zeit zuvor. Das gab sie mit einem aufmunternden Lächeln auch Tashi zu verstehen. Noch immer hatte von ihnen keiner ein Wort gesprochen. So ergriffen waren sie von dem, was da gerade geschehen war.

Bevor sie die Passhöhe mit dem Stupa verlassen wollten, schauten sich die Geschwister nochmals langsam um. Sie ließen die vier Himmelsrichtungen auf sich wirken und dachten an ihren Vater, der diesen Anblick so genossen hatte… und blieben auf einmal wie angewurzelt stehen.

„Da! Sönam. Schau!“, rief Punja begeistert.

Der Atem stockte ihnen, denn aus der Entfernung, in der sie nun auf dieses Ruinenfeld der ehemaligen Festung Tigerhill, auf die Reste ihres Ahnensitzes schauten, spannte sich ein gigantischer doppelter Regenbogen auf. Unter dem deutlichen Regenbogen war das Licht innerhalb des Bogens ungewöhnlich hell, viel heller als außerhalb. Eine tiefe Dankbarkeit erfasste die Geschwister und Sönam. Sie glaubten nicht nur, nein sie wussten, dass hier wirklich starke lichte Kräfte am Werk gewesen waren.

Zuerst standen die drei schweigsam beisammen, doch dann stimmte Sönam einen kraftvollen Gesang an, der über die Anhöhe weit ins Tal zu hören war. Begeistert hörten Punja und Tashi zu, als Sönam laut singend nun den breiten Weg von der Anhöhe hinunter schritt.

Und dann waren sie es, Tashi und Punja, die laut ihre Stimmen erhoben und ihre westlichen Lieder sangen. Nun war es an Sönam zu lauschen.

In bester Stimmung erreichten die drei so den schmaler werdenden Pfad und gingen hintereinander weiter, bis sie wieder am herrlich gelegenen Lotosblütensee ankamen. Dieser erschien ihnen jetzt - eingetaucht im rötlichen Licht der untergehenden Sonne - wie verzaubert inmitten der Blütenpracht und umsäumt vom höchsten Gebirge der Welt.

Zurück in der Jurte, empfing Alma sie mit einer stärkenden Nudelsuppe auf dem Feuer des Lehmofens. Die roch schon gut, als sie eintraten.

Als sie nach dem Essen beim dampfenden Buttertee zusammensaßen, die schlafenden Kinder hörte man leise atmen, fing Sönam an: „Es war von großer Bedeutung, diese Bilder heute zu sehen, die Baktor aus den Steinen hat aufsteigen lassen. Die Wünsche und Gebete eurer Eltern, ihr Vertrauen in die Buddhas, haben letztlich dazu geführt, dass ihr nicht verflucht werden konntet. Ihre Liebe wirkte wie ein Schutzschild im entscheidenden Moment und hat das Totemtier eurer Familie, díesen leuchtenden Schneeleoparden, herbeigerufen. Dieser stellte sich zwischen euch und den Fluch."

Punja überlegte laut: „Und so wird diese Umwandlung der Verzauberung nicht nur uns betreffen, sondern auch gleichzeitig unsere fünf Freunde, diese Nachbarskinder, die uns helfen wollten? Oder was meinst du Sönam?"

Sönam: „Ja, Punja, genau das vermute ich. Seit diesem Ereignis ist euer im Schicksal miteinander verbunden."

„Unsere Erinnerungen als Hauselfen, angebunden an diese Silberopferschalen", meinte Tashi nachdenklich, „beginnen erst wieder in der Klosterzelle von Nonne Tsering, also viele Jahrhunderte später. Wie meinst du, konnte das so geschehen?"

Sönam antwortete: „Ich kann mir das nur so erklären: *Das was ihr erlebt habt, ab dem Moment, in dem euer Totemtier auftauchte, war, als hätte er euch aus Zeit und Raum heraus gehoben. Dadurch konntet ihr um Jahrhunderte später wieder auftauchen.* So etwas ist äußerst selten, jedoch durchaus möglich. Und wer weiß, warum das geschah! Auch das war mit Sicherheit kein Zufall, auch wenn ihr die Gründe dazu noch nicht erkennen könnt."

Punja bemerkte: „Nur das, was Baktor uns als Weg zu unserer Erlösung mitgeteilt hat, ist mir schleierhaft. Was hat es nur mit dem goldenen Stern auf sich? Warum hat er sich da so undeutlich ausgedrückt?“

Sönam antworte ihr: „Das stimmt, Punja. Auch ich kann mit dieser Antwort erst einmal nichts anfangen. Diese Dinge sind wohl jetzt noch nicht greifbar. Vielleicht sollen euch diese Worte des Schneeleoparden wie eine seiner Fährten aufscheinen. Sie sind wie seine Spuren im Schnee, Zeichen eines Weges, wohl letzte Etappen, die ihr noch zu gehen habt.“

Tashi entgegnete nachdenklich: „Ja, da könnte was dran sein, Sönam. Denn mir geht es genauso wie Punja.“

Der Tag war anstrengend gewesen und so wurde es bald still. Punja und Tashi lagen nicht lange wach, erschöpft fielen sie in einen tiefen Schlaf.

Als Tashi am Morgen erwachte, wollte er Punja gleich von einem besonderen Traum erzählen, den er in der Nacht gehabt hatte. Beide gingen sie daher, als alles noch still in der Jurte war, am frühen Morgen draußen spazieren. Gerade war die Sonne dabei, hinter den beiden Felsen des Tals der Steinriesen als roter großer Ballon aufzugehen.

„Punja. Der Traum war so stark, das war eindeutig ein Klartraum. Es ist mir noch alles so präsent“, begann Tashi zu erzählen:

Er hätte im Traum eine junge Frau mit wehenden dunklen Zöpfen beobachtet, die auf einem freurigem Schimmel durch das Tor eines Hofes heraus geritten kam.

Dieses Tor sei seltsam gewesen. Tashi erkannte darin das Aulănder Wort TAT. Da waren zwei Balken auf jeder Seite mit einem kurzen Balken darüber – die beiden Buchstaben T – und dazwischen aus Balken ein riesiges A, durch das die junge Frau auf dem Weg nach draußen angestürmt kam. Die seitlichen T-Balken waren auf der einen Seite mit weißen Kletterrosen bewachsen und auf der anderen Seite wären die Kletterrosen von einem tiefen Rot gewesen. Tashi glaubte, fast deren Duft im Traum noch riechen zu können. Denn gerade sei ein helles Mittagslicht auf die Rosen gefallen und hätte das vor Freude strahlende Gesicht des Mädchens beschienen. Der wilde Ritt gefiel ihr wohl, denn sie sprengte in Windeseile durch eine mit Gras bewachsene Weidelandschaft.

Dann erkannte Tashi ein Gebäude, auf das das Mädchen zielstrebig zuritt. Das war ja ein buddhistischer Tempel, der „Goldene Tempel“ war ihm im Traum der Name gekommen. Tashi sah dann einige Männer, die an der Fassade des Tempels mit Reparaturarbeiten beschäftigt waren. Als ein älterer Mann das Mädchen auf dem Pferd heranpreschen sah, klatschte er in die Hände und rief den anderen zu: „Mittagspause Männer!“

So stiegen etwa fünf Männer von den Gerüsten herab und begaben sich an einen provisorischen Holztisch mit zwei Holzbänken.

Das Mädchen brachte ihr Pferd zum Stehen: „Hier Vater, ich habe das Mittagsessen für dich und die Männer!“ rief es schon von weitem, „und die Mutter lässt dich herzlich grüßen.“

Dabei hob es eine doppelte Tasche, die sie am Sattel befestigt hatte, hoch und reichte sie ihrem Vater, der wohlwollend zu ihr hersah: „Schön, meine Tochter, dass du pünktlich bist. Die Männer freuen sich schon auf das gute Mahl.“

Die junge Frau war wieder auf ihr Pferd gestiegen, winkte den Männern zu, die sich nun am Tisch niedergelassen hatten.

Tashi dachte im Traum: „Sie ist ja traumhaft schön". Ihn beeindruckten die ebenmäßigen leicht mongolischen Gesichtszüge und ihre geheimnisvollen dunklen Mandelaugen. Unter ihrer handbestickten weißen Bluse und dem mit bunten Bändern verzierten weißen Rock zeichneten sich verführerische weibliche Formen ab. Ja ihre ganze Gestalt schien von einer unbändigen Energie durchdrungen zu sein. Ihre Wangen waren vor Freude leicht gerötet.

Das Mädchen hatte ihr Pferd fest im Griff. Und ganz ohne Peitsche und Sporen vermochte sie ihren Schimmel zu einem ungestümen Galopp zu bewegen. Die Hufe schienen kaum den Boden zu berühren, und die Mähne des Pferdes flatterte wild wie die beiden dunklen Zöpfe des Mädchens im Gegenwind.

Dann sei er leider wieder aufgewacht, stöhnte Tashi und grinste seine Schwester dabei an.

„Hey Tashi. Das freut mich, dass du so einen guten Traum hattest. Das ist eindeutig ein Klartraum… den hat dir unsere Mutter geschickt."

Damit drückte sie ihren Bruder ganz fest und beglückwünschte ihn und fragte weiter: „Hast du denn in deinem Traum gesehen, woher das Mädchen ist, aus welchem Land es stammt?"

Tashi antwortete unbekümmert: „Punja, das Mädchen ritt auf diesen besonderen ‚Goldenen Tempel' zu. Ich sehe dieses Gebäude noch ganz genau vor mir und will es gleich zeichnen. Ich bin ganz sicher, dass ich den Ort finden werde."

Auf dem Spaziergang zurück zu ihrer Jurte schauten sie den in der Nähe grasenden Yaks zu.

Punja unterbrach die Stille und fragte: „Was meinst du, Tashi. Wie lange sollten wir noch hierbleiben? Mir kommt es so vor, als sollten wir doch bald wieder zurück reisen."

Tashi antwortete: „Ja, geht mir genauso. Wir haben jetzt diese Fährte von Baktor, der wir nachspüren sollten. Allerdings glaube ich nicht, dass wir weiter in der Vergangenheit suchen sollten. Das, was wir hier erfahren haben, genügt. Nun geht es um unsere Zukunft, Punja. Mein Traum ist hierfür ein deutliches Zeichen. Meinst du nicht auch?"

Tashi strahlte regelrecht, als er das sagte. Dabei war er in sich ganz ruhig, gelassen. „Ja", dachte Punja, „das alles sah wirklich aus wie ein hoffnungsvoller Lichtstreifen am Horizont. Noch nicht ganz greifbar, aber doch nicht mehr in allzu weiter Ferne."

„Allerdings", fuhr Tashi fort, „glaube ich, dass ich zu diesem Goldenen Tempel erst reisen kann, wenn ich wieder ein vollständiger Mensch bin. Das ist mein deutliches Gefühl. Ich würde gern sofort dorthin reisen. Klar. Aber noch haben wir Wichtiges zu erledigen. Es gilt zuerst, unsere Freunde im Auland zu unterstützen. Was meinst du?"

„Ja", seufzte Punja leicht, an ihre Freunde im Auland denkend, „du hast Recht, Tashi. Auf Fenno, auf unsere Freunde freue ich mich, aber wieder in diese blöde ORBs Diktatur zurück zu müssen! Davor graut mir!"

„Lass uns zuerst zur Nonne Tsering zurückkehren und zu unseren dortigen Freunden. Dann sehen wir weiter!" schlug Tashi vor.

Punja nickte bejahend: „Ja, Tashi. So fühlt es sich richtig an!"

Und so waren die Geschwister bei bester Laune, als sie zum Frühstück von Alma und Sönam gerufen wurden.

„Wie ich sehe, habt ihr den gestrigen Tag gut überstanden?“, stellte Alma fest.

„Ja, liebe Alma und Sönam. Ihr habt uns so unendlich viel geholfen, wie wir das kaum auszudrücken vermögen. Jetzt haben wir neue klare Ziele, die wir angehen können“, sprach Punja.

Sönam antwortete ihnen lächelnd: „Das ist gut so, Tashi und Punja! Ihr könnt euch kaum vorstellen, wie froh wir sind, dass ihr zu uns gekommen seid. *Das alles ist wie ein Bogen, der sich von euren Eltern bis zu euch beiden aufspannt und dieser Bogen wurde hier vollendet.*“

„Hier, dies möchten wir euch geben“, damit überreichte Alma den Geschwistern zwei in Stoff eingehüllte Päckchen.

„Dies ist ja eine Mala“, rief Punja überrascht aus, als sie eine Art Perlenkette aus der Verpackung herauszog. Auch Tashi hielt eine Mala in Händen, die jedoch deutlich dickere Perlen besaß und auch länger war.

„Ja, du hast Recht. Deine Mala, Punja, gehörte eurer Mutter. Sie hatte diese Lotosperlen ständig in ihren Händen, als sie hier bei uns war. Selbst im Schlaf hielt sie sie fest. Und deine Mala, Tashi, stammt von eurem Vater. Es war der einzige Besitz von ihm, der eurer Mutter blieb.“

„Wir sind froh“, erklärte Sönam, „dass wir euch diese Gebetsketten heute geben können. Wir hatten immer gehofft, dies tun zu können. Die Mala des Vaters war ein Geschenk seines Vaters und geht an dich, Tashi, nun weiter.“

Alma ergänzte nachdenklich: „Sie haben über so viele Jahre die Gebete eurer Eltern begleitet. Diese Kraft ist noch in den Perlen enthalten.“

Die nächsten Tage verbrachten die Geschwister in aller Ruhe mit der Familie von Sönam und Alma. Mit den beiden Jungs Norbu und Tenzing bauten sie einen Drachen, etwas, das sie hier gar nicht kannten. Wie begeistert die Kinder davon waren, als der Vogel sich in die Lüfte dieser grandiosen Landschaft erhob! Immer wieder liefen sie dem wild flatternden Drachen hinterher. Und nicht nur Norbu und Tenzing zeigten Punja und Tashi das Drachenbauen. Die anderen Nomandenkinder wollten natürlich auch einen Drachen haben… und so lief mit er Zeit eine ganze Schar Kinder mit ihren luftigen Himmelsvögeln an der Schnur vor Begeisterung die Weiden auf und ab.

Sönam erzählte Punja und Tashi noch viele Begebenheiten, die er mit ihrem Vater in seiner Kindheit und Jugendzeit mit ihm erlebt hatte. Und von ihrer liebevollen schönen Mutter schwärmte er nur so. Welche Freude im ganzen Reich herrschte, als sie Tashi, den Erstgeborenen, glücklich zur Welt gebracht hatte. Wie froh und stolz ihr Vater gewesen war und das mit ihm und den gemeinsamen Freunden ausgiebig gefeiert hatte.

Und dann als Punja, ein Mädchen als Wunschkind, folgte. „Sie sei so schön wir ihre Mutter“, hatte der Vater immer wieder geschwärmt und laut vor Freude gesungen, dass dies der schönste Tag in seinem Leben sei.

Punja und Tashi konnten gar nicht genug kriegen von all diesen Geschichten. Waren das doch unendlich kostbare Einblicke in ihr Leben, die ihnen sonst keiner mehr würde vermitteln können. Nach den schrecklichen Bildern, die sie in den Ruinen hatten mit ansehen müssen, waren diese Erzählungen wie Balsam für ihre Seele. Es war eine Ruhe in ihnen, eine Zuversicht, dass alles gut werden würde, die Punja und Tashi so bisher nicht gekannt hatten. Immer waren sie auf der Suche gewesen. Immer wieder mussten sie sich in ihrer Suche auf neue Ungewissheiten einlassen. Und nun war in ihnen eine ungewohnte Sicherheit, dass sie auch diese letzten Schritte schaffen würden. Sie würden diese Verzauberung loswerden und das in nicht allzu ferner Zukunft.

Doch nun stand der Abschied von diesen ihnen lieb gewonnen Menschen an, von dem alten Tibet und dieser grandiosen Landschaft. Sie atmeten tief durch, diese reine gute Höhenluft in sich aufnehmend. Die Familie verabschiedete sich herzlich von Punja und Tashi, drückten sie ein letztes Mal.

Sönam sprach: „Buddhas Segen sei mit euch“ und Alma ergänzte: „Seid gesegnet. Chenresigs Segen sei mit euch: Om mani padme hum!“

Und Sönam und Alma, Norbu und Tenzin sahen zu, wie sich Punja und Tashi reisefertig machten und ihre Rucksäcke aufschnallten.

Tashi sagte: „Punja, du hast das Bild von der Zelle der Nonne Tsering vor Augen?“

Punja nickte bejahend. Sie drehten ihre Glücksringe und sprachen dabei die Zauberworte und waren vor den staunenden Augen der Familie vor der Jurte auf einmal entschwunden…

Zurück ins Kloster der Nonne

… und landeten wieder vor der Klosterzelle von Nonne Tsering. Die Geschwister klopften an und nach einem „Hereinkommen“ begrüßten sie die Hunderjährige, die auf ihrem Meditationssitz saß und gerade dabei war, in den länglichen tibetisch-buddhistischen Texten zu lesen, die sie vor sich auf einem Holzgestell liegen hatte.

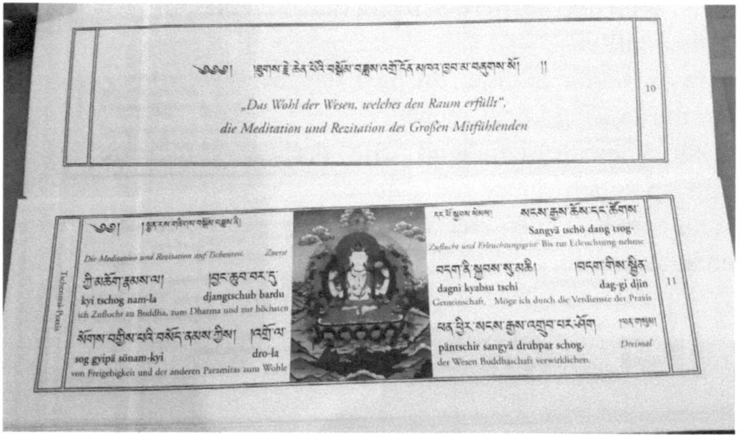

Nima und Dekyi saßen auf Mediationskissen an der gelb gestrichenen Wand und waren gerade dabei, der Nonne in ihren Ausführungen zuzuhören.

„Tashi Delek!“, verbeugten sich Punja und Tashi vor der ehrwürdigen Nonne mit vor der Brust gefalteten Händen und vor ihren beiden Freundinnen.

„Tashi Delek, ihr beiden. Herzlich willkommen zurück in unserer Zeit“, freute sich die alte kleine Nonne sichtlich.

„Ach, wie schön, dass ihr gesund zurück seid“, freuten sich auch Dekyi und Nima.

„Wir unterbrechen unsere Lehrstunde. Gleich gibt es sowieso Abendessen im Speisesaal, wir können schon gemeinsam dorthin gehen“, sprach die Nonne.

Punja und Tashi staunten, denn es fühlte sich für sie an, als seien sie ewig weg gewesen und dabei waren hier nur eine Woche vergangen. In ihrer eindrucksvollen Khampa Tracht machten Punja und Tashi eine ziemlich ungewöhnliche Figur. Jedenfalls für diejenigen, die sie als Hausgeister sehen konnten und das waren natürlich auch ihre drei Liechtensteiner Freunde Peldon, Ösel und Sherab.

„Hey, ihr seht ja stark aus“, kam es anerkennend von Peldon, die den Leopardenbesatz an Punjas Mantel befühlte.

„Ja, ihr seht aus, als hättet ihr gerade ganz schön was hinter euch“, bestätigte auch Ösel grinsend, „da sind wir ja mal gespannt, was ihr zu erzählen habt!“

Und so wurde der Abend noch lang, bei dem sie – in der Zelle von Nonne Tsering - von ihrer Reise ins alte Tibet erzählten. Die fünf Freunde staunten nur so. Erfuhren sie doch zum ersten Mal, wie und warum auch sie Hauselfen geworden waren. Tashi und Punja hatten bei ihrer ersten Begegnung von einer „Verzauberung“ gesprochen, aber damit hatten sie nicht viel anfangen können. Nun hörte sich das für sie, nachdem ihnen Punja und Tashi die Zusammenhänge deutlich erklären konnten, völlig anders an.

„Das gibt´s doch nicht!“, konnte es Sherab nicht fassen. „Wir sollen wirklich dort mit euch gelebt haben und nur zufällig mit euch zusammen verzaubert worden sein?“

Auch die anderen machten ungläubige Gesichter.

Die Nonne Tsering fing dann langsam an: „Ihr meint also, dass das nur einfach so zufällig geschah? Nein, ganz gewiss nicht. Solche Dinge haben ihre Gründe. Dank eurer Schilderungen, sehe ich jetzt vieles klarer. Aber noch halte ich nicht den ganzen Schlüssel in Händen, was eure Rolle angeht.“

Damit sah die Nonne jeden einzelnen der fünf Freunde an: „Warum euch das geschah, kann ich noch nicht erkennen. Ihr fünf habt den damaligen Kindern Punja und Tashi selbstlos geholfen. Schließlich habt ihr euch in der brennenden Küche auch selbst in höchste Gefahr begeben. Allein deshalb werdet ihr nicht einfach so in diese Situation der Verzauberung geraten sein. Das war von euch sehr mutig!“

Am nächsten Tag erschienen Punja und Tashi wieder in ihrer gewohnten modernen Kleidung. Allerdings hatten sie ihre silberne Kette mit dem Anhänger, dem Gau, umgehängt. Nach dem Frühstück bat die Nonne Tsering die Geschwister in ihre Zelle.

„Das Erstaunliche ist“, fing die Nonne an, „dass eure Lebensgeschichte diesem tibetischen Heiligen, Milarepa, jedenfalls zu Beginn seines Lebens, erstaunlich ähnlich ist. Ihr habt ja von Milarepa kostbare Reliquien in euren Gaus.“

Punja befühlte ihren Gau, den kleinen silbernen Behälter, der mit einem Dorjekreuz verziert war.

Die Nonne weiter: „Auch Milarepa, den sie damals Thöpaga (‚Herrlich zu hören‘) nannten, sei als Kind wohlhabender Eltern aufgewachsen. Er war vier Jahre alt, als seine Mutter ein Mädchen gebar, dass sie Gönmokyi nannten.

Als Milarepa sieben Jahre alt war, erkrankte sein Vater ernsthaft und verstarb. Sein Onkel und die Tante nahmen den gesamten Besitz an sich und wiesen an: ‚Ihr drei, Mutter und Kinder, werdet ab sofort uns dienen!'

Ihr seht", damit schaute die Nonne die Geschwister an, „diesem Heiligen ist in seinen jungen Jahren fast das gleiche wie euch geschehen. Allerdings lernte Milarepa später als junger Mann, dem Wunsch seiner Mutter gemäß, dunkle Magie und hat damit viel Leid verursacht. Später bereute er seine Taten und fürchtete das schlechte Karma, das er so auf sich geladen hatte. Daher suchte Milarepa nach einem buddhistischen Meister, der ihm helfen könnte und wurde von Marpa, dem Übersetzer, als Schüler aufgenommen. Bei ihm ging Milarepa durch eine harte Schulung, die ihn letztlich befähigten, in abgeschiedenen Höhlen meditierend, Erleuchtung zu erlangen. Er sang wunderschöne Lieder und wird auf Rollbildern, auf Thangkas, meist mit einer Hand am Ohr gemalt."

Nonne Tsering machte eine Pause und fuhr dann fort: „Milarepa hatte also alle Lehren des großen buddhistischen Meisters Marpa erhalten und ihn erfasste dann eine Sehnsucht, nochmals sein Elternhaus zu sehen. Er hoffte auch, seine Mutter und Schwester dort anzutreffen. Also machte er sich auf den Weg.

Als Mila, so sein Kurzname, das Tal seines Heimatdorfes von oben überblickte und auch sein Elternhaus erkannte, begegnete er Hirten. Er fragte sie nach diesem Haus und wer dort heute wohnen würde.

Sie antworteten ihm: ‚Es hat zum Besitzer nur einen Geist. Dort lebt keiner mehr'.

Als Mila zu seinem Elternhaus gelangte, erfuhr er von ehemaligen Nachbarn, dass seine Mutter längst verstorben war und seine Schwester spurlos verschwunden sei. Das ehemalige herrschaftliche Gut war vollkommen zerstört. Vogel- und Rattendreck lag herum, dort, wo sie früher ihre Küche gehabt hatten. Wohin sein Auge auch blickte, was er auch zu sehen bekam, erschütterte ihn bis ins Mark. Diese Erfahrung der Vergänglichkeit wurden für Milarepa zu einer großen Motivation für seine Meditationspraxis. Seine Schwester hörte später von ihm und hatte ihn besucht."

Punja und Tashi hatten aufmerksam zugehört.

„Dieses Buch mit der Lebensgeschichte von Milarepa gebe ich euch." Damit legte die Nonne das in ein kostbares Tuch eingewickelte Buch in Punjas Hände. „Dies zusammen mit den beiden silbernen Gaus ist der kostbarste Besitz, den ich habe und ich hatte immer gehofft, ihn euch weitergeben zu können", waren die Worte der alten Nonne.

Es klopfte an der Tür der Zelle und die fünf Freunde traten herein.

Als Tashi die Nonne um ihren Rat fragte, wie sie sieben nun weiter vorgehen sollten, so schlug sie folgendes vor: „Ihr drei", damit sah sie Peldon, Sherab und Ösel nacheinander ruhig an, „könntet als erstes gemeinsam mit Punja und Tashi zurück nach Liechtenstein gehen und von dort Verbindung zu den Auländern aufnehmen."

„Ja, das klingt plausibel", bestätigte Tashi.

„Das machen wir", stimmte auch Punja spontan zu und dachte dabei, dass sie endlich wieder Fenno sehen würde. Auch die drei Liechtensteiner waren damit einverstanden.

Nur Nima und Deyki schauten traurig: „Und was ist mit uns?", wollte Nima wissen.

Die Nonne antwortete: „Auch euer Beitrag ist wichtig, Nima und Deyki. Ihr seid alle sieben miteinander verbunden und jeder von euch hilft letztlich mit, wenn man genau das tut, was sie oder er am besten vermag. Ihr beiden, Deyki und Nima, seid so fortgeschritten in eurer Meditationspraxis. Ihr könnt euren Freunden am besten helfen, wenn ihr sie geistig unterstützt. Ich sehe euch beiden als Trägerinnen unserer wertvollen buddhistischen Tradition. Und ich will euch jetzt noch stärker darin einbinden, in der Zeit, die mir noch bleibt."

Leise fügte die Nonne hinzu: „Ich bin sehr alt und werde nicht mehr allzu lang auf der Erde verweilen."

Alle waren betroffen von den Worten der alten Nonne. Nima und Deyki nickten nur, denn es stimmte sie traurig, dass die Nonne Tsering so von ihrer Endlichkeit gesprochen hatte.

Das Mittagessen nahmen die sieben Freunde gemeinsam mit Nonne Tsering ein. Zum Abschied hatte die Klosterküche für sie etwas Besonderes zubereitet: die geliebten tibetischen Momos. Tashi machte die Grimassen nach, mit der der 7-jährige Norbu aus dem alten Tibet sein Vergnügen, Momos zu essen, ausgedrückt hatte. Alle lachten dabei. Die Geschwister erzählten von der malerischen Landschaft des alten Tibet in so schönen Farben, dass alle recht sehnsüchtig schauten. Ja, da wären sie auch gerne dabei gewesen… diese majestätisch hohen Berge, diese weiten Graslandschaften und Steppen mit ihren Yaks selbst erleben zu können.

Dann kam die Zeit des Abschieds.

„Ob sie sich jemals wieder sehen würden", schoss es Punja in den Sinn.

Als hätte die Nonne ihre Gedanken gelesen, sprach sie zum Abschied: „Wir werden immer zusammenbleiben. Ob ich auf der Erde inkarniert bin wie jetzt oder ob ich mich

nach meinem Sterben in andere Räume begebe. Ihr könnt alle sicher sein: Ich bin mit euch!“

Diese Worte taten merklich gut und so fiel das Abschiednehmen letztlich weniger schwer als gedacht. „Buddhas Segen sei immer mit euch! OM MANI PADME HUM“, waren die letzten Worte, die sie von der Nonne hörten.

Nima und Deyki winkten ihnen noch lange nach… bis alle fünf dank der Glücksringe wieder vor ihren Augen entschwunden waren…

Zurück in der Alpenregion

… und die fünf Freunde landeten in der Dachwohnung im ehemaligen Heinrich Harrer Haus in Liechtenstein. Sie schauten sich um; es sah noch alles genauso aus wie zuletzt, als sie die Räume verlassen hatten.

„Ach, ist es schön, wieder hier zu sein. Ich hätte nicht gedacht, dass ich mich inzwischen wie eine Liechtensteinerin fühle", lächelte Peldon die vier an.

„Stimmt. Mir geht es genauso. Im Kloster zu sein war schon interessant, aber hier haben wir doch ziemlich viel Freiheit, um es mal auf den Punkt zu bringen", grinste Sherab in die Runde.

„Ganz meine Meinung", pflichtete Ösel bei.

Denn so ein Klosterleben hat seine strengen Regeln, in die man sich fügen musste, sonst drohte der Rauswurf. Das hieß, in aller Frühe um 4 Uhr aufstehen, meditieren, dann nach dem Frühstück gemeinsam studieren, Mittagessen und kurze Ruhe. Und weiter ging es mit diversen Arbeiten, die eine große Klostergemeinschaft von jedem forderte. Und dann war wieder Pujasingen angesagt, meditieren und ab zum Schlafen in die Kojen.

Als erstes waren die fünf natürlich neugierig, wie weit die Professorin und ihr Enkel mit dem Programmieren gekommen waren. Ob sie es schon geschafft hatten, das ORBs System lahm zu legen? Und ob Irmi und Micha noch da seien?

Also machten sie sich im Haus auf Suche, öffneten die Tür zum Büro der Professorin, wo sie zuletzt ihre Köpfe zusammengesteckt und eifrig diskutiert hatten.

Stille.

Niemand da!

Dann runter in den ersten Stock, in die Küche. Auch da niemand. Das Haus schien verlassen zu sein. Ob sie nur kurz zum Einkaufen sind und dann zurückkämen? Also gingen sie wieder hoch in ihre Dachwohnung…

„Tashi, was meinst du, ob wir jetzt zurück ins Auland reisen sollten?“, fragte Punja als erste in die Stille hinein. Sie dachte dabei sehnsüchtig an Fenno. Gerade durch die Zeit der Trennung hatte Punja deutlich gespürt, wie sehr sie ihn vermisste.

„Allzu lang sollten wir hier nicht mehr bleiben, das finde ich auch. Mich drängt es zu erfahren, wie es bei den Auländern inzwischen aussieht. Hier noch einen Tee miteinander trinken und dann würde ich vorschlagen, reisen wir zurück“, kam es nachdenklich von Tashi.

„Gut, dann bereite ich mal den Tee zu“, bot Ösel spontan an, „aber einen guten Darjeeling dieses Mal. Immer nur Buttertee ist mir zu langweilig.“

„Okay. Und ich schau nach ein paar Keksen. Wir sollten da noch ein paar Vorräte im Schrank haben“, schlug Peldon vor. So saßen die fünf Freunde wenig später zusammen und tranken einen Earl Grey Tee.

„Beste Qualität aus Darjeeling mit einer Spur echtem Bergamotteöl“, hatte Ösel erklärt und so ließen sie sich den Tee und dazu ein feines Schweizer Gebäck munden.

„Wir könnten doch mit euch kommen ins Auland!“, schlug Sherab nach einer Weile vor. „Dann sehen wir mal, wie ihr da lebt. Hier ist ja gerade ‚tote Hose‘, da verpassen wir doch nichts.“

Sherab hatte die Abenteuerlust gepackt. Wieder wie zuvor als Hausgeist nur herum zu sitzen, darauf verspürte er wenig Lust. Den anderen beiden ging es wohl inzwischen ähnlich.

„Supervorschlag, Sherab. Ich bin dabei!“, bekräftigte Ösel und auch Peldon nickte bejahend.

„Warum nicht? Klar könnt ihr mitkommen! Eure Taschen sind ja noch gepackt!“, bestätigte Tashi. Und so räumten sie alles nach dem Teetrinken auf, packten die Rucksäcke auf den Rücken, hängten die weinroten Stofftaschen auf die Schultern und…

„Punja, du hast das Bild vom Eingang des neuen Holzhauses von Matthis und Lena vor Augen? Dann mal los!“

Und so hielt sich Peldon wieder an Punja fest, Ösel und Sherab an Tashi und die Geschwister drehten ihre Glücksringe und sprachen die Zauberwörter…

Alle fünf im Auland

… und alle fünf landeten exakt vor dem Eingang des ersten neuen Holzhauses. Sie schauten sich um.

„Oh, das ist ja fantastisch hier! Fast so, wie ihr das aus dem alten Tibet erzählt habt“, staunte Ösel.

Eine strahlende Mittagssonne ließ den Schnee, der hier oben noch lag, wie unendlich viele Juwelen glitzern. Die drei Liechtensteiner staunten nur so.

„Ach ist das schön!“, rief auch Peldon begeistert.

Und wirklich, so mitten unter den alpinen Gipfeln fühlten sich Punja und Tashi ein wenig „wie zuhause“. Weiter unten waren dann ja auch die Weiden, wo in „normalen Zeiten“ ab Frühjahr die Auländer Rinder hingetrieben wurden. Jetzt war das schon länger nicht mehr geschehen, da die Bergler wegen der ORBs Diktatur so versteckt leben mussten.

Punja klingelte an der Eingangstür.

„Punja und Tashi!“, rief die junge Mira begeistert, die geöffnet hatte. Punja umarmte das Mächchen zur Begrüßung. „Wie geht es euch? Sind Mama und Matthis auch da?“

„Ja, kommt rein“, antwortete Mira und schon stürmte sie ins Haus mit der Nachricht. Punja und Tashi gingen vor, die drei Liechtensteiner hielten sich hinter ihnen.

„Hier könnt ihr erstmal eure Taschen hinstellen und die Wintersachen ablegen“, zeigte Punja ihren drei Freunden die Garderobe im Flur.

Matthis kam ihnen entgegen: „Mensch, ihr seid zurück. Ach, das freut mich!“ Und schon umarmte Matthis die Geschwister. Es war ein Gefühl, als würden sie sich schon ewig kennen.

„Darf ich vorstellen, das sind unsere drei Liechtensteiner Freunde Peldon, Ösel und Sherab“, zeigte Tashi auf die drei, „und das ist der werte Hausherr Matthis Oberleitner.“

„Tashi Delek“, wurde er von den dreien auf Tibetisch mit gefalteten Händen vor der Brust begrüßt.

„Matthis mit seinem inzwischen wieder längeren braunen Haar und gepflegten Vollbart macht als Bergler schon einen guten Eindruck“, schmunzelte Punja.

„Kommt nur rein in die gute Stube. Wir essen gerade zu Mittag und es gibt sicherlich noch genug, dass ihr mitessen könnt“, lud Matthis die fünf ein.

Und so saßen nicht viel später die Geschwister und ihre drei Freunde mit der Familie am Tisch. Nael und Mira hatten noch fünf Gedecke aufgelegt und so wurden frische Kässpatzen mit Krautsalat auf die Teller der Gäste verteilt.

„Oh, ein typisches Auländer Essen haben wir da heute erwischt. Mmmh, das schmeckt köstlich, Lena. Du als Berlinerin machst das ja richtig gut!“, freute sich Tashi.

„Das hat dieses Mal der Matthis gekocht. Und wie immer viel zu viel“, lachte Lena. „Was ja heute mal kein Problem ist.“

Matthis grinste schief in die Runde. Ja, wenn er kochte, so hatte er meist eine ganze Mannschaft vor Augen.

„Punja und Tashi, ich wundere mich ja inzwischen kaum noch über euch“, fing Matthis an. „Ihr hättet mal wieder zu keinem besseren Zeitpunkt auftauchen können als gerade jetzt.“

„Was? Was ist denn inzwischen geschehen?“, wollte Tashi sofort wissen, „wir – Punja und ich – waren inzwischen im alten Tibet, davon erzählen wir euch später und dann vorher auch bei Urs und unseren Liechtensteiner Freunden… aber wir sind doch so gespannt, was sich bei euch inzwischen getan hat!“

„Tja, das dürft ihr auch, denn…“ Matthis machte eine theatralische Pause und steigerte damit die Spannung, „denn wir haben dank der Professorin und ihres Enkels Max und ganz besonders durch euren Freund, dem Salamander Fu, den Code der ORBs geknackt. Wir haben alles komplett lahm gelegt. Sogar noch gründlicher als je zuvor. Was sagt ihr dazu?“

Und so erzählte ihnen Matthis, dass sogar das gesamte Gefängnis-Überwachungssystem, das bei den Ausfällen des großen Stromnetzes vorher noch mit einem separaten Notstrom agierte, dass sie sogar dieses Netz hatten komplett ausschalten können. Die meist politischen Gefangenen, die wegen kleinster Vergehen eingelocht worden waren, hätten das ziemlich schnell spitz bekommen, weil die Aufseher so aufgeregt herum gerannt wären. Die Gefangenen hätten sich zusammengetan und seien einfach durch die Tore hinaus spaziert."

„Stellt das euch mal vor!", rief Matthis begeistert und fuhr fort: „Das war vielleicht ein Anblick, kann ich euch sagen. Tausende von Menschen sind da einfach durch die Tore spaziert und die Aufseher hätten nur blöd geguckt. Wir haben das über unsere Späher erfahren. Momentan geht es im Auland drunter und drüber. Wir haben gleich nach dem Mittagessen eine große Versammlung im Haus von Irmi und Alex. Ihr kommt doch mit! Dort trefft ihr auch die Professorin und Max."

„Was? Die sind hier?", fragte Ösel und alle drei Liechtensteiner schauten verwundert. (Podcast 15 zu Ende).

„Ja, nachdem sie gemeinsam das ORBs Kontroll-System von eurem Liechtensteiner Haus aus geknackt hatten, sind die Professorin und ihr Enkel zusammen mit Irmi und Micha seelenruhig zu uns gereist. Das ging ja ganz einfach, weil wieder - wie zuvor in den lichten Zeiten - Sinnvolles mit dem Strom unterstützt wurde, wie etwa das Bahnfahren. Aber eben alle diktatorischen üblen Dinge waren komplett ausgeschaltet. Da streikte der Strom. Herrlich, sage ich euch." Matthis strahlte vor Freude und Erleichterung. All die Sorgen, die ganze Last der Jahre des Lebens in der Diktatur, waren von seinen Schultern abgefallen.

Und so machte sich das Grüppchen Menschen und fünf Hausgeister nach dem Mittagsessen gemeinsam auf den Fußweg zum zweiten Holzhaus von Irmi und Matthis, das nicht weit entfernt lag. Sie waren dem Pfad in einem Bogen gefolgt. Die Aussicht dort bot eine völlig neue Sicht in das nächste weit vor ihnen liegende Tal.

„Wow“, kam es begeistert von den Liechtensteinern, die dieses neue Wort nun auch in ihr Sprach-Repertoire übernommen hatten. Das gab ein kräftiges Hallo, als die fünf Neuankömmlinge zusammen mit Matthis und Lena eintraten.

„Punja!“, rief jemand mit kräftiger Stimme über den ganzen Raum hinweg und schon lagen sich Punja und Fenno in den Armen, soweit das als Mensch und „noch Hausgeist“ eben möglich war.

„Wie geht es dir?“, wollte der Rotschopf gleich wissen, der inzwischen auch wieder fast so aussah wie Punja ihn im historischen Norskot kennengelernt hatte. Sein Haar trug er länger und dazu kam der Bart. „Gut sieht er aus“, dachte Punja Fenno in seiner Blue Jeans und im dunkelgrünen Rollkragenpullover betrachtend. Fennos Zwillingsbruder Halvar und Tashi grinsten sich gegenseitig an: also diese beiden Turteltauben! Die beiden Freunde begrüßten sich mit einem „High Five“.

„Mensch, bei euch hat sich ja wirklich viel getan. Ich bin so gespannt!“, begann Tashi und stellte zuerst ihre drei Liechtensteiner Freunde vor, die von der Professorin und Max, von Irmi und Micha, herzlich begrüßt wurden.

Punja schaute sich wenig später diese lebendige Runde an, wie sie da im großen Wohnzimmer zusammensaßen und angeregt miteinander sprachen. Auch die drei Bergler Max, Karl und Fritz, die in Norskot dabei gewesen waren, waren dazu gekommen: „Was haben wir nicht schon alles miteinander erlebt, die sind für uns wie eine große Familie“, dachte Punja.

Matthis hatte mit Sir Olsen von Norskot kurz nach dem Zusammenbruch der EDV-Systeme Kontakt aufgenommen. Gemeinsam waren sie auf den ehemaligen Verteidigungsminister vom Auland, Roland Walder, zugegangen. Dieser inzwischen hochbetagte Mann der letzten demokratischen Regierung besaß noch die Autorität, die Armee des Aulandes zu mobilisieren. So hatten sie sich doch vergleichbar mit der Norskoter Situation dank der Soldaten helfen können. Und in dieser für die ORBs konfusen Situation, die Hauptdrahtzieher der ORBs Diktatur dingfest machen können.

„Eine erstaunlich gute Vorbereitung sei das gewesen für den, wie er meine, nicht zu erwartenden Ausfall der EDV", hatte der Verteidigungsminister Roland Waldner gegenüber der Widerstandsgruppe der Bergler anerkennend bescheinigt. Dass die EDV nicht so ganz unerwartet ausgefallen war, hat ihm dann keiner versucht zu erklären. Matthis hatte nur schmunzelnd daran gedacht, wer da alles heimlich seine Finger im Spiel gehabt hatte.

Und was geschah mit den zahlreichen Grauen Kitteln. Na, diese zahlreichen Hauptstützen der ORBs Machthaber waren durch den Stromausfall abrupt überall im Auland von der Bildfläche verschwunden. Denn Angst, die diese Grauen bisher am Leben hielt, hatten die Auländer ja keine mehr. Die Bevölkerung war durch die ersten beiden lichten Zeiten vor zwei Jahren an Weihnachten und im letzten Jahr bereits ab dem Farbenfest Michaeli an ein angstfreies Leben gewöhnt worden. Das Leben fühlte sich im Gegensatz zu vorher einfach grandios an. Dazu kamen noch die milden Temperaturen des beginnenden Frühlings unten in der Stadt Laxna. Das alles passte perfekt zu diesem neuen Lebensgefühl der Freiheit.

Singende und fröhlich tanzende Menschen verteilten überall in den Straßen Blumen. Musikerinnen und Musiker spielten spontan in den Wirtshäusern auf. Feiern fanden ohne große Organisation einfach irgendwo spontan statt. Und alle waren eingeladen. Man konnte von einer Veranstaltung zur anderen ziehen. Punja und Tashi und ihre Freunde schlossen sich den Feiernden an. Sie bildeten gemeinsam am Fluss Laxna entlang ganze Menschenketten und nahmen Zuschauer einfach in ihre Reihen auf. Lieder wurden angestimmt und die Menschen bewegten sich in unendlichen langen Ketten, die Hände miteineinander haltend, entlang der Uferpromenade, durch die Innenstadt und wieder zurück zum Fluss Laxna. Das war ein unglaubliches neues Lebensgefühl.

Und was geschah in der Steinach-Villa?

Punja und Tashi, ihre drei Liechtensteiner Hauselfen-Freunde und die Zwillingsbrüder Fenno und Halvar machten sich noch in der Nacht auf zur Steinach-Villa. Dort schauten ihre Hausgeister-Freunde mit großen Augen, als noch weitere drei tibetisch aussehende Geistwesen mitkamen.

Das Feuer im großen Kamin im Wohnzimmer knisterte fröhlich. Mit Begeisterung loderten die Flammen und immer wieder ließen sich die Feuergeister Fix, Fox und Fu hier blicken und winkten den Feiernden zu

Eichenmax, der oberster Hausgeist, hatte selbst für die jungen Hausgeister einen leichten Moselwein herausgerückt und aus der Küche gab es kleine gefüllte Blätterteigtaschen, die gut als Imbiss dazu schmeckten. Unterschiedlichste Musik war überall in den Räumen zu hören: vom heftigen Techno der Studenten bis hin zu Walzerklängen beim Eichenmax. Denn selbst der gediegene Eichenmax wagte eine paar tänzelnde Schritte, ganz graziös natürlich, mit Gertrude, der Küchenmeisterin.

Für den Abend hatten Lena und Matthis zusammen mit Irmi und Alex eine Feier in kleinerem Rahmen in ihrem neuen Zuhause, oben in den Bergen, angekündigt. Denn Lucia würde mit dem Zug von London ankommen, hatten sie Punja gesagt. Ach, war das schön für Punja, als sie ihre Freundin hereinkommen sah. Micha hielt sie in seinen Armen und meinte, so schnell lasse er sie nicht mehr los… Alles lächelte beim Anblick dieses verliebten Paares.

Nur eine unter ihnen war plötzlich gar nicht mehr so froh. Als Punja nämlich Micha mit Lucia sah, freute sie sich für die beiden. Aber wenn sie an ihre eigene Situation dachte, wurde sie traurig.

Punja und Tashi und ihre fünf Schalen-Freunde, wie sie sich inzwischen selbst betitelten, waren umringt von lustigen Menschen in Feierlaune. Aber sie. Was war mit ihnen?

Es hatte nicht „Bang“ gemacht und auch sie waren erlöst. Nein, noch immer mussten sie diese Hausgeister-Rolle spielen, obwohl doch jetzt die Macht der ORBs sogar gebrochen war. Hatte das denn gar keine Auswirkungen auf ihre eigene Situation? Sollte denn das alles, was sie für die Befreiung des Aulandes all die Jahre getan hatten, jetzt nichts gelten? Die ganzen Abenteuer, die sie zu bestehen hatten bei der Aufgabe des „Weihnachtenretten“. Dann im Jahr darauf ihr großer Einsatz im historischen Norskot und damit ja wohl auch die Hilfe für das moderne Norskot, so wie es ihnen der Eremit versichert hatte.

Das ging Punja durch den Kopf, als sie die Feiernden beobachtete. All das hatten sie mitgetragen, mitunterstützt, aber was war mit Tashi und ihr? Noch immer konnte sie nicht richtig mit Fenno zusammenkommen. Sie spürte deutlich diese ständige Grenze zu ihm. Ganz besonders jetzt, nachdem alle so fröhlich waren. Nein, so mochte sie nicht mehr weiterleben…

Die Überraschung von Eichenmax

„Tashi, hast du Punja gesehen?“ fragte Fenno, der schon eine ganze Weile Punja bei der Feier vermisste.

„Nein. Vielleicht ist sie da hinten bei Irmi und den Liechtensteinern?“, antwortete Tashi, der gerade mit Halvar in einer Diskussion über eine heftige Situation im historischen Norskot steckte.

Fenno fragte dort an: „Irmi. Ich suche Punja. Hast du mitbekommen, wo sie hin ist?“

„Nein Fenno. Hier bei uns ist sie nicht. Merkwürdig. Komm, ich helfe dir suchen“, bot Irmi spontan an.

Irgendetwas ließ sie auch unruhig werden. Nun fanden es auch Tashi und Halvar seltsam, dass Punja nirgends zu entdecken war. Alle schauten sich im Haus um und auch draußen, ob sie Punja sehen würden. Seltsam. Sie war wie vom Erdboden verschwunden.

„Wo meint ihr denn, sollten wir Punja suchen, wenn sie hier nirgends zu sehen ist?“, fragte Fenno besorgt.

„Also, wenn sie hier nicht ist, dann ist Punja vielleicht mit ihrem Zauberring verschwunden!“, überlegte Tashi laut. „Mit mir kann ja nur eine Person mitkommen. Fenno, magst du zusammen mit mir in die Villa reisen. Denn wenn sie allein irgendwo hin ist, dann wohl in unsere Wohnung in der Villa.“

„Da ist was dran, Tashi. So machen wir es. Ich komme mit!“, bestätigte Fenno Tashis Idee. Beide schnappten sich also ihre Rucksäcke und los ging es…

… und sie landeten exakt vor der Hobelbank in Tashis Werkstatt. Tashi klopfte an Punjas Tür zur Parfumwerkstatt. Nichts zu hören.

„Ich geh mal vorsichtig rein, Fenno. Vielleicht liegt sie in ihrer Schlafkammer. Warte doch bitte noch“, bat Tashi.

Fenno nickte. Tashi ging leise in die Parfumwerkstatt. Dort auf dem Stuhl lag Punjas Rucksack. Also war Punja wirklich hier. Tashi ging näher zur Schiebetür, die zu dem schmalen Schlafzimmer führte. Und richtig, er hörte Punja darin weinen. Tashi klopfte an die Tür und schob sie einen Spalt weit auf.

„Punja, bist du hier?“, fragte er.

„Ach je“, war das Einzige was er herausbrachte und setzte sich zu Punja ans Bett: „Was hast du denn? Alle sind so froh und feiern.“

„Es war alles umsonst“, schluchzte Punja. „Wir werden für immer Hausgeister bleiben müssen. Das war alles eine Illusion, dass wir da mal rauskommen.“

Sie schluchzte jetzt noch heftiger, das Kissen über ihren Kopf drückend. Fenno war nun auch leise eingetreten. Der Anblick der verzweifelten Punja erschütterte ihn.

„Ach Punja, Liebes, wie können wir dir denn helfen?“ fragte Fenno leise.

„So will ich nicht mehr weiterleben. Lasst mich in Ruhe. Ich will nicht mehr…“, kam es voller Verzweiflung von ihr.

Fenno und Tashi waren wie benommen. Keiner von ihnen wusste hier Rat. Sie spürten, dass es jetzt wohl das beste war, Punja vorerst allein in der Schlafkammer zu lassen.

„Wenn du uns brauchst, wir sind nebenan“, sagte Tashi beim Hinausgehen.

Er und Fenno tranken erst einmal einen Tee. Die Tür zur Parfumwerkstatt stand offen, so dass sie beide lauschten, ob sie etwas von Punja mitbekamen.

„Hast du das eben auch gehört?“, fragte Tashi in die gedrückte Stimmung hinein.

„Nein, ich hab‘ überhaupt nichts gehört“, sagte Fenno betrübt.

„Doch, da hat jemand geklopft. Ich schau mal nach.“ Tashi war geschwind aufgestanden und in Punjas Werkstatt zu der Stelle gegangen, wo die Geschwister mit ihrem Codewort eine Tür zum Flur des zweiten Stocks öffnen konnten. Tashi sprach das Codewort, öffnete die Tür und war erstaunt, wen er dort sah, nämlich Eichenmax.

„Guten Tag, Tashi“, begrüßte der ihn. „Ich hab‘ mitbekommen, dass ihr wieder im Haus seid und da dachte ich, ich besuche euch mal. Denn ich habe etwas Wichtiges für dich und Punja.“

„Komm herein, Eichenmax.“ Tashi machte die Tür weiter auf, um den obersten Hausgeist der Villa hereinzulassen.

Eichenmax schaute sich um: „Aha, hier ist also die Zauberwerkstatt, wo Punja ihr geniales ‚Grau-Wex-Mix‘ anmischt. Schau, Tashi, ich habe etwas für dich und Punja, was sehr wichtig sein dürfte.“

Damit hielt Eichenmax ein großes Kuvert demonstrativ hoch in die Luft. „Ist Punja auch da? Ich darf das nur euch beiden gemeinsam übergeben.“

„Punja? Ja, doch. Magst du erst noch einen Tee trinken?“, lud Tashi Eichenmax ein, in seiner Sitzgruppe Platz zu nehmen. So wollte er Zeit gewinnen.

„Unseren Freund Fenno aus Norskot kennst du doch schon“, hob Tashi an und meinte dann zu Eichenmax: „Ich schau mal nach Punja.“

Tashi ging leise zurück in Punjas Schlafraum.

„Punja“, rief Tashi seiner Schwester zu, die noch immer mit dem Kissen über ihrem Kopf, leise weinte. „Punja, der Eichenmax besucht uns gerade. Er hat etwas ganz Wichtiges für uns, dass er uns nur gemeinsam geben will. Kannst du bitte mitkommen. Eichenmax hat hier an unsere imaginäre Tür geklopft!“

Punja sah kurz auf: „Der hat an unser Tür geklopft?“

„Ja, Punja. Er wartet in meiner Werkstatt auf uns. Ich geh schon mal vor, du kannst ja nachkommen, ja?“, bot Tashi an.

„Nun gut, ich komme gleich“, antwortete Punja bedrückt. Sie wollte ihre verweinten Augen erst einmal mit etwas Wasser abkühlen.

„Unser Freund Fenno kann ruhig dabeibleiben“, meinte Tashi zu Eichenmax, der, als Punja Platz genommen hatte, einen fragenden Blick in Richtung des Rotschopfs machte.

„Gut. Hier ist ein Kuvert, dass noch von unserem guten alten Jean Bousse stammt. Er bat mich, dieses Schriftstück mit größter Sorgfalt aufzubewahren und es euch dann zu geben, wenn ich den richtigen Zeitpunkt für gekommen erachte. Und nach meinem Gefühl“, Eichenmax lächelte die Geschwister an, „ist es jetzt soweit.“

Damit überreichte er ein großes Kuvert, das mit rotem Siegellack und rot-weißem Siegelband verschlossen war. Tashi öffnete vorsichtig mit einer Schere die Bänder und das Kuvert. Ein Schlüssel fiel heraus. Er legte das Schriftstück auf den Tisch, so dass Punja und er gemeinsam folgende Worte lesen konnten:

MEIN TESTAMENT

Hiermit vermache ich den Geschwistern Punja und Tashi mein Elternhaus in Thüringen, das sich in Eisenach befindet, direkt unterhalb der Wartburg. Im Haus befindet sich meine zweite Parfumwerkstatt, die ich ebenso wie die Werkstatt in der Steinach-Villa, Laxna, meiner talentierten Nachfolgerin Punja vermache... Punja, du wirst dort Wunderschönes schaffen können, das weiß ich.

Ich glaube ganz fest daran, dass ihr beiden, Punja und Tashi, diesen herrlichen Ort in der Nähe des Thüringer Waldes genießen werdet und kann nur hoffen, dass ich das vom Himmel aus - denn ich werde dann ja verstorben sein - jedenfalls hoffe ich, dass ich das noch irgendwie mitbekomme.
Ich wünsche euch ein herrliches Leben.
Mit herzlichen Grüßen
Euer Jean Bousse (Künstlername),
mit Geburtsnamen Johannes Luther

P.S. Allerdings auf meine Eva freue ich mich schon jetzt, die ich ja – wenn ihr diese Zeilen lest – wohl im Himmel längst wieder getroffen haben dürfte 😊!

Eichenmax hob an: „Der Jean hatte mir davon erzählt, dass er euch sein Elternhaus in Thüringen vererben wollte. Er und Eva waren ja immer wieder über längere Zeit dort. Das wusste hier nur kaum jemand. Das Anwesen sei wunderschön, so wie mir Jean versicherte. Jean hatte auch noch zusätzlich einen höheren Geldbetrag auf einem Konto für euch eingerichtet. Es soll euch an nichts mangeln, hatte er gemeint. Auch diese Daten für das Konto übergebe ich euch hier mit diesem zweiten Kuvert."

„Wow, das ist ja stark!", kam es verblüfft von Tashi.

„Ach, der gute Jean", sprach Punja leise, die den Wortlaut des Testaments nochmals gelesen hatte… und fügte hinzu: „Er glaubt ja wirklich an mich."

„Das stimmt, Punja. Jean hat immer große Stücke von dir gehalten, was deine Parfumkunst angeht. Wie oft haben wir uns darüber unterhalten. Du wirst deinen Weg gehen, da waren wir uns beide ganz sicher", bestätigte Eichenmax. Gerade jetzt taten diese Worte Punja so gut. Vielleicht gab es ja doch noch Hoffnung, einen Weg, den sie bisher noch nicht gesehen hatten?

„Eichenmax. Mir ist ja völlig neu, dass Jean Bousse nur ein Künstlername war. Weißt du mehr dazu?", wollte Punja wissen.

„Ja, Jean sprach, vor allem als er älter wurde, immer wieder mit mir über seine Heimatstadt Eisenach und dem Thrüinger Wald. Dort sei er als Junge viel umher gestrichen. Er stamme aus der angesehenen Lutherfamilie, Nachfahren des Reformators Martin Luther. Darauf war er durchaus stolz. Allerdings als junger Mann wollte er unbedingt Parfümeur werden und die Welt bereisen. Daher machte er sich noch vor dem Mauerbau als junge Mann auf nach Frankreich, nach Paris.

Das wohl recht großzügige Anwesen unterhalb der Wartburg hatten betuchte Vorfahren erworben und es ‚Liberté', also ‚Freiheit' genannt."

Nach einem Moment des Schweigens, in dem die Geschwister versuchten zu erfassen, was der Eichenmax ihnen gerade so Unverhofftes eröffnet hatte, schlug Fenno vor: „Was haltet ihr beiden davon, wenn wir uns dieses Haus gleich mal ansehen? Mit euren Zauberringen ist das doch ein

Klacks. Und eine genaue Vorstellung des Anwesens haben wir ja auch, dank der vielen Fotos. Was meint ihr?"

„Doch, das wäre schon eine gute Idee", antwortete Punja. Fenno und Tashi freuten sich sichtlich über diese Antwort. Dieses unerwartete Geschenk war wie ein Lichtblick und brachte gerade jetzt Punja wieder auf andere Gedanken.

„Logo. Das machen wir!", stimmte auch Tashi freudig zu. „Eichenmax, hab Dank, dass du das alles so gut für uns aufbewahrt hast. Wir können das Ganze noch nicht so recht fassen… irgendwie ist das wie ein Wunder."

„Na, das ist schon recht. Der Jean war ein wirklich kluger Mann. Ich glaube, dass der da in Eisenach noch so einigem auf der Spur war. Und meldet euch bei mir. Ich will doch wissen, wie es euch dort gefällt. Abgemacht?", forderte Eichenmax sie auf.

„Klar, abgemacht!", schlug Tashi mit Eichenmax zur Bekräftigung ein „High Five", der das gar nicht gewohnt war und sich selbst darüber amüsierte über dieses „neumodische Zeug".

Kopfschüttelnd verließ Eichenmax die Werkstatträume. Punja und die beiden Jungs schnappten sich ihre Rucksäcke und Tashi fragte: „Fenno und Punja, alles klar mit euch. Und los geht`s!"

Die Geschwister stellten sich den Eingangsbereich des Domicils von Jean genau vor, drehten ihre Glücksringe und sprachen die Zauberwörter...

Domizil in Thüringen

… und die drei - Tashi, Punja mit Fenno - landeten exakt in der Einfahrt zu einem Natursteinhaus, das sich malerisch am Fuß eines Berges anschmiegte. Oberhalb dessen lag also die berühmte Wartburg, hatte Eichenmax ihnen vor ihrer Abreise erklärt. Das Anwesen lag ruhig da und machte einen gepflegten Eindruck. Jean Bousse hatte im Testament die Adresse eines Ehepaares angegeben, das sich um das Grundstück kümmern würde. Er hatte ihnen per Dauerauftrag hierzu all die Jahre über einen Verwalter Gelder überweisen lassen.

Im Testament war auch angegeben, dass das Steinhaus noch aus der Mitte des 18ten Jahrhunderts stammte. Eichenmax erzählte den Geschwistern, Jean hätte in den 1990er Jahren das Haus seiner Vorfahren aufwändig renovieren lassen. Er könne dort ganz anders abschalten als in Laxna, hatte er immer wieder betont. Die Umgebung, die Luft und auch die Ruhe dort in einem versteckt liegenden Winkel unterhalb der Wartburg, wären für ihn ein regelrechtes Lebenselixier. So hatte er sich für wichtige Parfum-Entwicklungen immer wieder dorthin zurückgezogen.

Hohe Fenster mit geschmackvollen petrolblauen Fensterläden waren symmetrisch in der Hausfront angeordnet, jeweils zu beiden Seiten des Eingangs. Gleich links vom Steinhaus war ein romantischer Garten angelegt. Punja sah auf den ersten Blick eine Vielzahl unterschiedlicher Rosengewächse, die in Beeten durch niedrige Buchsbaumhecken unterteilt waren. Gespannt gingen die Geschwister und Fenno den hell gekiesten Weg auf das Haus zu. Der Pfad führte sie dann um ein Rondell vor dem Eingang. Jetzt blühten in dem Rondell weiße und gelbe Narzissen und prachtvolle Tulpen in allen Farben.

„Ach, was für ein herrlicher Anblick das doch ist“, freute sich Punja beim Betrachten der Farbenvielfalt des Rondells, die sich in den Blumenrabatten direkt am Haus wiederholten. Die ganze Luft duftete nach Frühling. Punja nahm einen tiefen Atemzug.

Dann gelangten sie über die wenigen Stufen zur eindrucksvollen zweiflügeligen Eingangstür. Tashi befühlte die in der massiven Tür geschnitzten Knotenmuster.

Tashi fragte verwundert: „Fenno, meinst du nicht auch, dass die ein wenig aussehen wie die Türen von Burgen im historischen Norskot?“

Der Rotschopf erwiderte: „Stimmt Tashi. Du hast recht!“

Um die Türen herum dienten Metallbeschläge der Befestigung.

Punja öffnete mit dem großen Haustürschlüssel die massive Eingangstür. Ein Flur öffnete sich vor ihnen mit einem in Ockertönen gepflasterten Eingangsbereich. Hiervon aus gingen parallel je zwei Türen nach links und nach rechts. Neugierig öffneten sie die erste Tür rechts und standen in einer Bibliothek. Alle Wände waren vollgestellt mit Büchern, zum Teil sehr alte Schriften, das erkannten sie auf den ersten Blick an den Einbänden. Eine gemütliche weinrote Sitzgruppe im klassischen Stil mit einem ovalen Tisch stand zwischen zwei hohen Fenstern. Von diesem Raum aus führte eine weitere Tür, die Fenno schon neugierig öffnete.

Alle drei blieben sie im Türrahmen stehen, denn dieser Anblick ließ sie erneut nur so staunen. Was sie hier sahen, sah so ganz anders aus als gerade noch in der ehrwürdigen Bibliothek. Sie schauten in einen modern anmutenden hohen Raum, der sich über die ganze Hausfrontseite offen erstreckte. Auf der rechten Seite befand sich eine moderne helle Sitzgruppe und ihr gegenüber eine offene Küche. Der Raum war weitergeführt worden in einen Essbereich mit einem großen rechteckigen Tisch.

„Eine gute Arbeit“, erkannte Tashi sofort, der den massiven Eichenholztisch fachmännisch befühlte.

Dem Anschein nach hatte das Paar Jean Bousse und Eva Steinach hier wohl öfter in größerer Gesellschaft getafelt.

Was besonderen Eindruck auf sie machte, war die große offene Fensterfront mit einem Wintergarten, dessen Türen sich zu einem großen Teil öffnen ließen. Diese Fensterfront gab einen Blick frei auf eine Terrasse mit üppig bepflanzten Topfpflanzen und einem Ausblick in einen Park, an dessen Ende ein Pool zu sehen war.

„Hey, da können wir ja baden! Das ist stark“, freute sich Tashi.

So ein prächtiges Anwesen hatten die Geschwister gewiss nicht erwartet. Im oberen Stockwerk waren mehrere Schlaf- und Gästezimmer, Bäder und Toiletten untergebracht. Die drei öffneten in einem großen Schlafraum eine zweiflügelige Balkontür und traten hinaus. Der Balkon lag auf der rückseitigen Hausfront und so vermochten sie das Anwesen nun in diese Richtung viel besser zu überschauen, wie weit es sich doch erstreckte.

„Dort müsste so etwas wie ein Stall sein. Ob der für Pferde war?“, wunderte sich Fenno auf ein Nebengebäude zeigend. Pferde, das war etwas, was ihn sofort an seine nordische Heimat erinnerte. Wie lange war er schon nicht mehr geritten.

„Das schauen wir uns gleich mal unten an. Pferde, das wäre ja fantastisch Fenno, wenn wir hier welche hätten“, nahm Punja die Idee sogleich auf.

Wieder unten im Haus angelangt stürmten Fenno und Tashi gleich nach draußen.

Nur Punja dachte, sie hätte ja noch nicht alle Räume des Hauses gesehen und so öffnete sie eine Tür, links vom Eingang.

„Wow, ich fass es nicht! Das ist ja eine vollständig eingerichtete Parfumwerkstatt!“ Punja sah sich mit Begeisterung um. Alles war von Jean perfekt eingerichtet. Die große Laborwaage und diverse Glasgefäße, die für die Herstellung notwendig waren. Neugierig schaute sie in einen weiteren Raum, den sie durch eine schmale Tür öffnete. Kalt war es hier. Und dunkel. Ihre Augen mussten sich erst daran gewöhnen, dann fand sie den Lichtschalter.

„Wow“, kam es wieder überrascht von Punja. Was sie hier vor sich sah, ordentlich alphabetisch in Regalen aufbewahrt, war ein schier unglaubliches Arsenal kostbarster Parfum-Ingredienzien.

„So in dunklen Behältern von dem Parfümeur Jean abgefüllt, in diesem kühlen separaten Raum, sollten die noch gut sein“, dachte Punja. „Oh, was würde sie sich freuen, diese Flasche für Flasche genau zu inspizieren.“

Punja ging zum großen Holzschreibtisch, der mit vielen Schubfächern ausgestattet war und direkt vor einem der großen hohen Fenster stand. Davor ließ sich Punja auf einen mit violett-grünem Samt gepolsterten Schreibtischstuhl nieder, beim Drehen dachte sie: „Hier also hat Jean gearbeitet, an seinen Texten geschrieben und seine Parfum-Formulierungen ausgefeilt.“

Neugierig öffnete Punja eine Schublade nach der anderen. In der obersten, mittigen Schublade lag ein dickes Notizbuch in DINA4 Größe. Als Punja es öffnete, las sie in den handschriftlichen Notizen. Es gab auch Zeichnungen von Jean oder Ausschnitte aus Magazinen, die er hinein geklebt hatte wie etwa, interessante Berichte über Parfums oder besondere Flakons. Das Buch war fast zu dreiviertel voll, bis es am 2. Mai 2027 abrupt aufhörte. Mit Staunen sah Punja auf den letzten Seiten, dass sich Bousse intensiv mit der Geschichte der Wartburg und dem „Rosenwunder“ beschäftigt hatte.

„Tashi, Fenno! Wo seid ihr? Ich hab‘ was Spannendes gefunden“, rief Punja laut in den Flur und zum Fenster hinaus, weil sie nicht wusste, wo sich die zwei gerade befanden.

„Punja!“, riefen Tashi und Fenno gleichzeitig vom Garten zum Fenster der Parfum-Werkstatt.

„Kommt. Seht euch das mal an! Das ist nicht zu fassen!“ Punja war ganz aus dem Häuschen.

Die Jungs stürmten herein. „Hey, das ist ja ein sagenhafter Raum!“, staunte Tashi.

„Ja und das hier ist erst sagenhaft. Schaut! Hier! Seht ihr die Abbildung dieses Parfums mit dem Wappen? Dieser goldene Stern inmitten einem roten Umfeld? Mensch. Ich fass es nicht. Das ist doch genau das, was uns Baktor, der Schneeleopard, mit seinem Spruch gesagt hatte.

„Findet den goldene Stern im roten Grund.
Gebt die Essenzen auf das Herz.
Folgt eurem Herzen.
Zwei für Sieben.
Hier liegt der Schlüssel verborgen.“

„Äh, ich verstehe noch immer Bahnhof.“ Tashi schaute Punja mit Stirnrunzeln verwundert an. „Was meinst du denn?“

Auch Fenno hatte sich die Seiten des offen auf dem Schreibtisch liegenden Notizbuchs genauer betrachtet: „Meinst du das?“ fragte er Punja, mit seinem Finger auf einen von Jean Bousse skizzierten Flakon mit dem Wappen zeigend.

„Ja, Fenno!“ stimmte ihm Punja begeistert zu. „Das Zeichen sieht doch genauso aus wie das, wovon Baktor gesprochen hat! Wir müssen jetzt nur noch so ein Parfum finden. ‚Nur‘ ist hierbei allerdings leichter gesagt als getan. Wo fangen wir nur an zu suchen in all der riesigen Hinterlassenschaft?“

„So ein Parfum suchst du?“, fragte Tashi ungläubig, „das gibt es doch nicht!“

Die beiden anderen guckten ihn erstaunt an. Aber Tashi war schon hinausgestürmt.

„Wo läuft denn der hin wie von einer Tarantel gestochen?“, kommentierte Fenno Tashis merkwürdige Verhalten.

„Kommt mit. Ich glaub ich hab‘ da was!“, rief jedoch Tashi gerade ganz außer Atem, noch bevor Punja eine Antwort geben konnte.

„Kommt mit in die Küche!“, rief Tashi.

Auf den Stühlen dort hatten sie ihre drei Rucksäcke abgestellt. Tashi hatte seinen Rucksack inzwischen geöffnet und schien etwas darin zu suchen. Da! Auf einmal hielt er der ziemlich verblüfft dreinschauenden Schwester und Fenno etwas unter die Nase, mit dem sie nun wirklich nicht gerechnet hatten.

„Häh … woher hast du das denn?“, fand Punja als erste ihre Sprache wieder zurück.

„Das“, grinste Tashi in die Runde, „hab‘ ich noch aus der Schatzkammer von König Eduard II. aus dem Königreich Wallens. Ich durfte mir dort ja mitnehmen, was ich wollte. Unter anderem stammt mein hilfreicher Regenmantel ja von dort und auch das habe ich aus dem Schrank mit den zahlreichen Flakons mitgenommen. König Eduard meinte damals zu mir: ‚Das Geheimnis dieses Parfums würde sich zeigen, wenn es soweit wäre‘. Ich sag euch, ich hab‘ das Ding total vergessen. Das lag die ganze Zeit zuunterst im inneren linken Fach meines Rucksacks. Heftig!“

Tashi hielt einen kleinen fast quadratischen Flakon aus dickem Alabasterstein hoch, auf dem eindeutig ein goldener Stern in einem roten Wappen eingraviert war. Er überreichte Punja das Fläschchen. Mit dem eingeschliffenen Stößel gab Punja ein klein wenig vom Inhalt auf ihr linkes Handgelenk.

„Mmmh, das duftet ja sagenhaft. So eine fantastische Rosennote. Stark!“

Damit hielt sie den beiden Jungs ihr parfümiertes Handgelenk unter die Nase.

„Wirklich gut!“, kam es anerkennend von Fenno, der jedoch schlichtweg alles an Punja gut riechend fand.

„Interessant“, war Tashis Kommentar. „Und was sollen wir damit nun machen?“

„Ja ganz einfach. Das geben wir uns aufs Herz, so hat es doch Baktor gesagt. Man kann solche Hinweise ruhig wörtlich nehmen“, kam es nun siegersicher von Punja.

Sie war auf einmal allerbeste Laune. Das alles roch nach etwas wirklich Großartigem, ganz nach ihrem Geschmack. Das musste was bedeuten!

„Das sind keine Zufälle“, sagte Punja leise nachdenklich. „Jean hat ganz viel zu diesem mysteriösen Parfum mit diesem erstaunlichen Rosenduft in seinem Notizbuch notiert.“

Punja, Fenno und Tashi waren wieder in die Parfumwerkstatt zurückgeeilt. Punja nahm das große Notizbuch und fing an: „Genau hier… schaut. Jean forschte zu diesem mysteriösen Parfum, das wohl diese Kinderfrau Adelheide entwickelt hat, die das Kind Elisabeth aus Ungarn begleiten durfte. Elisabeth war ja erst vier Jahre alt, als sie zur Familie ihres künftigen Gatten vom ungarischen Königshaus nach Thüringen, hier an die Wartburg gesandt wurde. Adelheide hatte sich bereits von Geburt an um das Kind gekümmert und sie abends mit ihrer Harfe in den Schlaf gesungen“

„Du meinst, dass diese Adelheide so ein Rosenparfum entwickelt hat?“, fragte Tashi ungläubig nach.

„Genau! Jean hatte herausgefunden, dass es eine ganz besondere Rose war, die in diesem ungarischen Königsgarten eine zentrale Rolle gespielt hatte. Sie war zur Geburt des Mädchens gezüchtet worden und nach ihr als „Rose Elisabeth“ genannt worden. Somit war das so etwas wie ein

Heimatduft für das Kind", strahlte Punja angesichts dieses Fundes in Jeans Skript.

„Vielleicht hat ja diese Adelheide das Rezept für das Rosenparfum schon aus Ungarn mitgebracht?", rätselte Fenno nachdenklich. „Hast du dazu auch was gefunden, Punja?"

Punja blätterte im Notizbuch nochmals ein Blatt nach dem anderen zurück, vertiefte sich in die für sie zum Glück lesbare Handschrift von Jean. Sie kannte ja seine Art zu schreiben aus ihrer Zusammenarbeit mit ihm in der Steinach-Villa.

„Wow. Das könnte hinhauen… schaut", rief Punja plötzlich, das Notizbuch triumphierend hochhaltend.

Fenno und Tashi waren eben dabei, sich in der Vorratskammer all die Flaschen mit den Düften anzusehen. So kamen sie rasch zurück zu Punja an den Schreibtisch und schauten mit ihr ins Notizbuch.

„Hier steht: Wie ein leuchtender Stern, der in dunkler Nacht aufgeht, so sei die Geburt des Königskindes Elisabeth in den Schriften zitiert worden. Das trifft doch haargenau die Bedeutung des Wappens."

Punja zeigte auf eine Parfumformulierung. „Jean hat die Formulierung für dieses Rosenparfum, dass er als ‚Goldener Stern' bezeichnete, genau notiert. Vorher hatte er lange experimentiert. Ich sehe besonders, dass er Schritt für Schritt die Basisnote geändert hat… hey, sogar unsere Myrrhe ist dabei. Wenn das kein gutes Zeichen ist, dann fress' ich einen Besenstiel."

Fenno schaute groß: „Was heißt das denn, einen Besenstiel fressen?"

„Ach, das sagt man bei uns, wenn man ganz sicher ist, dass man keinen Besenstiel fressen muss", grinsten ihn Tashi und Punja an.

Von Tashi kam es dann: „Die Myrrhe sagst du?“

„Ja, Tashi. Du weißt doch noch, was uns Ciliena, die Geistin der Myrrhe, damals in der Steinach-Villa erzählt hat. Wie besonders ihr Duft sei. Das hat diese ungarische Adelheide wohl ziemlich gut verstanden. Die hatte vielleicht auch diese ‚Gesichte‘ wie man solche Visionen nennt, wie wir sie mit Celiena damals in der Villa hatten. Das ist wie ein Bogen zu uns, Tashi. Das spüre ich ganz deutlich!“ Punja war ganz aufgeregt über diesen Fund.

„Schaut mal raus, die Sonne geht gerade unter“, meinte Fenno.

Gemeinsam gingen sie auf die Terrasse und sahen zu, wie ein großer orangefarbener Ball den Himmel über dem Anwesen in ein rosa-goldenes Licht tauchte. Sie atmeten tief durch. Die Luft tat ihnen nach all der Aufregung richtig gut.

„Ich hab‘ langsam Hunger. Ihr auch?“, fragte Fenno in die Stille hinein.

„Stimmt. Wie wäre es mit Spagetti? Lasst uns sehen, wo wir hier was in der Nähe kaufen können“, schlug Punja vor.

So verließen die drei bestens gelaunt Jeans Anwesen, das etwas außerhalb der Stadt lag, in Richtung Ortsmitte. Dort kaufte Fenno frisches Gemüse, Nudeln, Sahne, Butter und Käse und ein krosses frisches Brot. Zurück im Haus bereiteten sie eine Tomatensoße zu, kochten Nudeln und dazu gab es einen frischen Salat.

„Ja, und der Weinkeller unseres Jean kann sich ja auch sehen lassen“, grinsten sich Fenno und Tashi an.

Tashi hatte dort einen guten Wein für das Essen ausgesucht, den sie draußen auf der Terrasse beim Anblickeines sagenhaften Sonnenuntergangs erst einmal genossen, bevor sie zum Essen dann doch nach innen gingen.

Punja hatte Tashi, bevor er zu Bett ging, das Rosenparfum aufs Herz gegeben und leicht verrieben. Auch Fenno gab sie einen kräftigen Tupfer auf die Mitte seiner Brust, der es sichtlich genoss von Punjas kaum sichtbarer Hand doch irgendwie berührt zu werden.

„Ach, das macht Lust auf mehr", kam es ihm in den Sinn. „Wenn nur… ja, wenn es nur ginge", seufzte er.

Während Tashi und Fenno im Schlafraum von Jean die Nacht verbringen wollten, hatte Punja sich eines der Schlafzimmer ausgesucht, das wohl, der Einrichtung nach, Evas Zimmer gewesen war. Sie öffnete die große Flügeltür mit einem Balkon in Richtung Park.

„Ach, wie herrlich ist es hier. Diese Aussicht", Punja nahm einen kräftigen Atemzug.

Auch Punja gab sich, bevor sie zu Bett ging, das Parfum „Goldener Stern" auf die Mitte ihrer Brust, genau dort, wo sich da „Herz-Chakra" befand. Ihr und Tashi war durch die buddhistischen Lehren bewusst, dass Menschen Energiezentren in ihrem Körper haben, die sich wie eine Perlenkette vom Schädel abwärts aufreihen.

Punja überdachte diesen ungewöhnlichen Tag. Ihre Verzweiflung, in der sie sich noch vor wenigen Stunden befunden hatte und dann diese außerordentliche Überraschung, mit der Eichenmax zu ihnen gekommen war. „Genau im richtigen Augenblick", dachte Punja. Er hätte zur Übergabe des Testaments wirklich keinen besseren Zeitpunkt erwischen können. Er kannte wohl auch schon die ganze Zeit die Tür zu ihren privaten Werkstätten und sie und Tashi hatten all die Zeit gedacht, dass ihre Gefilde in der Villa geheim wären. „Wohl nicht für den obersten Hausgeist der Steinach-Villa", schmunzelte Punja. Und wie gut das letztlich war, war ihr letzter Gedanke, bevor sie in den Schlaf fand.

In der Nacht passierte nun etwas, mit dem die Geschwister nicht gerechnet hatten. Beide hatten sie in den frühen Morgenstunden einen Traum, der ihre Welt für immer verändern sollte. Es war einer dieser seltenen Klarträume, die Punja und Tashi aber hin und wieder hatten. Den Worten im Traum lauschend… drehte sich Punja in ihrem Bett um und schlief wieder ein.

Als sie am Morgen erwachte, streckte sie sich ausgiebig. Ihre Arme weit nach hinten und die Beine machte sie lang und länger… und auf einmal… fühlte sie etwas ganz und gar Ungewöhnliches. Sie befühlte ihren physischen Leib. Punja griff sich in ihre Arme. Die waren ganz und gar materiell. Das war nicht nur so eine leichte Begrenzung des Ätherleibes, was sie sonst kannte. Nein, das hier war eindeutig ein richtiger physisch-menschlicher Leib.

Mit einem Satz sprang Punja aus dem Bett und auf dem kleinen Teppich und dem darunter spürbaren festen Zimmerboden aufgekommen. Ein richtiges Geräusch gab das. Freudestrahlend wollte sie gleich rüber zu Tashi und Fenno laufen, aber die kamen ihr schon entgegen.

„Punja!“

Tashi nahm seine um drei Jahre jüngere Schwester in die Arme. Er drückte sie so fest und drehte sie im Kreis, dass ihr fast die Luft wegblieb.

„Hey, lass mich noch atmen“, rief Punja scherzhaft.

Nun war Fenno dran. Er drückte seine geliebte Punja endlich so, wie er es sich schon all die Zeit sehnlichst gewünscht hatte.

„Ach Fenno!“, kam es dann nur noch als Stoßseufzer von Punja.

„Das ist ja wirklich ein Ding. Hast du auch diesen Traum gehabt, Punja?“, wollte Tashi gleich wissen.

„Ja, Tashi, einen richtigen Klartraum. Es war einfach herrlich! Ich fass es noch immer nicht.“ Punja schnappte sich eine Hand von Fenno und eine Hand von Tashi und so liefen die drei freudestrahlend hinaus auf die Terrasse in den Garten. Sie drehten sich im Kreis und ließen sich dann auf dem Rasen am Pool die kleine Anhöhe hinunter purzeln. Fenno kitzelte und knuddelte Punja, die laut lachte… sie konnten ihr Glück noch immer nicht fassen.

DIESER GANZE SPUK. DIESE EWIG WÄHRENDE HAUSELFEN-VERZAUBERUNG WAR WIRKLICH VORBEI!

Tashi ging zurück ins Haus, während Fenno und Punja „Händchen haltend“ weiter hinaus zu einem nah gelegenen Wäldchen liefen. Dort entdeckten sie in einer Lichtung einen kleinen Weiher. Das war ja ein verstecktes, ganz idyllisches Fleckchen Erde. Punja und Fenno ließen sich auf das weiche junge Gras nahe am Ufer nieder und beobachteten eine schnatternde Entenfamilie mit ihren Jungen, das Punja ein „oh sind die süß“ entlockte. Blaugrüne Libellen und bunte Schmetterlinge schwirrenten umher.

Punja ließ sich ganz ins weiche frische Gras fallen. Wie schön es war, mit diesem neuen Körper die Erde unter sich zu spüren. Fenno legte sich neben sie, ganz nah. Ihre Hände berührten sich. Sie schauten sich tief in die Augen. Punja roch den Duft seiner Haut, die sie an die Weite des Nordmeeres von Norskot erinnerte. Fenno zog sie enger an sich, sein Atem streifte ihr Gesicht.

Die Wärme der Luft, der Geruch der Erde, das Schnattern der Enten… die beiden küssten und liebten sich inniglich. Sie fühlten sich eins mit allem um sie herum, dem Gras, auf dem sie lagen mit seinem grünen Duft, dem stillen Wasser... Und dann fassten sie sich an den Händen und liefen in den kleinen Weiher hinein. Sie spritzen sich nass... die Entenfamilie schnatterte jetzt ganz aufgeregt... Die Temperaturen waren doch noch recht frisch und so zogen sie sich rasch wieder an.

Fenno hielt Punja umfasst, das wärmte so schön.

Leise sprach Punja ihm ins Ohr: „Das war schön, Fenno."

„Es kam dennoch so unerwartet", meinte er.

„Für dich auch", flüsterte Punja.

„Ja, ganz besonders für mich. Du bist für mich mein ‚holdes Mädchen' wie wir das in unserem Reich Norskot ausdrücken. Noch nie zuvor war ich so verliebt wie in dich, Punja."

Auf einmal griff Fenno in seine Hosentasche und legte Punja ein rotes Stoffpäckchen mit einer goldener Kordel in ihre Hände.

„Was ist das?", fragte Punja überrascht.

„Mach es doch auf, dann siehst du schon", lächelte Fenno sie verliebt an.

Punja wog zuerst das Päckchen in ihren Händen, das doch ein recht ordentliches Gewicht hatte. Vorsichtig öffnete sie den Knoten und entfaltete den Stoff. Ja, was war das? Im Licht schimmerten Perlen über Perlen, die in Gold eingefasst waren als prächtiges Collier.

„Wow, ist das schön!", rief Punja erstaunt aus.

„Das sind Perlen aus dem Nordmeer, Punja. Es ist das Kostbarste, was ich aus Norskot mit hier in diese Welt gebracht habe."

Punja sah, wie bewegt Fenno war.

„Punja, dieses Collier stammt noch von meiner Mutter. Ich trage es seit der Zeit in Norskot immer bei mir... ich wollte es dabei haben... für den richtigen Augenblick."

Damit nahm Fenno das Perlencollier, legte es Punja an und verschloss es vorsichtig hinten an ihrem Nacken. Er betrachtete Punja, wie schön sie mit diesem Schmuck aussah.

Fenno sah Punja intensiv an: „Möchtest du meine Frau werden, Punja?"

„Ja, Fenno. Das will ich!" Und mit erneuten Küssen besiegelten sie dieses Versprechen.

Fenno hatte Punja erklärt, dass er sich bisher immer zurückgehalten hätte, auch in den Zeiten, als sie einen physischen Körper gehabt hatte, etwa während sie gemeinsam im Lebkuchenhäuschen waren. „Ich wollte dir nicht weh tun, Punja. Dich an mich binden und dann wäre unsere Beziehung doch nicht möglich gewesen. Dafür liebe ich dich zu sehr."

Punja hatte ihm bestätigt, dass sie genauso gefühlt hatte wie er. Sie war ihm gegenüber zurückhaltender als sie es eigentlich sein wollte. Alles hätte sich nach ihm gesehnt. Sie aber konnte dem nicht nachgeben.

„Noch nicht", hatte sie Fenno gesagt.

„Du wirkst auf mich so zart, so zerbrechlich und gleichzeitig sehe ich deine Stärke, deine für dein Alter erstaunliche Art, Dinge zu erkennen, deine Weisheit. Du bist sehr ungewöhnlich, Punja. Ein solches Mädchen wie dich habe ich zuvor noch nie gesehen."

Ach, diese Worte taten Punja gut. Wie lange hatten sie aufeinander gewartet und jetzt durfte sein, was sie beide so innig gehofft hatten.

Hände haltend liefen die beiden Verliebten seelig aus dem Wäldchen hoch zum Pool. Ganz außer Atem waren sie und umarmten und küssten sich gleich wieder. Tashi auf der Terrasse las in einem Buch, sah auf und grinste. „Na, da haben sich die zwei ja endlich gefunden“, dachte er.

„Hey ihr beiden“, rief Tashi ihnen schon von weitem zu. „Das ist vielleicht ein merkwürdiges Gefühl. Ich kann es noch immer nicht fassen, so auf der Erde zu stehen.“

Damit war Tashi aufgestanden und ihnen entgegengelaufen.

„Ja, Tashi, das geht mir genauso. Es ist wie ein Wunder. Was der Eremit wohl dazu sagen wird? Dem müssen wir das doch unbedingt erzählen!“, sprudelte es aus Punja heraus.

„Mir geht es auch so, Punja. Ich habe mir überlegt, dass es jetzt richtig wäre, zu ihm zu gehen. Denn…“, stockte Tashi, die Verliebten ansehend, „ich will nun endlich auch meinen Traum verwirklichen und mich auf die Suche nach dem Goldenen Tempel machen. Mich kribbelt es so, dahin zu kommen!“

Fenno grinste ihn an, das konnte er nur zu gut verstehen. Denn dass dieser Traum des Goldenen Tempels vor allem mit der Vision eines Mädchens verbunden war, das wusste natürlich jeder von ihnen.

„Ich würde sagen, wir holen unsere Rucksäcke und dann nichts wie los!“, bestätigte Tashi.

Punja verschloss das Notizbuch wieder in der obersten Schublade des Schreibtischs von Jean. Alle drei besuchten noch das Ehepaar, das bisher so gut auf das Anwesen geachtet hatte. Sie kämen wieder, hatten sie ihnen gesagt. Und das es gut wäre, wenn sie auch weiterhin für das Haus zuständig wären. Das alte Ehepaar Viktor und Emmelie Bartel hatte verwundert geschaut, als sie so plötzlich vor ihrer Tür aufgetaucht waren. Nun aber waren sie beruhigt.

Das Erbe von Jean Bousse würde in gute Hände übergehen ‚und sie mussten sich keine Sorgen mehr machen, wie es damit weiterginge, wenn sie nicht mehr wären.

Tashi, Punja und Fenno schnappten sich, nachdem alle Türen gut verschlossen waren, ihre Rucksäcke.

Tashi gab wie immer das Kommando an: „Fenno, du hältst dich an Punja fest. Punja, du hast unser nächstes Ziel vor Augen, meine Werkstatt in unserer Steinach-Villa?"

Punja nickte bejahend.

„Gut, dann drehen wir die Glücksringe und sagen die Zauberworte…"

Und…

Kein „und", denn die drei standen weiterhin genau dort, wo sie eben gestanden hatten. Verblüfft schauten sich die Geschwister an.

„Äh, das geht nicht mehr, Punja", fand Tashi als erstes seine Sprache wieder.

„Komm, wir versuchen es nochmal. Vielleicht war etwas verkehrt", schlug Punja vor.

Und so wiederholten sie den alt bekannten Vorgang. Aber wieder nichts.

„Mensch, die Kraft der Ringe scheint ja vorbei zu sein!", kam es verärgert von Tashi. „Müssen wir jetzt etwa zu Fuß ins Auland gehen?"

Fenno grinste und meinte zu Tashi: „Dieses ‚Mensch', was du da eben selbst gesagt hast, trifft es wohl exakt. Jetzt könnt auch ihr euch nur so fortbewegen wie ich das die ganze Zeit schon tun muss. Da ist dann nichts mehr mit einem Herumfliegen nach Geister-Manier."

Fenno bekam nun einen regelrechten Lachanfall über das

verdutzte Gesicht von Tashi. Zuerst guckten die Geschwister verärgert. Lachte Fenno sie etwa aus? Aber dann kam ihnen die Situation – nun aus neuer menschlichen Sicht – doch auch irgendwie komisch vor, und so lachten sie nun alle drei aus vollem Hals. Das hatte durchaus etwas Befreiendes.

„Wir haben doch Geld dabei. Damit kaufen wir uns Bahntickets und ab geht's mit dem Zug ins Auland. Und zum Bahnhof fahren wir mit dem Bus. Dort an dem kleinen Laden, wo wir gestern eingekauft haben, ist eine Bushaltestelle", schlug Fenno vor, der sich aus dem historischen Norskot stammend schon erstaunlich gut auskannte in der modernen Welt.

„Aber erst morgen früh", lächelte Punja Fenno verliebt an. „Heute noch hier eine Nacht zu verbringen, das wäre doch schön."

Tashi gab klein bei. Es war ja Abend und jetzt eine Reise ins Auland mit Bus und Bahn zu starten, war wenig sinnvoll. Er musste jetzt sowieso immer wieder lernen sich zu gedulden. Schnell mal so eben zu diesem Goldenen Tempel, dem Ort seiner Sehnsucht, zu fliegen, das ging nun eben nicht mehr.

Den Abend genossen die drei also nochmal in ihrem neuen schönen Domizil und ganz selbständlich verschwand Fenno am Abend mit Punja zusammen in ihrem neuen Schlafraum.

Wieder im Auland

Nach dem Frühstück ging es dann los zurück ins Auland. Erst am Abend erreichten sie den Bahnhof in Laxna zu Fuß etwa eine Viertelstunde entfernt von der Steinach-Villa. Das war vielleicht ein seltsames Gefühl, dachten Punja und Tashi, als sie vor der Tür der Villa standen, nun als Menschen und nicht mehr als Hausgeister wie all die vielen Jahre zuvor.

Punja klingelte, denn sie besaßen ja keinen richtigen materiellen Schlüssel für die Villa.

Da hörten sie jemanden kommen. „Was wollt ihr denn noch so spät“, wurden sie von einem Studenten ziemlich unhöflich angesprochen und um gleich barsch weiter befragt zu werden: „Und zu wem wollt ihr?“

„Ihr seid echte Menschen! Ich fass es nicht“, war jedoch gleich die Reaktion von Seppi, einem der Türsteher, als er die Geschwister hereinkommen sah.

„Hey, Seppi, altes Haus!“, wurde er von Tashi freudig begrüßt.

„Mit wem redest du denn da?“, wunderte sich der Student.

„Na, mit dem Türsteher Seppi. Du läufst doch jeden Tag sicher nicht nur einmal an ihm und seinem Kumpel Ferdi vorbei. Einer von beiden ist immer hier zur Stelle und hält Wache“, erklärte Tashi.

„Türsteher Seppi, hä… spinnt ihr?“ Der Student machte noch immer ein verduztes Gesicht.

„Na, das sind Hausgeister, ganz einfach!“, erklärte ihm nun Punja.

„Hausgeister? Noch nie davon gehört. Ihr habt wohl ein Rad ab. Also zu wem wollt ihr?“, erkundigte sich der hagere junge Mann nochmals.

„Wir wollen zu Emma. Ist sie da?“, fragte Tashi.

„Ja, hab‘ sie gerad‘ eben in der Küche gesehen“, kam es von dem jungen Mann knapp, der auf seinen Schlappen vor ihnen die Treppe zum ersten Stock hoch stieg. Er öffnete die Tür zur Küche und rief hinein: „Emma, später Besuch für dich!“

Emma, die mit einer Freundin am Küchentisch Suppe aß, schaute auf: „Hey, das gibt’s ja nicht. Seid ihr wirklich Punja und Tashi? Ich glaub‘s ja nicht!“

Emma war aufgestanden und schaute die beiden ungläubig an.

Punja fühlte sich noch ziemlich ungewohnt Menschen gegenüber und meinte zaghaft: „Ja, schon. Emma.“

Nun aber packte Emma Punja ganz fest und drückte sie vor Begeisterung und auch Tashi und Fenno wurden von ihr überschwänglich begrüßt.

„Mensch, wenn das die Tante Edna noch erlebt hätte oder der Jean und die Eva. Das ist ja mega! Ihr seht wirklich genauso aus wie früher, äh… nur eben materieller.“

„Habt ihr Hunger? Wo kommt ihr denn her. Erzählt uns doch alles. Das ist ja mega spannend“, konnte Emma noch immer nicht ganz glauben, was sie sah.

„Hunger. Ja schon, hast du denn noch Suppe übrig?“, fragte Tashi, denn da roch doch etwas ganz appetitlich.

„Da ist noch ein ganzer Topf voll Suppe. Die habe ich für morgen schon vorbereitet. Aber setzt euch doch“, lud Emma sie ein. „Das ist übrigens meine Freundin Sarah, studiert auch mit uns an der FA. Sorry, dass ich euch so spät erst vorstelle. Sarah, das sind Tashi und Punja, die hier in der Villa schon ziemlich lange gelebt haben", lächelte Emma die Geschwister vielsagend an, „und das ist ein Freund von euch, Halvar?"

„Nein, Fenno", korrigierte der Rotschopf. „Mein Zwillingsbruder Halvar ist derzeit droben bei den Berglern."

„Hi Sarah", wurde sie von den dreien begrüßt.

Und so saßen sie zusammen mit den beiden Studentinnen bei einer guten Gemüsesuppe mit Grießknödeln. „Fast so wie die von der Mutter Oberleitner", dachte Tashi währenddessen. Sarah hatte sich verabschiedet, und so konnten die Geschwister Emma mehr Details zu ihrer Verwandlung erzählen. Staunend hörte sie den Geschichten vom alten Tibet mit der Verzauberung zu und auch, wie es damit endgültig vorbei war.

„Mega", war das einzige Wort, das Emma während des Zuhörens ständig wiederholte.

Nachdem sie satt waren fragte Tashi: „Emma, wir wollen jetzt nach dem Eichenmax sehen. Irgendwie müssen wir ja wieder rein in unsere Räume."

Denn das war die Sorge von Tashi und Punja, dass das Codewort zu ihren Gefilden im zweiten Stock wohl nun auch nicht mehr funktionieren würde.

„Verstehe. Wir sehen uns. Macht es gut", verabschiedete sich Emma von ihnen.

Gerade waren die drei zur Küche hinaus gegangen, im Treppenhaus auf dem Weg zum zweiten Stock, als ihnen der Eichenmax entgegen kam.

„Ach Eichenmax! Was für ein Glück, dass wir dich gleich antreffen. Wir wollten schon nach dir suchen“, freute sich Punja.

„Punja und Tashi, ihr als Menschen! Na, das nenn ich eine Überraschung und auch Fenno! Das freut mich ja sehr euch zu sehen“, begrüßte sie der oberste Hausgeist der Villa.

„Eichenmax, wir sind ziemlich k.o. Wir würden gern in unsere Wohnung gehen, aber dort ist ja keine Tür. Wir kamen ja bisher als Hauselfen immer über unser Codewort rein“, sprach Tashi.

Währenddessen waren die drei mit Eichenmax oben im zweiten Stock angekommen. Als sie die rechte Seite des Stockwerks sahen, schauten alle ziemlich verblüfft.

„Was ist denn da passiert?“, wunderte sich Punja.

„Na, dreimal dürft ihr raten“, schmunzelte der Eichenmax. Die drei bestaunten einen Mauerdurchbruch, der genau an der Stelle zu sehen war, wo sich vorher die magische Tür in Punjas Werkstatt befunden hatte. Punja hob die Verhüllung hoch und Eichenmax öffnete mit einem Schlüssel eine dort provisorisch eingefügte Holztür. So vermochten alle vier in die Gefilde der Geschwister einzutreten.

„Die Handwerker werden morgen diese einfache Tür mit einer stabilen neuen Tür austauschen“, erläuterte der Eichenmax. „Das mit dieser Tür ist eine eigene Geschichte, die erzähl ich euch am besten bei... ach, ich hol was aus meinen Räumen und komme gleich wieder.“

Und schon war der Eichenmax wieder hinaus, um nur wenige Minuten später an der Holztür anzuklopfen.

„Nur herein, Eichenmax. Komm mit zu mir rüber.“ Tashi zeigte auf einen leeren Sessel in seiner Sitzecke. Eichenmax stellte ein paar Flaschen auf den niedrigen Kirschbaumtisch.

„Alpdudler!“, rief Punja begeistert und war aufgesprungen,

um vier Gläser zu holen, „eine super Idee, Eichenmax. Das haben wir ja schon eine halbe Ewigkeit nicht mehr getrunken. Danke!“

„Dass das wahr wurde, ist nicht zu fassen!“, kam es nachdenklich von Eichenmax, als sie mit dem Alpdudler gemeinsam angestoßen hatten. „Ihr müsst wissen, dass der Jean immer davon ausging, dass ihr irgendwann wieder Menschen würdet. Ich habe keine Ahnung, wie er darauf kam. Aber der hatte manchmal eine ziemliche Weitsicht, eher ungewöhnlich für Menschen, wenn ihr mich fragt.

Der Jean sah Dinge in der Zukunft voraus, die selbst mich als erfahrener Hausgeist manchmal verblüfften. So erzählte er mir einmal, dass er vorhabe, die beiden Türen oben zu den Werkstatträumen zumauern zu lassen. Er würde seine Parfums sowieso nur noch in seinem Domizil an der Wartburg entwickeln. Und auch die zweite Werkstatt zum Instrumentenbau würde ja von Menschen nicht mehr genutzt. Jean erzählte mir, er wolle, dass diese Räume zu verschwinden hätten, die sollten von außen nicht mehr sichtbar sein.“

Die Geschwister schauten erstaunt.

Eichenmax weiter: „Hier war früher auch eine Tür, Tashi. Genau dort hinter deiner Sitzgruppe. Das ist ja die Werkstatt vom ehemaligen Josef Steinach, dem Vater unserer guten Eva. Und der hatte natürlich auch einen direkten Zugang zu seinen Räumen und marschierte nicht einfach so durch die Parfumwerkstatt.

Jedenfalls hatte der Jean eine Ahnung, dass in der Zukunft heftige politische Zeiten kommen könnten. Er wollte unbedingt, Punja und Tashi, dass ihr hier einen geschützten Raum für euch hättet. Nicht auszudenken, sagte er mir, wenn Menschen mit bösen Absichten diese Räume eines Tages stürmten und alles zerstören würden. Womöglich würden sie die beiden Silberopferschalen, an die ihr ja – auch wenn ihr zuletzt weit reisen konntet – letztlich doch noch gebunden wart... wenn die wegkämen! Womöglich auch noch auseinandergerissen würden und ihr dann getrennt wäret. Das dürfe auf keinen Fall passieren.

Natürlich haben das die Hausgeister hier alle mitbekommen. Aber ich habe denen schon eingetrichtert, dass darüber kein Sterbenswörtchen geredet wird. Das sei Tabu und damit basta. Und ihr wisst ja, in wirklich ernsten Dingen habe ich die schon im Griff. Nicht bei allem", grinste der Eichenmax, dem die Hausgeister auch schon mal einen Streich spielten, „aber bei allem Wichtigen spuren die ganz ordentlich. Und so hat Jean nachts von Handwerkern still und heimlich, so dass das kaum einer im Haus mitbekam, diese Türen zumauern lassen."

Punja und Tashi sahen sich an. Das waren ja ungewöhnliche Hintergründe, die der Eichenmax ihnen da eröffnete.

„Ihr fandet doch auf euren Werkstischen diese Codewörter, mit denen ihr weiterhin die eine Tür öffnen konntet. Ihr erinnert euch? Letztlich brauchtet ihr als Hauselfen das ja sowieso nicht, ihr konntet ja auch so durch die Türen oder durch eine Mauer spazieren. Aber die Gewohnheiten sitzen doch tief. Und so habt ihr ganz selbstverständlich angefangen diese Codewörter zu verwenden. Ich hab' da auch noch etwas nachgeholfen, dass dann auch wirklich kurz eine Tür im Gemäuer entstand und sich öffnen ließ. So ein bisschen ‚Magic' beherrsche ich schließlich auch", grinste der oberste Hausgeist sie verschmitzt an.

„Also, was der alles drauf hatte", dachten Punja und Tashi gleichzeitig und warfen sich vielsagende Blicke zu. Beide waren sie und Fenno ziemlich beeindruckt von diesem Jean

Bousse. Wie weitsichtig der doch gedacht hatte und vor allem wie fürsorglich. Ihre Situation als Menschen wäre heute ungleich schwieriger ohne das Geld von Bousse und ohne die Möglichkeit, hier in Laxna weiter wohnen zu können, geschweige dieses großartige Anwesen an der Wartburg zu besitzen.

Eichenmax verabschiedete sich von den dreien: „Ich gehe nur, wenn ihr mir versprecht, dass ihr erstens so bald wie möglich zu einer großen Hausgeisterversammlung kommt. Ich lade euch dazu ein. Schließlich wollen hier ja alle von euren Abenteuern hören. Und zweitens müsst ihr mir versprechen, uns immer wieder hier zu besuchen. Auch wenn ihr älter werdet und vielleicht einmal Familien gründet."

Damit schaute Eichenmax Punja und Fenno fragend an.

„Klar, das machen wir", waren die Geschwister mit beiden Vorschlägen von Eichenmax einverstanden und Tashi ergänzte: „Ich werde für längere Zeit verreisen, vorher machen wir das mit der Hausgeisterversammlung, abgemacht!" Damit schlug Tashi mit Eichenmax zur Bekräftigung ein „High Five", etwas, was der ehrwürdige alte Hausgeist ja mittlerweile als neue Mode leicht schmunzelnd mitmachte.

„Boa, jetzt bin ich aber auch reif für die Falle", gähnte Tashi. „So ein Körper macht ja irgendwie schneller müde als früher. Also, bis morgen früh, ihr zwei!", grinste Tashi die beiden vielsagend an.

Punja dachte sich ihren Teil. Zum einen, weil jetzt Fenno mit in ihre Schlafkoje kam und dann, dass dieses Bett ja nicht gerade breit war. Aber das machte den beiden letztlich doch recht wenig aus.

Am nächsten Morgen machte sich Punja gleich auf die Suche… dafür ging sie im ersten Stock den Flur entlang, bis zum letzten Zimmer auf der linken Seite. Hier klopfte sie an und hörte dann eine noch etwas verschlafene Stimme, die „herein“ rief.

Wer aber war ganz und gar nicht verschlafen? Dieses Etwas jedenfalls tappte auf seinen vier Beinchen schnurstracks auf die Hereinkommende zu.

„Bibi!“, rief Punja freudig aus und schon hatte sie ihr kleines Chihuahua-Hündchen auf den Arm genommen, herzte und liebkoste es.

„Punja?“, fragte da jemand mit noch recht verschlafenen Augen. „Träum ich oder bist du das wirklich?“

„Jade, doch ich bin ziemlich wirklich hier“, lächelte Punja sie an.

„Äh, aber du siehst so echt aus, äh... so menschlich“, befühlte Jade den physischen Arm, mit dem Punja das Hündchen hielt. „Ich meine, ich glaub‘s nicht. Du bist wirklich ein voller Mensch! Wie geht das denn?“

Und so erzählte Punja ihr in wenigen Worten, dass nun Tashi und sie wieder Menschen seien. Ausführlich würden sie das bald in der großen Hausversammlung erzählen. Das hätten sie mit Eichenmax schon so ausgemacht.

„Und Bibi? Nimmst du die jetzt wieder mit?“, fragte Jade zaghaft.

„Nein, Jade. Das Hündchen kann ich dir jetzt nicht mehr wegnehmen. Das bleibt für immer bei dir. Sie hat es doch auch gut. Schau, wie sie zu dir rüber guckt. Du bist ihr jetzt viel näher als ich. Dafür war ich zu lange weg.“

Damit überreichte sie Bibi ihrer jungen Hundemutter.

„Ach, da bin ich aber froh, Punja. Ich wüsste wirklich nicht, wie das Leben ohne Bibi wieder wäre. Mir würde sie schon arg fehlen“, kam es von Jade erleichtert, während sie ihr Hündchen liebkoste.

„Das, Jade verstehe ich nur zu gut“, seufzte Punja leicht, der es Anfang letzten Jahres so schwergefallen war, Bibi abzugeben. Aber sie mitnehmen nach Norskot mit all den vielen Veränderungen und Reisen, die ihr und Tashi bevorstanden, das wäre nicht gegangen.

Als Punja in ihre Wohnung zurück kam, war der Frühstückstisch bereits gedeckt. Fenno und Tashi hatten frische Semmeln, Laugenbrezen, Butter, Käse und Sahne für den Kaffee schon besorgt.

„Oh, wie der Kaffee duftet! Lecker", freute sich Punja und küsste Fenno auf den Mund, der sie daraufhin fest in seine Arme nahm.

„Das war schön heute Nacht", flüsterte er ihr dabei ins Ohr.

„Hey, das kitzelt", lachte Punja, wegen Fennos Bart.

„Na, ihr Turteltauben! Mich drängt es jetzt auch loszuziehen, daher schlage ich nun folgendes vor", fing Tashi an, als sie um den Tisch in seiner Essgruppe saßen. „Wir besuchen als erstes Matthis und Irmi und schauen nach Halvar. Dann machen wir uns auf zum Eremiten. Ja und dann werde ich losziehen. Ich kann es kaum erwarten, sag ich euch."

Das nun verstanden die beiden nur zu gut. Seit Tashi im alten Tibet im Traum dieses reitende Mädchen gesehen hatte, wollte er eigentlich sofort nach ihr suchen. Er musste eine gehörige Portion Geduld aufbringen, aber jetzt juckte es ihn natürlich, sobald wie möglich loszuziehen.

Und so machten sich die drei auf, um zu Fuß in die Bergregion zu gelangen, die sich etwa gute vier Stunden Fußweg hoch über der Stadt Laxna befand. Das war vielleicht ein Willkommen, als sie im Haus von Matthis und Lena eintrafen. Die wollten natürlich gleich wissen, was sich auf ihrer Reise getan hatte.

Nachdem Fenno mit Tashi auf der Suche nach Punja gewesen war - sie war während der großen Feier ja plötzlich verschwunden - hatte Halvar in der Zwischenzeit die Hausgeister in der Steinach-Villa besucht. Von ihnen hatte er erfahren, dass sein Zwillingsbruder Fenno mit Punja und Tashi via Glücksringe verreist wären. Aber mehr konnten sie nicht in Erfahrung bringen.

„Ich glaub' es nicht. Punja und Tashi – ihr seid echte Menschen! Stark!" Halvar nahm die Geschwister in seine Arme und beglückwünschte sie.

Das war ein Willkommen. Und dass Punja und Fenno als Liebespaar zueinander gefunden hatten, war ja ziemlich schnell ersichtlich. So wurden die beiden nochmals beglückwünscht; auch sie hatten ja eine gehörige Portion Geduld aufbringen müssen.

Tashi, Fenno und Punja hatten nun Reihum-Besuche an diesem Tag zu absolvieren. Mittags waren sie bei Alex und Irmi eingeladen. Abends gab es spontan eine Feier bei Matthis und Lena und auch die Eltern Oberleitner waren mit von der Partie. Als sie hörten, dass die vier, die Geschwister Punja und Tashi sowie die Brüder Fenno und Halvar am nächsten Morgen vorhatten, den Eremiten zu besuchen, gaben sie ihnen Geschenke für ihn mit.

„Ein guter Bergkäs' und eine frische Butter, das wird den schon freuen", hatte die Mutter Oberleitner gemeint.

Besuch beim Eremiten am Gamsstein

Es war das erste Mal, dass sie nicht wie sonst einfach so zur Klause oben am Gamstein fliegen konnten. Nein, die Kraft der Zauberringe war endgültig vorbei. Jetzt mussten sie wie jeder andere Mensch den Zug nehmen oder mit dem Bus fahren oder dann zur Klause zu Fuß hoch kraxeln.

„Ganz schön anstrengend“, dachten Punja und Tashi zwischendrin. Tja, als Geist hatte man eben schon so manche Freiheiten. Tashi hatte sich darüber durchaus seine Gedanken gemacht. Denn nur lustig war so ein Menschenleben eben auch nicht. Aber die Vorteile des endlich wieder „Mensch-seins“ überwogen dann doch letztlich.

Mit dem Wetter hatten sie Glück. Jetzt im Frühling lagen zwar hier oben am Berg zwar noch Schneereste an schattigen Stellen, aber besonders Punja war manchmal regelrecht entzückt, wenn sie etwa das gelb blühende Scharbockskraut entdeckte oder die Gänseblümchen. Sie erzählte Fenno von ihrer Begegnung mit dem Gänseblümchenengel damals in ihrer Zeit allein im Lebkuchenhäuschen.

„Damals“, Punja schmunzelte, denn sooo lang war das ja nun auch noch nicht her. Aber es fühlte sich für sie an, als würde diese Zeit schon eine halbe Ewigkeit zurückliegen. Kein Wunder, hatte sich doch so vieles seit dem in ihrem wie in Tashis Leben geändert.

„Uff, geschafft“, stöhnte von Punja, als sie auf dem schmalen Pfad oben am Gartenrondell der Eremitenklause ankamen. Ihre Beinmuskeln waren an so einen steilen Aufstieg noch nicht gewöhnt.

„Na, du als Alpenbewohnerin wirst doch wohl nicht schon schlapp machen, bei den paar Metern aufwärts“, hatte sie Fenno aufgezogen, den sie daraufhin recht kraftvoll auf seinen Oberarm boxte. So viel Power hatte sie schließlich doch noch.

Tashi wollte gerade an der schmalen Tür anklopfen, da ging sie auch schon auf.

„Willkommen. Was für eine Freude!“, begrüßte sie Bruder Bernhard und umarmte jeden Einzelnen.

„Mensch Meier! Punja und Tashi! Ihr seid waschechte Menschen. Alles dran, alles drin“, lächelte er sie an und fasste sie an den Händen. „Das ist wirklich die schönste Überraschung, die ihr mir machen könnt!“

Der Eremit hatte ganz feuchte Augen. Punja drückte ihn nochmals.

„Ach, Bruder Bernhard, das war jetzt schon eine ziemliche Geschichte bis hierher. Danke. Ohne deine Hilfe hätten wir das nie geschafft.“ Nun hatte auch Punja Tränen in den Augen.

„Kommt erst einmal herein in die gute Stube“, lud der Eremit sie mit einer einladenden Armbewegung ein. „Noch ist es etwas zu frisch, um draußen sitzen zu können.“ Einer nach dem anderen ging dem Eremiten hinterher. Die Nordlichter sich dabei duckend, damit sie durch die niedrige Tür passten.

Bruder Bernhard brühte einen selbst gesammelten Kräutertee auf und schenkte allen ein, während seine vier Gäste Geschenke, auch Spezialitäten aus Frankreich und die Mitbringsel der Eltern Oberleitner auf dem Tisch ausbreiteten.

„Oh, so Leckeres. Das ist ja lieb von euch. Solche Köstlichkeiten habe ich ja schon Jahrhunderte nicht mehr gespeist.“ Der Eremit besah sich die Gläser mit Aprikosenmarmelade, braune köstliche Olivenpaste und eingelegte grüne und schwarze Oliven. Dann roch er am guten Alpkäse und der Butter der Oberleitners.

„Sagt bitte den guten Leuten meinen Dank für all die feinen Sachen“, freute sich der Eremit.

Dann hatten Punja und Tashi angefangen mit ihren Erzählungen. Mittag war es bereits darüber geworden und Bruder Bernhard setzte ihnen einen Gemüse-Eintopf vor. Bevor sie anfingen zu essen, sprach er das Dankgebet, dass die Geschwister seit ihrem ersten Besuch bei ihm kannten und selbst übernommen hatten. Das Gebet endete mit einem kraftvollen „Einer für alle und alle für einen".

„Erinnert ihr euch noch, von wem ich diesen Spruch ‚einer für alle und alle für einen' übernommen hatte?", fragte der Eremit.

„Äh… war das nicht dieser Franzose, der dich mal hier oben besucht hat? Einer aus der Vergangenheit?", kratzte sich Tashi nachdenklich am Kopf.

„Stimmt, Tashi. Das war der gute d'Artagnan, einer der Musketiere aus der Gascogne. Das muss eine wirklich herrliche Gegend im Südwesten von Frankreich sein", kam es vom Eremiten nachdenklich.

„Witzig", war nur der Kommentar von Tashi, der das mit Stirnrunzeln angehört hatte.

„Witzig ist vielleicht auch, da werdet ihr staunen, wer dieser ehemalige Soldat, den ihr in den Höhlen im Königreich Bergau getroffen habt, eigentlich war… Tja, dreimal dürft ihr raten!

Stille.

Der Eremit weiter: „Das war nämlich dieser d'Artagnan."

„Was?", war das einzige was Punja vor Staunen herausbrachte, „dieser d'Artagnan war unser Soldat?"

„Ja, Punja. Ganz genau. D'Artagnan hatte mich damals bei seinem Besuch gefragt, ob er etwas für mich tun könne… und da habe ich ihm von diesem verzauberten Prinzen erzählt. Dass dieses Königreich Bergau von denen erlöst werden müsste und ich fragte ihn, ob er sich eine solche Aufgabe zutrauen würde? Ob das was für ihn wäre. Und wie froh war ich, dass er mir wirklich zusagte."

Nun schmunzelte der Eremit, weil er an diesen feinen Menschen dachte und wie gut sich seine Schicksalsfäden so mit denen der Geschwister hatte verbinden lassen.

„Jetzt bin ich aber wirklich von den Socken", rief Tashi überrascht, den „Socken-Spruch" von Urs verwendend, aus. „Dieser Soldat, diese Geschichte hast du eingefädelt? Das ist ja ein Ding!"

Die vier kamen aus dem Staunen nicht mehr heraus, denn auch Fenno und Halvar hatten ja längst von all den Abenteuern gehört, die Punja und Tashi vor Norskot erlebt hatten.

„Stimmt, das ist schon erstaunlich, wenn man das so hört. Aber beginnen wir dieser ganzen Geschichte doch zur Abwechslung einmal von hinten", startete der Eremit mit seinen Ausführungen.

„Ihr habt zusammen mit der Professorin und ihrem Enkel Max, Irmi, Micha und dem Feuergeist Fu diese ORBs-Systeme zum Einsturz bringen können. Eine großartige Leistung war das, wirklich! Ihr könnt euch gar nicht vorstellen, was das wirklich bedeutet!"

Der Eremit trank genüsslich einen Schluck Tee und sprach weiter: „Ich will euch vieren daher etwas deutlicher die Tragweite eurer Hilfe aufzeigen. *Fu hat euch doch erzählt, dass sie als Salamander – also Wesen des Feuers – nun so etwas wie eine „kleine Freiheit" erhalten haben. Was aber heißt das? Das ist letztlich wirklich etwas Gewaltiges. Es heißt nichts anderes, als dass das gesamte Element des Feuers nicht mehr alles mitmachen muss, was die Menschen ihnen vorgeben.*

Und das hat vor allem Auswirkungen auf den Strom.

Wenn der nun vermehrt über grüne Technik gewonnen wird und wenn damit auch Sinnvolles geschieht, dann machen die Feuergeister da freiwillig mit. Aber sie können nun auch streiken. Denn was man ihnen da unter dieser ORBs Diktatur zugemutet hat, das ging ihnen ziemlich ‚gegen die Hutschnur', um es mal salopp zu formulieren.

Der Eremit stellte eine Schale mit seinen Gewürzkeksen auf den Tisch, zu denen alle vor Spannung gleich griffen. Bruder Bernhard erläuterte weiter: „Ich will nun doch an den Anfang zurück. Das wird euch das Gesamtbild besser verständlich machen können.

Also du, Tashi, warst zusammen mit Urs in dem Königreich von König Eduard II. Tashi, du hast dort durch das Lösen der drei Aufgaben die Bedingungen geschaffen, dass du letztlich dieses außergewöhnliche Elben-Schwert Exabator erhalten konntest. *Und deine Siege in Norskot, die ja große Auswirkungen hatten, wären so nicht erfolgt, wenn du dieses Schwert nicht gehabt hättest. Das war also grundlegend wichtig!*

Du konntest in der Schatzkammer König Edwards als Belohnung mitnehmen, was du wolltest. Der ganze Prunk und die kostbaren Roben haben dich nicht interessiert. Auch da hast du dich klug für diesen äußerlich unscheinbaren Regenmantel entschieden. Dass der mal so nützlich werden sollte, als Unsichtbarmantel, konntest du ja nicht wissen. Als weiteres hattest du dann dieses Parfum mit dem Wappen des goldenen Sterns im roten Hintergrund ausgesucht."

„Ja, irgendwie war da so eine Ahnung in mir, dass dieses Wappen etwas mit einem Rittertum zu tun haben könnte.

Daher habe ich das überhaupt ausgewählt“, erklärte Tashi.

Damit schaute der Eremit Punja und Tashi nacheinander lächelnd an. „Na, dessen Geheimnis habt ihr zum Glück ja vor kurzem entdeckt.“

Fenno drückte dabei Punjas Hand, die sie froh miteinander eine Weile hielten.

Nachdem Bruder Bernhard wieder Tee nachgeschenkt hatte, fuhr er fort: „Dank dieser besonderen Pflanzenessenzen, die in dem Parfum mit dem goldenen Stern enthalten sind, habt ihr einen direkten Kontakt zu dieser „weißen Frau im goldenen Schein“ über eure Träume ja erfahren. Die reinen Pflanzen und hier ganz besonders die ‚Rose Elisabeth‘ waren wie eine Botschaft, eine direkte Verbindung zu dieser Weißen Dame. Und du Punja“, der Eremit sah sie direkt an, „weißt ja inzwischen, welch hohe Wesen hinter diesen Pflanzen stehen. Nicht ohne Grund mischte da auch unsere Ciliena, die Geistin der Myrrhe, vor vielen Jahrhunderten schon kräftig mit.“

„Stimmt“, kam es Punja in den Sinn. „Bei der Inhaltsangabe des Parfums hatte ich die Aufzeichnungen von Jean gelesen, und war doch recht erstaunt, dass er den Anteil der Myrrhe gegen Ende seiner Notizen beachtlich erweiterte.“

„Daran siehst du, wie sich Jean intuitiv der Original-Rezeptur annäherte, die sich bei ihm durch die Beschäftigung mit dem Rosenwunder auf der Wartburg ergeben hat. Jean war hier recht spürig, würde man diese Fähigkeit heute ausdrücken und ließ sich letztlich von Ciliena in der Niederschrift der Parfumformulierung durchaus etwas führen. Er konnte Ciliena dabei nicht so sehen, wie ihr es Punja und Tashi damals in der Steinach-Villa vermocht habt, aber dennoch... sehr beachtlich diese Fähigkeit des Jean

Bousse“, erläuterte der Eremit.

„Bei dem Alabastersteinflakon, den du, Tashi, aus der Schatzkammer des Königs Edwards II. mitgenommen hast, handelt es sich um das allerletzte Original, das noch aus der Zeit um Anfang 1200 stammt. Nur hierüber habt ihr eine derart direkte Verbindung zu ihr aufnehmen können. Ihre Botschaften, die ihr in einem Klartraum empfangen habt, waren wesentlich für den allerletzten Schritt in eurer Menschwerdung. Ich bin einfach nur glücklich, dass das alles so wurde, wie ich es mir in den stillen Stunden für euch gewünscht habe.“

Wieder hatte der Eremit Tränen in den Augen, das alles ging ihm doch sehr nah.

„Ihr wusstet ja , dass ihr nicht – wie in einem Märchen – auf einmal mit einem ‚Wusch‘ als Menschen dastehen würdet, sondern dass das ein langsamer Prozess wäre.

LETZTLICH KONNTE DIESE ENTZAUBERUNG NUR PARALLEL MIT DER SCHWÄCHUNG DES DUNKLEN EINFLUSSES AUF DIE ZWÖLF MENSCHEN GESCHEHEN.

Auf diese Lösung kam ich jedoch erst in Gänze, als du, Punja, mir deine Eindrücke, diese Bilder aus Norskot erzählt hast. Das geschah bei eurem letzten Besuch hier bei mir.

Diese zwölf Menschen hatten sich in einem weit zurück liegenden früheren Leben mit zwei dunklen Mächten eingelassen. Der eine tendiert mehr in alles Materielle, in das Gleichmachende, Maschinelle, der andere geht in eine Erhöhung, Hybris sagt man auch dazu. Von denen habe ich euch das letzte Mal erzählt.“

Die vier erinnerten sich und Tashi nickte bejahend.

„JE WENIGER EINFLUSS DIESE BEIDEN DUNKLEN KRÄFTE AUF DIESE ZWÖLF MENSCHEN NEHMEN KONNTEN, DESTO MEHR WURDE ES FÜR EUCH MÖGLICH, AUS DIESER VERZAUBERUNG HERAUS ZU FINDEN. DAS IST LETZTLICH DER SCHLÜSSEL, DER ALLEM ZUGRUNDE LIEGT."

Nach einem Moment des Nachdenkens fuhr Bruder Bernhard fort: „Ich sehe euren Gesichtern an, dass ihr diese Zusammenhänge noch nicht so ganz durchschaut. So gehen wir nun Schritt für Schritt die einzelnen Etappen durch.

Als ihr im Königreich Bergau auf den Soldaten, also unseren guten d'Artagnan, getroffen seid, da habt auch ihr mitgeholfen, dass diese Machenschaften der zwölf unguten Geister, diese verwunschenen Prinzen, aufgedeckt wurden. Ihr wart damals noch sehr jung, das heißt, dass hier die Hauptverantwortung bei dem Soldaten lag.

Du, Punja, hast mir erzählt, dass du diesem ältesten der Prinzen nur ein einziges Mal in die Augen gesehen hast. Und zwar als du mit Tashi unsichtbar unter dem Regenmantel am Rande der Tanzfläche gestanden hättest. Diese furchtbaren Augen, hattest du gesagt, dieser Blick, sei dir durch Mark und Bein gegangen."

Punja nickte zustimmend: „Ja, Bruder Bernhard, mir wurde ganz schlecht dabei."

Selbst jetzt schüttelte es Punja bei dieser Erinnerung. Fenno legte seinen Arm um Punjas Schulter. Das tat ihr gut, sie lächelte Fenno dankbar an.

„Nun", fuhr der Eremit fort, „dann wart ihr im historischen Norskot und habt dort zum Glück", damit sah er die Zwillinge an, „Fenno und Halvar getroffen. Wiederum warst du es,

Punja, die uns erzählte, wie du dieser bösen Zauberin Zara kurz in die Augen gesehen hattest. Das sei gewesen, als hätte sie Pfeile in deine Augen geschossen.

Zum Glück hast du dich, geistesgewärtig – dank deiner Meditation und Gebete im wahrsten Sinne ‚augenblicklich' mit einem Schutzschild umgeben können. Das heißt, du warst innerlich zentriert. So konnte Zara dir nicht schaden. Es ist genau das, was ihr, Tashi, Fenno und Halvar, als ‚Rundum-Gewahrsein' in der Ausbildung bei Sir Olsen trainiert habt. Das war von dir, Punja, um es mal deutlich zu sagen, eine ziemlich große Leistung."

„Wow, Schwesterherz. Das haben wir gar nicht gewusst. Darauf trinken wir, Prost Punja!", stieß Tashi als erster sein Becher mit Punja an und alle anderen taten es ihm gleich.

„Ihr habt gemeinsam, das habe ich bei eurem letzten Besuch ausführlich erklärt, diese Zara und ihre elf Brüder richtiggehend schwächen können. In dem Gefüge jeder einzelnen Aktion, ob es die Hilfe des kleinen Bären Trolli war, die Vermittlung von Edi und die Norskoter Gebirgskatzen oder der Sieg von dir, Tashi, im Zweikampf mit diesem wahrhaft hünenhaften Gegner. Eure Hilfe für Mark... das alles, jeder einzelne Schritt hat diese Zauberin Zara letztlich mehr und mehr entmachtet."

Alle vier hatten wieder diese Erlebnisse im historischen Norskot vor Augen.

„Und dann seid ihr ins moderne Norskot gelangt", sprach der Eremit weiter. „Letztlich waren es die gleichen unguten zwölf Menschen, die sich mit den üblen zwei dunklen Kräften eingelassen hatten, denen ihr dort begegnet seid. Dieses Mal nicht direkt, aber doch spürbar in den Auswirkungen. Denn dieser E.P. Kjal, als der Oberste der zwölf, war in seiner früheren Inkarnation genau diese böse Zauberin Zara."

Nun guckten die vier verdutzt.

„Kjal war Zara? Ein Mann war früher eine Frau? Äh, wie geht das denn?“, fragte Tashi ungläubig nach.

„Doch, das ist durchaus möglich. Meist folgen wir wohl der Gewohnheit und werden öfter hinter einander ein Mann oder eine Frau, aber das kann auch wechseln. Das sind karmische Bedingungen, die sich nicht leicht erklären lassen“, antwortete der Eremit.

Alle dachten über diese Worte nach.

In die Stille hinein fragte Punja: „Bruder Bernhard, was nun hat das alles mit Tashi und mir zu tun? Das sehe ich noch immer nicht so ganz…“

Bruder Bernhard erklärte weiter: „Punja, du erinnerst dich, was du uns hier erzählt hast? Dass du das merkwürdige Gefühl gehabt hattest, dass diese Familiengeschichte der Zara irgendwie auch dich und Tashi betreffen würde.“

Punja nickte bejahend. Daran erinnerte sie sich noch sehr gut. Ihre Freundin Prinzessin Lumikki hatte ihr von Zara und ihrer Familie erzählt, aber eigentlich hatte das ja nichts mit ihr zu tun. Da war jedoch so ein seltsames Gefühl in ihr, dass das doch auch sie und Tashi irgendwie betreffen würde.

Der Eremit: „Was für mich wichtig war, das war deine Erzählung von deinem Erlebnis in dem Brunnen, in deinem Traum im Steinkreis. Für mich wurde das zu einem Schlüssel. Du hast mir damit sehr geholfen, Punja.

Denn dort unter der Weltenesche liefen die Bilder deines Lebens rückwärts… bis zu dem Moment, wo du deine Mutter gesehen hast und dann in diese furchtbaren Augen schautest.“

Punja nickte. „Uff“.

Es war noch immer heftig sich daran zu erinnern. Fenno hielt sie seinen Arm stützend um ihre Schultern.

Der Eremit sprach jetzt ganz leise: „Punja, du schautest in die Augen deiner Großtante und zwar genau in dem Moment, in dem sie den Fluch über euch ausgesprochen hat!“

Alle vier machten große Augen.

DAS ALSO WAR DER ANFANG DES GANZEN, leuchtete ihnen ein.

„Das hast du gut gemacht, Punja! Wirklich“, Bruder Bernhard sah Punja aufmunternd an und fuhr fort: „Ihr beiden, Punja und Tashi, seid schon seit vielen Inkarnationen mit starken lichten Kräften verbunden. Inzwischen wisst ihr, dass ich hierbei Jesus und auch Buddha meine, je nachdem, welche Bezüge man hat, je nachdem wie man aufgewachsen ist.

Ihr beiden seid in die Familie des tibetischen Königs Ling Garwa geboren worden. Der Fluch der bösen Großtante hat euch letztlich nicht voll treffen können, weil ihr durch die Liebe eurer Eltern beschützt wart. Durch diese Liebe wurde euer Totemtier, der Schneeleopard Baktor, augenblicklich in der Not herbeigerufen. Er hat sich zwischen euch und diesen Fluch gestellt. So vermochte er euren von der Großtante gewünschten Tod in eine zeitweise Verzauberung umzuwandeln. Und diese Großtante und euer Großonkel und die zehn Brüder - ihr ahnt schon, was ich sagen will…“

„Auch das waren die gleichen unguten Zwölf, denen wir immer wieder begegnet sind“, fiel der Groschen bei Tashi.

„Stimmt, genauso ist es. Diese zwölf Menschen, bei denen immer wieder diese Großtante als Frau oder als Mann als Anführer fungierte, diese zwölf hatten sich aus Habgier und aus Neid mit den bösen Kräften eingelassen.

Die dunklen Mächte konnten jedoch Stück für Stück immer weniger Einfluss auf diese Zwölf ausüben! Ihr habt denen sozusagen einen Strich durch die Rechnung gemacht. Ist das nicht fantastisch?“

Das war ja nun eine Wendung, die die vier garantiert nicht erwartet hatten. Punja und Tashi sahen sich gegenseitig etwas ungläubig an.

Der Eremit: „Was ich euch jetzt sage, ist wirklich ungewöhnlich. Ihr werdet das noch nicht erfahren haben, weil selbst Matthis als der Leiter des Widerstands noch nichts davon weiß.

Es gab in den Verhören mit diesem E.P. Kjal in Norskot und seinen elf ORBs-Obersten in Laxna einen Moment, den die Polizisten, die die Verhöre leiteten, so noch nie erlebt haben. Später haben sie herausgefunden, dass das im selben Moment in Norskot wie in Laxna passierte… nämlich, dass dieser Kjal und seine obersten Leute zeitgleich regelrecht in sich zusammengefallen seien. Die wurden ‚ganz klein mit Hut‘ wie man so schön sagt. Es kam den Menschen, die die Verhöre führten, vor, als sei da etwas Dunkles, das diese Menschen immer umgeben hatte, als hätte sich da etwas Dunkles in Luft aufgelöst‘, so hatte es einer der Polizisten geschrieben. Die Personen, die sie jetzt da vor sich sitzen hatten, seien nicht mehr die gleichen Menschen gewesen wie zuvor. Dass zu erleben, sei unglaublich gewesen, stand im Protokoll.

Und was ist damit gemeint?“ Der Eremit schaute ruhig sich seine jungen Gäste einer nach dem anderen an und fuhr fort: „Punja und Tashi… *dieses Auflösen der dunklen Kräfte geschah genau in der Zeit, als ihr beiden zusammen mit Sönam diese Chenresig-Puja am Stupa durchgeführt habt*, mit Blick auf die Reste der Festung Tigerhill, dem Stammsitz eurer Familie.

Dazu kommt, dass die ehrwürdige Nonne Tsering zeitgleich mit euch meditiert hat. Und die ist wirklich gut darin, kann ich euch sagen“, lächelte der Eremit die vier jungen Menschen vor sich an. „Ja, und ich hab‘ mich auch zur gleichen Zeit an Christus gewandt und mitgebetet.“ Jetzt grinste er regelrecht verschmitzt.

„Was der alles auf dem Kasten hat“, dachten Punja und Tashi gleichzeitig.

„Mit eurer ehrwürdigen Nonne Tsering habe ich mich immer wieder bestens ausgetauscht. Wir haben euch beide, Punja und Tashi, all die Jahre begleitet. Es war unser beider Wunsch, dass ihr diese Verzauberung einmal endgültig loswerden könnt.“

Der Eremit lächelte jetzt richtig zufrieden. Er stand auf und holte eine Flasche Moselwein: „Zur Feier des Tages stoßen wir mal nicht mit Tee oder Saft an, sondern mit diesem guten Tropfen.“

Die Gläser erklangen so schön beim Anstoßen. Und so gut fühlten sie sich in ihrer neuen Haut, dachten Punja und Tashi.Es war schon später Nachmittag geworden und damit Zeit, dass sie wieder den Berg herunter gehen wollten.

Der Eremit nahm alle vier zum Abschied in seine Arme und überreichte Tashi und Punja jeweils zwei Hefte: „Nehmt diese Notizen zu euch. Ab und zu, wenn mir eine Idee kam, habe ich sie reingeschrieben.“

„Wie können wir nur für all deine Hilfe danken?“, fragte Punja.

„Ihr müsst mir nicht groß danken. Wenn ihr euer Leben gut lebt, dann freuen sich alle, die mit euch sind… und auch ich“, lächelte der Eremit.

So lange die vier Freunde ihn noch vor seiner Klause stehen sahen, winkten sie ihm zum Abschied.

Das Fest der sieben Freunde

Zurück vom Eremiten telefonierten Punja und Tashi am nächsten Tag über ihr neues We-Book mit den drei Liechtensteiner Freunden: „Hey ihr drei. Wie geht es euch?“, wollten die Geschwister von ihnen wissen und schauten gemeinsam in den Bildschirm.

„Mensch, Punja und Tashi!“, riefen die Liechtensteiner einer nach dem anderen in ihr We-Book und Ösel übernahm das Wort - das Wort ‚Mensch‘ im wahrsten Sinne des Wortes. Das war vielleicht ein Ding. Wir sind morgens am 18. März aufgewacht und waren plötzlich echte Menschen!“

Peldon und Sherab nickten bejahend.

Peldon schubste Ösel leicht weg und sprach dann in den Bildschirm: „Wir konnten es nicht fassen und sind so laut oben in unserer Dachwohnung herum gesprungen, dass die Professorin unter uns das hörte. Die klopfte dann verärgert an unsere Tür, was das für ein Lärm sei so früh am Morgen. Und dann… es brauchte ein paar Sekunden, bis sie es schnallte, dass da etwas anders war als sonst. Denn als Hausgeister konnten wir ja gar nicht so mit den Füßen aufstampfen. Die Professorin hat dann, trotz ihres hohen Alters, mit uns in der Wohnung ebenfalls solche Luftsprünge vollführt. Sagenhaft, sag ich euch.“

„Wie habt ihr das denn nur gemacht, dass wir auf einmal wieder reale Menschen sind?“, wollte Sherab wissen. Und so erzählten Punja und Tashi abwechselnd was, da in Thüringen geschehen war.

Punja meinte dann: „Hey, ihr drei. Tashi und ich haben da so eine Idee. Wir wollen unsere ‚Menschwerdung‘ kräftig miteinander feiern“, meinte Punja in die Gesichter am Schirm blickend.

Tashi weiter: „Wir laden euch dazu ein, zu uns nach Eisenach zu kommen in unser neues Domizil. Und natürlich müssen unsere beiden tibetischen Freundinnen Dekyi und Nima auch mit dabei sein. Wir haben schon einen Brief ans Kloster nach Tibet geschrieben. We-Mail oder so was haben die wohl nicht, oder?“

„Wär‘ uns neu. Der Brief sollte doch ankommen, ‚good old snail mail’…”, lachten alle drei ins We-Book hinein.

Dekyi und Nima hatten wirklich recht bald, nachdem sie der Brief in Tibet erreichte, Punja und Tashi über eine We-Mail geantwortet. Denn selbstverständlich hatten die auch ein We-Book.

Liebe Punja und Tashi,

danke für euren Brief, auf den wir nun – mit We-Mail – postwendend antworten.

Wir sind am 18. März morgens aufgewacht und fühlten auf einmal so einen physischen Körper. Das war vielleicht witzig. Dann, als sie morgens wie immer zum Frühstück in den Speisesaal gegangen wären, hätten die anderen vielleicht geguckt! Die meisten hatten nur immer die Nonne Tsering gesehen. Sie als Hauselfen waren ja noch nicht für alle erkennbar. Aber dann hätten sie ganz selbstverständlich wie immer neben der Nonne Platz genommen. Das gab vielleicht ein Getuschel! Das hat dann die Nonne Tsering mit ein paar Worten gleich mal klar gestellt.

Noch am gleichen Abend hat Nonne Tsering eine große Klosterversammlung einberufen und uns beide offiziell als ihre Nachfolgerinnen bestimmt. Das war vielleicht ein Ding.

Wir können doch auch miteinander telefonieren. Wann habt ihr denn Zeit?

Und DANKE für alle Hilfe. Wir würden natürlich gerne wissen, was da passiert ist. Und betrifft das auch die Liechtensteiner?

Liebe Grüße und hoffentlich bis bald...
Dekyi und Nima

P.S. Hier unsere direkte Tel.: 00896 891 7678108
Am besten ab 21 Uhr, wenn wir mit der Puja fertig sind.

Gleich am Abend tippte Punja die Telefonnummer in ihr Green-Book.

Es klingelte seltsam… und dann hörten Punja und Tashi kurz: „Nima!"

„Hey, Nima! Wir sind es, Punja und Tashi", riefen die beiden gleichzeitig laut in das Gerät.

„Ist Dekyi auch da?"

„Ja, wartet einen Augenblick. Die ist, glaube ich, gerade fertig mit ihrer Meditation…"

Punja und Tashi hörten, wie Nima Dekyi rief, doch zu ihr zu kommen, Punja und Tashi seien am We-Book. Währenddessen sahen die Geschwister die ihnen bekannte

Klosterzelle, als sie zuletzt bei Nonne Tsering gewesen waren.

Nun erschienen beide, Nima und Dekyi, auf dem Bildschirm.

„Hey, ihr zwei. Schön, dass ihr euch meldet. Das ist ja jetzt alles viel leichter mit den neuen We-Books. Die haben wir erst vor kurzem angeschafft.

Sitzt ihr gerade? Denn wir haben eine Nachricht, die euch nicht gefallen wird."

„Was meint ihr denn", fragte Punja besorgt nach.

Dekyi antwortete: „Die Nonne Tsering ist nur wenige Tage nach der Vollversammlung gestorben. Allerdings müssen wir nicht zu traurig sein, denn es sind wirklich Wunder geschehen."

Nima begann zu reden: „Ihr müsst wissen, Nonne Tsering hat den Regenbogen-Körper verwirklicht! Wir nahmen ja schon an, dass sie eine ausgezeichnete Praktizierende sei, aber dass sie so talentiert war. Darüber waren wir alle im Kloster dann doch verblüfft. Das zeigte sich erst im Sterben."

Punja und Tashi wussten, was das bedeutet, einen Regenbogen-Körper zu verwirklichen. Nur ganz wenige Yoginis und Yogis, die die buddhistischen Meditationsübungen vollführten, waren dazu fähig. Es hieß, dass diese Menschen alles Materielle, alles Physische ihres Körpers, in vollkommenes Regenbogenlicht umgewandelt hätten. Wenn ein Mensch diese Verwirklichung hatte, blieb nur noch alles Verhornte des Körpers übrig wie Haare und die Finger- und Fußnägel.

„Ein dicker Segen war deutlich spürbar", erzählte Nima, und die Geschwister am Bildschirm spürten, wie sehr die beiden noch immer davon berührt waren.

„Könnt ihr denn jetzt das Kloster für ein paar Wochen verlassen?“, fragte Punja.

„Warum verlassen?“, wollte Dekyi wissen.

„Na, wir wollen ein Sieben-Freunde-Treffen veranstalten und da müsst ihr doch dabei sein“, lächelte Punja die beiden Freundinnen aufmunternd an.

„Ja, doch. Das geht schon. Wir übergeben für diese Zeit die Verantwortung für das Kloster an unsere beiden Stellvertreter,“ kam es von Nima.

„Super, wir freuen uns sehr, wenn ihr kommt. Und dann erzählt ihr uns von der Nonne alles ganz ausführlich. Versprochen!“, meldete sich jetzt Tashi zu Wort. „Und Geld für die Reise überweisen wir euch; wir haben hier ein gutes Erbe erhalten, da ist das schon drin.“

„Oh, dass ist großartig. Vielen Dank Punja und Tashi. Bis bald. Wir freuen uns!“, riefen Dekyi und Nima gleichzeitig in den Schirm und winkten den beiden zum Abschied zu.

Und so machten es Dekyi und Nima. Sie übergaben ihre Aufgaben für vier Wochen ab und schnell waren die wenigen Sachen gepackt, über die sie persönlich verfügten. Und los ging es.

Das war ein großes Hallo, als sie nacheinander am Landsitz in Thüringen eintrafen. Den Namen „Liberté“, also „Freiheit“, hatten Tashi, Punja und Fenno für das neue Anwesen übernommen. Das passte doch ganz gut, fanden sie. Und die fünf Freunde, die sich zuerst in Liechtenstein getroffen hatten, um dann gemeinsam weiter nach Thüringen zu reisen, staunten bei ihrer Ankunft nicht schlecht.

„Mensch, das ist ja herrlich hier. Mit diesem Jean Bousse habt ihr ja echt ‚Schwein‘ gehabt. Das muss ein feiner Mensch gewesen sein“, staunte Peldon.

Die drei Liechtensteiner erzählten, dass sie nach ihrer „Menschwerdung“ recht bald ein gutes Gespräch mit der Professorin und ihrem Enkel Max gehabt hätten. Es sei doch klar, hatten diese gemeint, dass sie weiter unter dem Dach wohnen könnten. Und dann hatte Max ihnen sogar geholfen, eine Arbeit zu finden. Sie seien doch alle drei inzwischen top ausgebildete Programmierer. Solche „Cracks“, hatte er gewitzelt, und das wäre doch ein Kinderspiel, sie in einer Top-Firma unterzubringen.

„Stellt euch vor, wir haben jetzt richtige spannende Jobs“, strahlte Peldon.

„Ich sag euch, dass ist vielleicht cool, das erste eigene Geld zu haben“, kam es von Ösel.

„Äh und es auszugeben!“, witzelte Sherab.

Punja dachte, erstaunlich wie sie doch alle sieben so leicht in das Leben als Menschen hinein gefunden hatten. Sogar, was das Arbeiten und auch die weiteren Lebensumstände wie etwa das Wohnen betraf. Dass die beiden in Tibet gebliebenen Freundinnen Dekyi und Nima nun so eine angesehene Position wie die eines Khenpos im Kloster inne hatten, war alles andere als selbstverständlich. Denn noch immer hatten in diesen alten Strukturen Frauen nicht die gleichen Möglichkeiten wie Männer. „Nicht viel anders als etwa in der katholischen Kirche“, dachte Punja.

Nach dem genüsslichen Abendessen meinten die beiden tibetischen Freundinnen, sie hätte da noch eine Überraschung. Und so zog Dekyi ein Kuvert aus ihrer Tasche, dass ihnen Nonne Tsering kurz vor ihrem Tod überreicht hatte.

„Und wir sollten dieses Kuvert erst öffnen, hatte die Nonne gesagt, wenn alle sieben Freunde zusammen wären. Und jetzt ist doch der perfekte Zeitpunkt“, lächelten Nima und Dekyi in die Runde.

Dekyi begann, den Brief vorzulesen:

Meine lieben sieben jungen Freunde.
Wenn ihr diese Zeilen lest, so werde ich nicht mehr unter den Lebenden weilen.

Mein Hinscheiden aus diesem Leben bedeutet jedoch nicht, dass ich fort bin. Nur aufgrund unseres menschlichen Missverständnisses glauben wir, dass die Person, die wir lieben, nicht mehr existiert, nachdem sie ‚verstorben' ist. Das liegt daran, dass wir an einer der Formen hängen, einer der vielen Manifestationen dieser Person...

ERSTENS

Das mit dem Inkarnieren könnt ihr an einem Beispiel besser verstehen. Vielleicht steht gerade eine Tasse Tee vor euch, ja vielleicht sogar eine Schale mit Buttertee. Wenn nun eine dieser Teetassen herunterfällt, dann ist da doch noch immer Tee... jetzt jedoch verteilt er sich auf dem Tisch und er läuft vielleicht hinunter auf den Fußboden. Aber es ist noch immer Tee. Die Schale ist weg, der Tee ist noch da... Die Schale ist euer Körper, den wechselt ihr von Leben zu Leben, aber der Tee – also ihr, manche sprechen auch von einem ‚Selbst' – das bleibt.

Und das mit dem Gesetz von Ursache und Wirkung, also dem Karma, hierbei bitte ich, euch stets vorsichtig mit Erklärungen zu sein. Wie oft habe ich Unrichtiges dazu hören müssen wie: ‚Dass xy nur diese Krankheit hätte oder den Unfall, weil xy schlechtes Karma angehäuft hätte.' Das ist sehr leichtfertig. Ihr könnt nie sicher sein, was hinter bestimmten Ereignissen wirklich steckt. So gibt es große Bodhisattvas - also Menschen, die bewusst zum Helfen auf die Erde kommen -, die sich ganz bewusst in schwierige Familien oder Umstände wiedergebären lassen, einzig und allein, um so besser helfen zu können.

Seid überhaupt vorsichtig mit einem vorschnellen Urteilen. Tashi, das waren doch wichtige Lektionen, die du so auch von Sir Olsen gehört hast, stimmt`s?"

Dekyi stoppte das Vorlesen. Alle sahen Tashi neugierig an. „Wow, woher weiß die Nonne das denn? Das stimmt, gell Fenno und Halvar?", blickte Tashi die Norskoter Zwillingen an.

„Ja", bestätigte Halvar. „Sir Olsen hat uns in seinen abendlichen Lehrzyklen so etwas ähnliches vermittelt. Das ist wirklich der Hammer, dass die Nonne davon wusste. Schreibt sie noch was dazu?"

ZWEITENS

Dekyi fuhr mit dem Vorlesen des Briefes fort:

„Ich sehe euch sieben in einem ‚inneren Bild' gerade zusammensitzen. Jetzt allerdings nicht mehr als Hausgeister, sondern in eurer inkarnierten Form, also als Menschen mit einem materiellen, physischen Körper. Wir im Buddhismus sagen dazu, dass ihr nun einen ‚kostbaren Menschenkörper' besitzt. Warum sagen wir das? Ganz einfach, ihr habt als Menschen die besten Bedingungen, um euer Leben sinnvoll zu gestalten.

Lernt für euer tägliches Leben – hiermit meine ich etwa Berufliches, damit ihr euch und euren Familien ein Auskommen bieten könnt. Das macht ihr, da bin ich ganz sicher. Aber interessiert euch auch für einen spirituellen Weg. Schaut über den Tellerrand eures menschlichen Daseins hinaus. Ob ihr einen der buddhistischen Wege wählt oder einen christlichen oder einem anderen guten Pfad folgt, das ist eure freie Entscheidung.

DRITTENS

Letztlich sind alle Menschen, Tiere, Pflanzen und auch die Erde, alles Materielle, aus reinstem Urlicht - aus Urliebe - gemacht. Selbst die moderne Physik zeigt hierzu inzwischen Ansätze und in einer Meditation vermögen wir dies vielleicht in seltenen Momenten auch einmal erfahren. Dabei sind wir miteinander verbunden in einer Art Interaktion. Alles beeinflusst sich gegenseitig. In Liebe vermögen wir das Materielle mehr und mehr in etwas Lichtes zu verwandeln. Physikalisch ausgedrückt, geht dabei eine niedrigere Schwingung, also das Materielle, in eine höhere Schwingung über. So entsteht das, was Lady Fenja, als das 5. Element bezeichnet hat. Erinnerst du dich, Punja?"

Dekyi hielt im Lesen wieder inne und nun schauten alle Punja an.

Punja staunte: „Das ist wirklich spannend. Ja, Lady Fenja sprach von diesem 5. Element, was sie ‚Plasma' nannte. Ich konnte jedoch nicht wirklich etwas damit anfangen. Aber jetzt verstehe ich eher, was damit gemeint sein könnte. Stark!"

Nima nahm jetzt den Briefbogen zur Hand:

„Nun, meine Lieben, ich glaube fast eure fragenden Blicke sehen zu können: Wie kann ich, Nonne Tsering, denn diese beiden nordischen Lehrer von Punja und Tash kennen, also Sir Olsen und Lady Fenja?

Dazu will ich euch sagen, dass ich mit eurem Mentor, dem Eremiten Bruder Bernhard, schon viele Jahre im besten Austausch war. Er wiederum hat mich auf eure Ausbildung im historischen Norskot aufmerksam gemacht und darüber informiert. Ein feiner Mensch, dieser Bruder Bernhard, kann ich nur sagen. Ich war sehr froh, dass ich Kontakt zu ihm aufnehmen konnte, da er doch so nah in eurem neuen Zuhause im Auland lebt. Wir beide haben letztlich gemeinsam euren Weg besprochen und uns miteinander abgestimmt.

Unser gemeinsamer Wunsch war, euch allen sieben zu helfen, diese Verzauberung aufzulösen und wieder eine menschliche Existenz zu ermöglichen. Das war mein letztes Lebensziel. Das hat mich so lange am Leben gehalten. Und nun ist es geschafft und ich kann, wie ich euch anfangs geschrieben habe, diese Erde gut verlassen.

Wenn ihr Fragen habt zu dem ein oder anderen, dann bin ich sicher, Nima und Dekyi können euch weiterhelfen. Denn diese beiden haben meine volle Übertragung erhalten und sind jetzt anerkannte Professorinnen (Khenpos) der tibetisch-buddhistischen Lehren.

Seid alle sieben von Herzen gesegnet."

OM MANI PADME HUM

Eure Nonne Tsering

Das war ein ja Brief! Die Freunde waren erst einmal ganz still.

Zusammen genossen sie die Zeit, die sie in dem schönen Domizil miteinander hatten. Punja erzählte ihnen von den Notizen, die sie in Jeans Parfumwerkstatt gefunden hatte. Und wie dieses PARFUM GOLDENER STERN letztlich zu ihrer aller Befreiung beigetragen hat. Zusammen sahen sie sich die Stadt Eisenach an mit dem Bachhaus, dem Lutherhaus und reisten auch zum nah gelegene Altensteiner Schlosspark.

Tibeter lieben es zu picknicken. Und so hatten Dekyi und Nima zusammen mit den Freunden die beliebten Sha-Pales für den Besuch im Park gebacken, gefüllte flache Teigtaschen.

Tashi biss in eines hinein und meinte, noch kauend: „Punja, die schmecken doch fast so wie die, die uns damals die Nonne Tsering mitgegeben hat! Für unseren Imbiss mit dem Baktor am Fluss...“

„Ja, stimmt. Nur dass wir hier kein Yakfleisch in der Füllung haben“, stimmt Punja ihm zu.

Schließlich hieß es dann wieder Abschied zu nehmen. Dekyi und Nima reisten mit den Liechtensteinern zuerst zurück nach Vaduz und dann von Zürich aus mit dem Flugzeug in ihre ferne Heimat Tibet. Zuvor hatten sie vereinbart, dass sie so ein Siebener-Treffen immer wieder einmal machen wollten. Das nächste Mal wären die Liechtsteiner Freunde mit der Ausrichtung der Einladung dran und dann kämen sie alle nach Tibet zu ihnen ins Kloster, hatten sie Dekyi und Nima versprochen.

Auf zum goldenen Tempel

Nach dem ausgiebigen Feiern und dem Reisen mit ihren ehemaligen Schalenfreunden kehrte erst einmal Ruhe ein in ihr schönes Domizil.

Gleich am Abend, als Punja und Fenno, Tashi und Halvar – das erste Mal wieder allein waren, fing Tashi an: „Also, ich werde jetzt sofort loslegen mit meiner Suche nach dem Goldenen Tempel. Ich warte jetzt keinen Tag mehr länger!"

Halvar stimmte zu: „Hey, Tashi. Da komm ich doch mit. Das ist doch klar!", bekräftigten die beiden das mit einem „High Five".

Tashi und Halvar hatten längst miteinander ausgemacht, dass sie gemeinsam auf diese Reise gehen wollten.

„Das kann ich gut verstehen, Tashi," lächelte Punja ihren Bruder an, während Fenno seinen Arm um ihre Schultern gelegt hatte.

Und Fenno ergänzte: „Wir wünschen dir ganz viel Glück, dass du dieses Mädchen aus deinem Traum findet wirst."

(Podcast Ende hier Nr. 26)

„Ich bin froh, dass ich noch so ein deutliches Bild von diesem Goldenen Tempel immer habe, zu dem sie ja geritten ist", antwortete Tashi nachdenklich.

„Weißt du denn, in welchem Land du suchen willst?", wollte Fenno wissen.

„Ich hab' schon ganz viel recherchiert. Soviel ich erfahren konnte, liegt der Goldene Tempel in dem nordischen Land Ousla."

Punja und Fenno hatten zuvor mit Tashi darüber gesprochen, dass sie beide hier in diesem Anwesen unterhalb der Wartburg bleiben wollten.

Als alle vier abends bei einem Glas Wein beisammen saßen meinte Fenno: „Halvar und ich haben Gold und kostbaren Schmuck mit in diese neue Welt gebracht, um uns damit eine Existenz aufbauen zu können. Ich überlege schon lange, was meine Aufgabe hier sein könnte..."

Nach einem Moment der Stille fuhr Fenno fort: „Als ich diesen Stall hier auf dem Grundstück gesehen habe, kam mir sofort die Idee, etwas mit Pferden zu machen. In unserer Heimat gab es so etwas wie eine ‚Pferde-Therapie'. Die kam vor allem für kranke Kinder zum Einsatz, für solche, die Schweres erlebt hatten. Ich war recht gut darin und könnte das doch auch hier anbieten. Platz ist ja genug vorhanden. Was meint ihr?"

„Das klingt nach einem guten Plan, Fenno", stimmte Tashi zu. „Zur Therapie mit Pferden könntest du noch Kampfsport anbieten. Das würden sicherlich Kinder und Jugendliche gern lernen. Da haben wir ja alle drei was drauf", grinste er die Zwillinge an.

„Nicht schlecht, Tashi. Diese Kombi... ja, so könnte es gehen."

Punja und Fenno blieben also in Thüringen und so stand nun der Abschied bevor. Punja drückte Halvar und dann ihren Bruder ganz kräftig und wünschte ihnen: „Macht es gut und seid gesegnet auf eurer Reise. Finde dein Mädchen, Tashi. Viel Glück... und ‚mit Christus'!"

Tashi erwiderte: „Ja, und auch euch beiden ganz viel Dusel mit euren neuen Plänen und ‚mit Buddha'!"

Tashi und Halvar reisten nun erst einmal nach Laxna und übernachteten in der Steinach-Villa. In der von Eichenmax am Abend einberufenen Vollversammlung erzählten sie, was sich alles zugetragen hatte und wie Tashi und Punja ihre Verzauberung losgeworden waren. Das wurde dann natürlich auch in diesem Kreis groß gefeiert. Der Eichenmax und die Gertrude hatten dafür gut vorgesorgt.

Im Land Ousla...

„Auf zum Goldenen Tempel", klatschte Tashi mit Halvar einen „High Five" ab, als die beiden dann am nächsten Morgen reisefertig am Bahnhof von Laxna standen. Sie hatten ein Ticket für den Zug in Richtung Osten gelöst. Von dort ging es weiter nach Norden bis sie an der Grenze von Ousla, einem eher kleinen Land, ankamen. Mit dem Regionalexpress, der erstaunlicherweise mit grüner Energie unterwegs war, gelangten die Freunde in die Hauptstadt Oda.

Tashi und Fenno kamen erst spät abends an und übernachteten in einem einfachen Hostel nahe am Bahnhof. Am nächsten Tag erkundigten sie sich bei der Auskunft, wie sie zu diesem Goldenen Tempel kämen. Tashi zeigte der etwas fülligen Dame am Info-Schalter ein Bild des Goldenen Tempels in seinem We-Phone.

„Aha, da wollt ihr also hin," sagte die Dame, „na, da nehmt ihr am besten die Buslinie R2. Die Haltestelle findet ihr direkt vor dem Bahnhofsgebäude." Sie hatte ihnen mitgeteilt, dass der Tempel etwa 80 km entfernt wäre. Sie sollten sich aber noch einen Tag Zeit nehmen, bevor sie in die Provinz reisten, denn die Hauptstadt Oda sei durchaus sehenswert.

„Okay, einen Tag Pause, eine gute Idee“, hatte Halvar gefunden. Und so kauften sie die zwei Bustickets erst für den nächsten Tag und machten sich auf vom etwas abgelegenen Bahnhof in das Stadtzentrum.

„Hey, schau mal, Halvar. Das ist ja stark!“, rief Tashi aus. Direkt auf ihrem Weg kamen sie an einer Siedlung vorbei mit merkwürdig verschachtelten Häusern über etwa 10 Stockwerken, die über und über von grünen Pflanzen bewachsen waren.

„Auf den Balkonen wachsen sogar kleine Obstbäume bis hinauf zum letzten Stockwerk“, staunte Halvar. Sie hatten sich schon gewundert, dass hier, nicht wie sonst, viele Autos fuhren. Wenn, dann sahen sie Radfahrerinnen, wohl mit Elektroantrieb und auch kleinere Busse, eher wie Taxis.

„Komm, lass uns dieses begrünte Gebäude mal näher ansehen. Dahinten sehe ich ein Café, da könnten wir mehr dazu herausfinden“, schlug Halvar vor und zeigte auf Leute, die draußen in der Frühlingssonne saßen.

Bei der Bestellung fragte Tashi den Kellner: „Wir sind recht erstaunt über diese Architektur. Haben Sie dazu vielleicht mehr Informationen?“

Der junge Mann gab ihm daraufhin ein Faltblatt. Sie waren wohl nicht die einzigen, die danach fragten, so schnell hatte er es zur Hand. Halvar und Fenno lasen darin: Oda sei einer der der ersten geplanten Netzstädte, die den Flächenverbrauch je Einwohner enorm verringerten und dennoch hohe Lebensqualität ihren Einwohnern zu bieten hätten. Fassaden werden hier begrünt, einige der Dächer wurden zu Parks – für alle zugänglich. Die Stadt hätte einen Innovationspreis bekommen, weil sie wie ein kompletter

Kreislauf funktioniere. Die Energie und die Rohstoffe, die die Bewohner von Oda brauchen, stellten sie selbst her. Gemüse- und Obstanbau innerhalb der Stadtflächen wird vom Stadtrat gefördert.

„Sie seien dem Ziel einer hohen Selbstversorgung mit Gemüse, Obst, Honig und vielen anderen landwirtschaftlichen Erzeugnissen schon recht nahe gekommen“, hatte der junge Kellner ihnen erklärt, als er sah, wie intensiv Halvar und Tashi das Infoblatt studierten.

„Wie habt ihr das denn alles zustande gebracht?“, fragte Tashi nach.

„Och, wir haben uns stark gemacht für die Partei der ‚PaxAn‘. Deren Programm hätte erst die jüngeren Leute, dann aber auch einige ältere Semester überzeugt“, erzählte er und setzte sich nun einfach zu ihnen an den Tisch. „Das wäre in Laxna auch nicht so einfach möglich für einen Kellner“, dachte Tashi.

„Wir heißen übrigens Halvar“, damit zeigte Tashi auf den Rotschopf, „und ich heiße Tashi.“

„Ich bin Viktus“, antwortete der junge dunkelhaarige Mann.

„Wir wollten nicht mehr so weitermachen wie die Alten vorher. Unser neues Leben hier ist viel entspannter als früher. Langsamer, weniger Verbrauch und dennoch auch gute Technik. Ich studiere an der Uni Energiewirtschaft und verdiene mir hier ein paar Kröten dazu.“ Damit grinste sie Viktus an und stand wieder auf, um zu einem der nächsten Tische zu gehen, die nach ihm gewinkt hatten.

Tashi und Fenno sahen, je näher sie ins Stadtzentrum vordrangen, immer mehr seltsame Projekte und mittendrin jede Menge Grünflächen.

„Mit den Pflanzen haben sie es hier wohl!“, kommentierte Halvar.

Gegen Abend versammelte sich eine größere Gruppe junger Leute am großen Brunnen mit Wasser speienden Undinen mitten am Marktplatz. Ein paar machten Musik und drei Mädchen schnappten sich ungefragt die zuschauenden Tashi und Halvar, so dass sie mit ihnen tanzten.

Tashi schlief kaum in dieser Nacht, immer wieder sah er die Bilder seines Traumes im alten Tibet vor sich…endlich ... irgendwann schlief er doch ein.

Am Morgen war es endlich soweit. Tashi konnte kaum glauben, wie einfach es war. Er und Halvar hatten die Bustickets und damit fuhren sie in eine kleinere Stadt.

„Tassono!“, rief der Busfahrer, „alles aussteigen. Endstation.“

Tashi und Halvar sahen sich um. Es gab hier die typischen nordisch blonden Bewohner, aber auch einige Menschen mit eher mongolischen Gesichtszügen fielen ihnen auf. Tashi fühlte sich diesen Menschen auf Anhieb nah. „Erstaunlich“, dachte er, „wie ähnlich die mir sind.“

Gleich an der Bushaltestelle waren einige Verkaufsstände aufgebaut. Bei einer alten Frau, die getrocknete Früchte und Nüsse verkaufte, erkundigten sie sich nach einem Goldenen Tempel.

„Ah, ihr wollt unseren Tempel besuchen. Ein guter Zeitpunkt, ihr kommt gerade richtig. Denn der Tempel ist nach einigen Monaten endlich fertig gestellt. Morgen gibt es ein großes Fest, da könnt ihr dabei sein“, meinte die Frau mit aufmunterndem Blick. Halvar und Fenno hatten sich je eine Tüte mit getrockneten Aprikosen, Nüssen und gebrannten Mandeln gekauft.

„Mmh, diese Mandeln sind vielleicht gut. Die hab' ich ja schon ewig nicht mehr gegessen", freute sich Tashi kauend. Sie machten sich auf in die Richtung, die die Frau ihnen gezeigt hatte. So kamen sie in eine etwas breitere Hauptstraße, gingen an Geschäften mit Kleidern, Buchläden und vielem anderen eine Weile entlang, dann machte diese Straße einen Bogen nach rechts und beide blieben wie angewurzelt stehen. Vor ihren Augen eröffnete sich ein weitläufiger Park mit, wie es Tashi schien, uralten Bäumen und dahinter blitzte der Goldene Tempel hervor.

Tashi schlug begeistert ein „High Five" mit Halvar ab: „Geschafft. Wir sind wirklich da!"

Er konnte es noch nicht so ganz fassen, dass er diesem – wie es ihm schien – vor langer Zeit Erträumten nun wirklich bald gegenüber stehen würde. Beide verließen die Geschäftsstraße und bogen auf den Weg, der in den Park führte.

„Mensch, diese Bäume. Das da ist ein Bodhibaum. Schau dir diese Blätter mal an!", rief Tashi begeistert, „und hier, hier wächst ein Gingko. Die stammen noch aus uralten Zeiten unserer Erde. Das sind beides ganz besondere Bäume, Halvar."

So gelangten die beiden auf einen großen Platz und standen nun vor dem imposanten Goldenen Tempel, hinter dem sich ein baumbewachsener Hügel befand. Der Tempel bestand aus mehreren Stufen und ganz oben, zentral positioniert, erblickten sie das Symbol des goldenen Rades. Tashi erklärte Halvar: „Das ist das Rad der buddhistischen Lehre und daneben siehst du Rehe oder vielleicht sind es auch Antilopen. So genau weiß ich das nicht."

Nun gingen die Freunde weiter auf den Eingangsbereich des Tempels zu, der auf der ganzen Vorderseite überdacht war von einer Säulenhalle. Auf der Wand gab es zahlreiche Malereien.

Von einer waren die Freunde besonders beeindruckt: dieses alte Gemälde sah doch erstaunlich modern aus mit Planeten und deren Bahnen in unterschiedlichsten Farben.

Wegen des morgigen Festes wuselten jede Menge Leute geschäftig umher. Auf dem weiten Platz direkt gegenüber seinem Eingang beobachteten sie einige Männer, die dabei waren, Tische und Bänke aufzustellen. Halvar und Tashi betraten das Innere des Tempels. Weiter hinten in dem großen Raum, der wohl für Meditation und Gebete genutzt wurde, stand eine überaus eindrucksvolle große Buddhastatue. Vor der Statue brannten unendlich viele kleine Lichter. Alles roch hier nach würzigen Räucherstoffen, eine Mischung an Düften, die Tashi irgendwie bekannt vorkam.

Er fühlte sich auf einmal zeitversetzt. Das war genauso, wie er es aus seiner Heimat Tibet kannte. Tief bewegt machte Tashi Halvar ein Zeichen, dass er meditieren wollte. Dafür suchte er sich an der Seite einen kleinen Nebenraum. Innerlich begrüßte Tashi diesen besonderen Ort und alles, was hier war… und bat um Segen für all die Begegnungen, die hier stattfinden sollten. Nach einer Weile stiller Versenkung blinzelte Tashi in das helle Außenlicht. Halvar war eben dabei, einigen jungen Männern und Mädchen beim Aufziehen von Fahnen auf Holzstämme zu helfen, die rund um den Eingangsbereich des Tempels aufgestellt wurden.

„Wie du siehst, haben die mich hier gleich eingespannt“, lachte Halvar zu Tashi rüber und warf ihm einen Schwung Fahnen zu. So war auch Tashi sogleich mit von Partie. Es waren unterschiedliche Stoffe, die wohl von Kindern bemalt worden waren, die nun bald einen großen Raum auf dem Vorplatz des Tempels umspannten.

„Das habe ich gemalt, schaut. Das bin ich und das meine Familie, genau da!“, rief ein etwa siebenjähriges Mädchen und zeigte Tashi, wo ihre Fahne hing.

„Wie heißt ihr? Ich bin Ivanna“, brabbelte die Kleine drauf los.

Und so stellte Halvar Tashi und sich vor.

Da kam auch schon ihr Vater herbei, dem die Kleine ausgebüchst war und sprach sie an: „Ihr beiden seid wohl fremd hier und habt dennoch mitgeholfen. Das freut mich, ich heiße Igmur und das ist unsere Ivanna“, begrüßte er sie.

„Das wissen die schon“, und schon begann sie, um die beiden Fremden herum zu laufen und zu rufen: „Tashi und Halvar, Tashi und Halvar“.

„Na, komm Schatz“, lachte ihr Vater: „Morgen ist doch erst unser Fest.“ Der schnappte das Mädchen und setzte es sich auf die Schultern.

Zu den Freunden meinte er: „Ich habe euch beobachtet, Ihr seid tüchtige Helfer und morgen zum Fest natürlich eingeladen… und habt ihr schon eine Bleibe für heute Nacht?“

Nachdem Halvar und Tashi erklärten, dass sie erst am späten Vormittag mit dem Bus aus der Hauptsatdt Oda hier angekommen wären, lud sie Igmur Batwa ein mitzukommen.

Es wurde noch das ein oder andere gerichtet und dann hieß es: „Alles einsteigen!“

Halvar, Tashi und das kleine Mädchen nahmen Platz in einem Geländewagen.

„Der läuft mit grüner Energie!“, erklärte Igmur stolz. „Endlich haben sie auch für diese etwas größeren Fahrzeuge eine funktionierende Wasserstoff-Umsetzung gefunden.“

Der Wagen fuhr fast geräuschlos eine nahezu schurgerade Straße entlang des weitläufigen Parks Richtung stadtauswärts.

Tashi und Halvar schauten sich durch die Fensterscheiben die an ihnen vorbei gleitende Landschaft an, während der Vater mit dem Mädchen einige für diese Region wohl typischen Volkslieder laut sangen. „Wie schön diese Lieder doch sind“, dachte Tashi, der ihnen gerne zuhörte.

„Von wo seid ihr denn her?“, wollte Igmur Batwa von den beiden wissen.

„Gerade jetzt kommen wir aus dem Auland, einem Land in den Alpen“, antwortete Tashi, „direkt aus der Hauptstadt Laxna.“

„Was Auland? Das gibt es doch nicht! Der Vater meiner Frau Eda stammt von dort. Am besten erzählt ihr uns alles gleich beim Abendessen“, wunderte sich Igmur. „So ein Zufall!“

Nach etwa einer Viertelstunde erreichten sie die kleinere Ortschaft „Waada“ und hielten am Ortsrand vor einem zweistöckigen Holzhaus, dessen Fenster mit Blumenkästen geschmückt waren. Ivanna nahm Halvar an die Hand und zog ihn zur Haustür hinein.

„Langsam, meine Kleine“, schalt der Vater seine Tochter leicht, „lass unsere Gäste doch erst einmal ankommen.“

Von einer etwas fülligen blonden Frau mittleren Alters wurden sie in der Wohnküche begrüßt, wohin Ivanna die Freunde gebracht hatte.

„Mama, schau. Halvar und Tashi sind das“, rief sie ihr entgegen. Diese strich ihrer Kleinen liebevoll übers Haar. „Schön, dass ihr zurück seid. Ist alles fertig geworden?“, erkundigte sie sich bei ihrem Mann.

„Ja, zum Glück Eda. Das meiste ist geschafft. Und nicht zuletzt, weil diese beiden Burschen hier so gut mitgeholfen haben. Darf ich vorstellen: Das ist meine Frau Eda und das sind Halvar und Tashi aus dem Auland. Stell dir vor, die kommen aus diesem Alpenland, genau wie dein Vater!“

„Was?“ staunte Eda, „das nenne ich ja eine schöne Überraschung. Davon erzählt ihr uns gleich beim Essen. Ihr seid natürlich eingeladen“, wurden Tashi und Halvar nun auch von Eda willkommen geheißen. Diese rief laut in das nächste Zimmer: „Lili, kannst du noch zwei Gedecke auflegen? Wir haben heute Abend Gäste.“

„Wir kennen uns doch!“, begrüßte Halvar die große Schwester von Ivanna leise, die ihr langes blondes Haar zu einem dicker Zopf geflochten hatte. „Wir haben doch gestern in Oda miteinander am Brunnen getanzt.“

Das Mädchen machte Halvar jedoch ein deutliches Zeichen, davon besser nicht zu sprechen, als sie sich gemeinsam am ovalen Holztisch niederließen.

Tashi und Halvar erzählten dann beim Abendessen von ihren eigentlichen Heimatländern, Halvar von Norskot und Tashi von Tibet. Jedoch hätte er, Tashi, die letzten Jahre im Auland gelebt und von und dort aus wären sie auf die Reise gegangen. Mit Abenteuerlust hatten sie ihr Interesse für den Besuch in diesem Land beschrieben.

„Wir in unserer Ortschaft sind vorwiegend Christen, freie Christen. Darauf legte mein Vater großen Wert“, betonte Eda, „jedoch einige in unserer Nachbargemeinde sind Buddhisten. Das ist ja auch ihr Tempel, deren Fertigstellung wir morgen gemeinsam feiern wollen.“

„Ich habe mich schon gewundert“, gab Tashi zu, „dass direkt in der Ortsmitte eine schöne Holzstabkirche zu sehen war und dann weiter draußen der buddhistische Tempel.“

„Wenn du sagst, dass du ursprünglich aus Tibet stammst, Tashi, dann wirst du dich unseren buddhistischen Mitbürgern hier wohl verwandt fühlen, die vor Generationen aus West-Tibet hier her ausgewandert sind. Wir respektieren uns gegenseitig. Eda und ich meditieren auch immer wieder mal mit ihnen zusammen im Tempel," warf Igmur ein.

Später hatte Halvar bei einer Gelegenheit Lili gefragt, warum er nichts vom Tanz am Brunnen erzählen sollte.

„Och, ich hatte meinen Eltern nichts davon gesagt. Sie dachten, ich sei bei einer Freundin hier in der Nähe. Sie müssen ja nicht immer alles mitkriegen", zwinkerte Lili ihm zu.

„Könnt ihr reiten?", wollte Igmur von Halvar und Tashi wissen, bevor er ihnen das Gästezimmer zeigte. Nachdem beide diese Frage bejahten, schmunzelte Igmur vielsagend.

Nach dem Frühstück ging es denn auch gleich wieder los in Richtung Goldener Tempel: „Ich hoffe, wir werden bis zum Mittag mit den Arbeiten fertig. Da ist noch jede Menge zu tun", stöhnte Igmur etwas. Er sei der erste Bauleiter der Tempelrenovierung, hatte er Halvar und Tashi erklärt, und bis Mittag sei noch einiges aufzuräumen.

Zum Mittagessen kamen dann all die Männer und Frauen zusammen, die die letzten Monate mit den Tempelreparaturen verbracht hatten. „Ob da auch der Vater des Mädchens dabei ist?", fragte sich Tashi, der sich an dessen Gesicht im Traum nicht mehr erinnern konnte.

Aber allzu lange Zeit zum Nachdenken hatte Tashi nicht, denn er und Halvar sahen wie Igmur mit zwei geschmückten Pferden auf sie zukam: „Ihr habt gesagt, dass ihr reiten könnt. Na, dann könnt ihr doch beim heutigen Rennen mitmachen."

„Stark!", grinste Tashi Halvar an.

„Mensch, Tashi, damit haben wir ja schon jetzt den Hauptgewinn gemacht, dass wir wieder reiten können." Auch Halvar war ganz aus dem Häuschen. Seit er das historische

Norskot verlassen hatte, hatte er nicht mehr auf dem Rücken eines Pferdes gesessen. Wie sehr er das vermisst hatte, spürte er, sobald er im Sattel saß. Er und Tashi gingen gleich mal in einen Galopp über und kamen dann zurück zu Igmur.

„Wann geht es denn los mit dem Wettrennen?“, fragte ihn Tashi noch etwas außer Atem.

„Und wie sind die Regeln?“, erkundigte sich Halvar sofort.

Für 15 Uhr sei das Rennen angesetzt, erklärte Igmur. Es sei eine alte Tradition, die sie hier pflegten.

Und so reihten sich Halvar und Tashi ein in die etwa 100 Reiter. Bis auf die beiden waren alle in festlicher Kleidung angetan. Manche trugen sogar ein Schwert am Gurt. „Mist, wenn ich doch nur meinen Exabator jetzt dabei hätte“, dachte Tashi leicht verärgert.

Aber dann ging es auch schon los. Zuerst umkreisten die Reiter ein Feuer aus Ginsterholz, worauf sie sich dann zum Start begaben. Sie hatten sich für den Start auf einer Breite von 200 Meter zu positionieren. Vor ihnen lag dann eine 3 km lange Rennstrecke, die sich bis zum Ziel auf 50 Meter verjüngte. Ein guter Start war hier also wichtig.

„Wie einst im alten Tibet“, dachte Tashi und schon preschten die Reiter los und spornten ihre Pferde zur Höchstleistung an. Die wilde Horde wurde von zahlreichen Zuschauern, welche die gesamte Rennstrecke säumten, frenetisch angefeuert. Tashi und Halvar gehörten zu den drei ersten, die ins Ziel kamen.

„Mensch, Halvar! Das ist ja der Hammer, dass wir unter den ersten sind“, rief Tashi seinem Freund zu und beide gratulierten sich zu diesem Sieg mit einem kraftvollen „High Five“.

Nicht wenige rätselten, wer diese fremden jungen Männer wären. Man erzählte sich, dass wie aus dem Nichts sie aufgetaucht seien. Manche wussten jedoch zu berichten, dass sie bereits beim Aufbau des Festes mitgeholfen hätten.

Aber noch war das Rennen nicht entschieden.

Denn jetzt kam es beim Höhepunkt, zu einer Mutprobe der besonderen Art.

Die einzelnen Reiter sollten im vollen Galopp, aus dem Sattel sich bückend, eine am Boden liegende Trophäe aufheben. Tashi und Halvar beobachteten einige der Reiter, die vor ihnen dran waren. Im vollen Galopp hatten sie abgebremst, um den weißen Katak, ein weißer Seidenschal, an dem etwas festgemacht war, im Schritttempo aufzuheben. Dies jedoch wurde vom Publikum schonungslos ausgepfiffen. Da, wieder einer war beim Versuch, die Trophäe zu schnappen, vom Pferd gestürzt. Mediziner, die zu ihnen sprangen hoben den Arm… ein Zeichen, dass sich der Reiter zum Glück nicht ernstlich verletzt hatte und das Spiel weitergehen konnte.

Jetzt war Halvar an der Reihe. Tashi wünschte ihm Glück und beobachtete, wie sein Freund sich im vollen Galopp vom Pferd hinunterbeugte, den Katak in die Hände bekam und sich aufrichtete. Stolz hielt er die Trophäe hoch. Kräftiger Applaus belohnte seine Geschicklichkeit.

Und nun war es an Tashi zu zeigen, was er konnte. Er vermochte noch um einiges schneller den Katak hochzuheben. Tashi fühlte sich wie zeitversetzt. Er hatte wieder dieses erstaunliche Zeitlupengefühl beim Aufheben des Katak wie zuletzt im Schwertkampf. Stolz präsentierte er die weiße Seiden-Glücksschleife, an dem ein Teepäckchen hing, und erntete dafür begeisterte Zurufe. Einem weiteren Reiter auf einem Schimmel gelang ebenfalls das Kunststück des fixen Aufhebens, fast zeitgleich mit Tashi.

Als alle jungen Männer durch waren, erschallten die Namen der drei Sieger. Über den Lautsprecher hörten Tashi und Halvar ihre Namen; Halvar war drittbester und als zweiter Sieger wurde ein Anas Koda genannt. Jedoch Tashi erhielt als diesjähriger Sieger des Wettkampfs für den ersten Platz einen frenetischen Applaus.

Zusammen ritten die drei Sieger zu einer Empore, wo ein Mädchen in ihrer traditionellen Tracht ihnen eine weiße Glücksschleife umgehängte. Tashi freute sich ganz besonders über diese Geste, da er dies genauso aus Tibet kannte.

Als der zweite Sieger Anas Koda geehrt werden sollte, riss sich dieser oder besser sollte man sagen diese eine halbe Gesichtsmaske mit einmal weg, zusammen mit einer blauen Kappe vom Haupt und langes dunkles Haar floss über ihre Schultern. Die Zuschauer applautierten kräftig und lachten, denn da hatte sich ein Mädchen in diesen eigentlich den jungen Männern vorbehaltenen Ritus eingeschlichen. Und sie gehörte sogar zu den drei besten und errang den zweiten Platz. Das Mädchen war den meisten hier bekannt. Als es auf seinem rassig-eleganten Schimmel knapp an Tashi und Halvar vorbeiritt, sah es kurz auf und schaute Tashi direkt in die Augen.

Tashi glaubte zu träumen: „Halvar, zwick mich. Ist es wahr? Weißt du, wer das ist? Ich sag dir, das ist sie. Ganz sicher!“

Tashi strahlte so, wie Halvar es bei seinem Freund nicht so oft erlebte. Er beglückwünschte Tashi mit einem kraftvollen „High Five“.

Nach den Reiterspielen wurden nun Tänze von den Mädchen aufgeführt, die in ihren traditionellen Kleidern farbenfroh aussahen. Lili, die ältere Tochter von Igmur, war auch dabei. Am späteren Abend tanzten die jungen

Leute jedoch moderne Tänze wie zu der Musik der neuen schottischen Band MacUP, dazu liefen auf riesigen Schirmen Bilder der Band.

„Magst du einen Drink…äh Anas?“, fragte Tashi mutig das Mädchen, als er gerade eine gute Gelegenheit dazu sah. Es fiel ihm nicht leicht, aber er musste die Chance jetzt nutzen.

„Anas?“, lachte sie ihn an, „nein, ich heiße Anujin. Ja, gern.“

Tashi lud sie ein, mit an die Theke zu kommen, wo er sich besser mit ihr unterhalten konnte als direkt bei der ziemlich lauten Musik. Und wen trafen die zwei dort: Halvar und Lili. Halvar grinste Tashi an, denn er hatte die gleiche Idee gehabt.

„Darf ich bekannt machen, das ist meine beste Freundin Anujin“, stellte Lili vor, die ein blaues schmales Kleid mit Spitzeneinsätzen trug, das ihr zum blonden offenen Haar sehr gut stand. Während Lili helle Blüten ins Haar gesteckt hatte, trug Anujin rot-rosa Blüten als eine Art Gürtel, den sie um ihre schmale Taille des roten Overalls gewunden hatte.

Am nächsten Tag, einem Sonntag, warfen sich Halvar und Tashi „in Schale“, so gut es bei ihrem sparsamen Gepäck möglich war. Denn Igmur Batwa hatte ihnen mitgeteilt, dass sie zum Mittagessen beim Bürgermeister der Nachbargemeinde eingeladen waren. Erstaunt schauten die zwei Freunde, als Igmur ihnen ihre gestrigen Pferde übergab und dazu eine skizzierte Wegbeschreibung.

„Ihr reitet auch sonst hier mit euren Pferden?“, wollte Tashi wissen.

„Ja, durchaus. Wie ihr mitbekommen habt, so verfügt unsere Genossenschaft über einige Fahrzeuge, die mit grünem Kraftstoff fahren. Allerdings eher für weitere Fahrten oder diverse Arbeiten. Sonst lieben wir es, mit unseren Pferden unterwegs zu sein. Wir haben hier die neueste Technik, wo es gut und notwendig ist. Aber zum Beispiel arbeiten wir auch mit Kaltblütern auf den Feldern, die verdichtetn nicht die Böden wie es mit schwerem Gerät sonst üblich ist. Wenn ihr noch ein paar Tage bleiben wollt, dann zeig ich euch das alles."

„Abgemacht", nehmen Halvar und Tashi den Vorschlag von Igmur nur zu gern an. Denn eilig hatten es die beiden ja gewiss nicht.

„Cool, einfach so zu reiten!", wandte sich Tashi an Halvar, als sie im Sattel saßen und gemütlich den Weg entlangtrabten. Sie waren früh genug aufgebrochen und so konnten sie diesen Ritt in aller Ruhe zu genießen. Sie trabten auf Wegen durch eine weite, offene Landschaft mit zum Teil geeggten Feldern. „Was sie hier wohl alles anbauen?", dachte Tashi. Begrenzt waren die Felder von zahlreichen Steinwällen und Hecken, in denen sich Tiere gut verbergen konnten. Endlos lang schien der Mischwald mit Buchen, Fichten und Weißtannen, der sich nun auf der linken Seite des Weges befand. Auch Ebereschen, schwarzer Holunder und andere kleinere Gehölze wie Weiß- und Schwarzdorn erkannte Tashi zwischendrin. Also dieser Wald machte wirklich einen gesunden Eindruck.

Nach Igmur Batwas Skizze machte der Weg nun einen Bogen in Richtung Osten und sie ritten geradewegs auf den Ort Takko zu.

Auf der Straße, die in den Ort führte, sahen sie am Ortsschild einen Lageplan. Da es wohl keine Straßennamen gab, waren alle Häuser mit Familiennamen gekennzeichnet. Die Freunde stoppten und suchten den Namen Koda. Tashi war schon ganz gespannt, weil das Mädchen Anujin den gleichen Nachnamen trug. Ob dieser Bürgermeister Fridhelm Koda ihr Vater war?

„Okay. Das Grundstück von Fridhelm und Nina Koda liegt ziemlich weit hinten im Ort. Hier auf der rechten Seite, schau“, bemerkte Tashi und somit lenkten die Freunde ihre Pferde weiter in den Ort hinein. Alles war recht großräumig. „Platz haben die hier wohl genug“, kommentierte Tashi.

Ab und zu kamen sie an Abzweigungen von Familiengrundstücken vorbei. Neugierig hielten sie vor den Toren und schauten hinein. Die Häuser waren meist aus Holz gebaut und glichen sich in der Bauweise. Jedoch war die Gestaltung der Gärten und das Ganze drumherum so individuell wie wohl deren Besitzer.

Sie waren nun durch den kompletten Ort geritten vorbei an einer kleineren schönen Stabholzkirche.

„Die will ich mir später mal näher ansehen“, meinte Halvar zu Tashi.

Im Ortskern sahen sie eine Genossenschaftsbank und einen Dorfladen. Ab und zu wurden sie neugierig beäugt. Aber nicht wegen der Pferde, denn nicht nur sie waren als Reiter hier unterwegs, sondern weil sie wohl sofort als Sieger des Rennens erkannt wurden.

Dann steuerten die Freunde auf das letzte Grundstück zu und blieben überrascht am Eingang stehen. Denn, was sie da vor sich sahen, war ziemlich ungewöhnliches Tor.

Tashi staunte: „Schau, Halvar! Das ist das Tor, von dem ich dir erzählt habe. Das sieht genauso aus wie in meinem Traum.“

Und wirklich, das Aulánder Wort TAT war als Tor gut erkennbar. Unter dem A war der hohe, weite Durchgang und links und rechts waren eindeutig die beiden T-Buchstaben, deren Stämme jeweils mit Kletterrosen bewachsen waren. „Wenn die blühen, sind es wohl auf der einen Seite rote und der anderen Seite weiße Blüten“, bemerkte Tashi sich an seinen Traum erinnernd.

Direkt neben dem Tor war ein Schild: „Familie Nina und Fridhelm Koda – Bürgermeister Fridhelm Koda“. Das zweistöckige Holzhaus, mit bemalten Fensterläden in unterschiedlichsten Farben und Strukturen stand vor ihnen wie aus einem Märchen entsprungen. An der linken Seite stand ein kleineres Gartenhäuschen mit einem Teich davor. Enten schwammen darauf. Direkt am Haus sahen sie Beete mit Stauden und Frühlingsblühern wie rote Tulpen und gelbe und weiße Narzissen.

„Schon idyllisch hier und gar nicht protzig, für einen Bürgermeister“, kommentierte Tashi diesen Anblick, während sie die Seile ihrer Pferde an einem Balken befestigten.

Da kam auch schon ein etwa zehnjähriger Junge herausgesprungen: „Ich heiße Peter und nehm‘ eure Pferde.“ Der Junge zeigte auf einen Stall, der direkt rechts vom Haus gebaut war.

„Die sollen doch auch was zum Fressen und Trinken kriegen“, grinste er sie an.

„Danke“, riefen Tashi und Halvar ihm hinterher, während sie die wenigen Stufen zur Eingangstür hochstiegen. Überall sah Tashi ungewöhnliche Schnitzereien, fantastische Muster und Figuren. „Hier müssen Künstler leben“, dachte Tashi. Sie zogen an einer Schnur, die daraufhin ein melodisches Klingen ertönen ließ und schon wurde die Tür geöffnet. Tashi schaute erstaunt, denn es war wirklich Anujin, die da so plötzlich vor ihm stand.

Er brachte vor lauter Überraschung gerade nur ihren Namen heraus: „Anujin?“

„Ja, Tashi und Halvar. Willkommen bei uns. Ich habe gestern Abend extra nichts gesagt. Ich wusste ja bereits, dass mein Vater euch als Sieger des Rennens zu uns einladen würde“, lächelte Anjujin die Burschen verschmitzt an.

Und so führte sie die beiden Freunde hinein in ein ziemlich ungewöhnliches Heim. Alles war voller kunstvoller Schnitzereien, und über und über vor Gemälden eindrucksvoller Landschaften und eingerahmten Skizzen mit Naturstudien. Anjujin öffnete die Tür zu einem Wohnraum, der eine breite Glaswand aufwies. Da die Temperaturen an diesem Tag eher kühl waren, war innen eine Tafel in Rot- und Grüntönen festlich gedeckt worden.

„Herzlich willkommen, Tashi und Halvar!“, wurden sie vom Bürgermeister Fridhelm und seiner Gemahlin Nina Koda begrüßt.

„Sie haben ja ein ganz besonderes Haus, allein die bemalten Fensterläden und all die Schnitzereien!“, stellte Tashi fest, da auch dieser Essraum so besonders gestaltet war.

Wie etwa die bodenlangen Vorhänge an den Fenstern, die von einem hellem Gelb über ein Sonnengelb, Orange bis hin zu einem erdigen Rot gewebt waren und diese Farbgebung sich dann wieder rückläufig in den Stoffen fortsetzte.

„Stimmt ‚Tashi, meine Nina“, damit legte Friedhelm seinen Arm um die Schulter seiner Frau, „ist Weberin von Beruf und auch viele Gemälde und Malereien stammen von ihr, wie etwa die bunten Fensterläden.“

„Ja, und von Fridhelm stammt hier auch so einiges. Er ist ein Meister des Holzschnitzens und malt auch ganz wundervoll“, lächelte Nina ihren Gatten an, „dieses Gemälde stammt von ihm.“

Damit zeigte Nina Koda auf ein Bild an der Wand oberhalb des Esstischs, dass eine Flusslandschaft am Abend zeigte, die wie eingetaucht in goldenes Licht schien.

„Das war eine schöne Zeit dort am Fluß Nibu, gell Nina", lächelte der Bürgermeister verschmitzt. „Wir waren noch ganz jung, gerade frisch verliebt unterwegs..."

„Ich hab' Hunger!", rief Peter plötzlich in die Runde hinein.

„Aber Peter!", schalt ihn seine Mutter.

Allerdings kamen gerade Anujin und ihre Freundin Lili herein und reichten auf einem Tablett allen einen Drink. Halvar guckte groß, weil er Lili hier nicht vermutet hatte. Diese schaute ihn nur verschmitzt an und dann lächelte sie Anujin zu, das hatten die beiden Mädchen also miteinander ausgeheckt.

„Prost, nochmals willkommen bei uns, Halvar und Tashi. Auf unsere drei Sieger des gestrigen Wettrennens!" Damit stieß der Bürgermeister mit den beiden Burschen an und dann auch lachend mit seiner Tochter.

„Anujin hat uns mal wieder rein gelegt", war sein Kommentar.

„Ja, und sie war richtig gut! Ein großes Kompliment meine liebe Tochter", damit stieß die Mutter mit ihrer Tochter anerkennend ihr Glas an.

„Mmmh, was ist das?", erkundigte sich Halvar. Es schmeckte irgendwie nach etwas, das er aus Norskot kannte.

„Das ist ein Sirup aus schwarzen Johannisbeeren, den wir mit Sekt aufgefüllt haben. Den Sirup haben wir beide - Anujin und ich - eingekocht. Freut uns, wenn es euch schmeckt", antwortete Lili.

„Das Rezept hätte sicherlich auch meine Schwester Punja gern. Magst du es uns aufschreiben?", bat Tashi Anujin.

„Ja, klar mache ich das. Erzähl mir von deiner Schwester. Interessiert sie sich denn für Pflanzen?“, wollte Anujin wissen.

Und schon saßen die vier angeregt sich unterhaltend miteinander am Tisch. Tashi erzählte von Punjas besonderer Gabe im Umgang mit Pflanzen und dass sie aus ihren Essenzen Parfums entwickelte.

„Was?“, rief Anujin erstaunt. „Hast du das gehört, Lili? Seine Schwester ist Parfumeurin!“

Und schon waren die junge Leute in ein angeregtes Gespräch vertieft über die Natur und die hier im Land besonders geförderten ökologischen Projekte.

In einem Augenblick der Ruhe betrachtete Tashi diese Menschen, mit denen er hier an der Tafel saß. Das gefiel ihm.

Zu der Gastgeberin Nina gewandt, meinte Tashi: „Wirklich schöne Arbeiten haben Sie in Ihrem Heim… ungewöhnlich.“ Kopfnicken vom Ehepaar Koda.

Der Bürgermeister stimmte zu: „Das freut uns, dass sie dir gefallen. Wir zeigen euch nachher noch unser Grundstück. Wir leben hier mit der Natur und nicht gegen sie. Uns inspirieren die Pflanzen, die Tiere und alles, was uns umgibt in ihrer Fülle und Farbenpracht immer wieder. Und alles funtioniert hier in einer Art Kreislaufwirtschaft. Wenn ihr euch die Natur anschaut, die macht keinen Abfall. Genau das machen wir hier zum Prinzip unseres Lebens. Ihr werdet es schon sehen.“

„Kein Wunder“, dachte Tashi bei sich, „dass dieses Paar ziemlich außergewöhnlich auf ihn gewirkt hatte und auch diese Anujin, ihre Tochter!“

Anujin und Peter waren wieder aufgestanden, um die Hauptspeise herein zu tragen. Verwundert rief Tashi aus: „Momos! Das gibt's doch nicht. Ich reise um die halbe Welt und ihr serviert Momos!"

Staunend fragte Nina Koda ihn: „Du kennst Momos! Das wundert mich nun wiederum. Wir hier lieben Momos, es ist unser traditionelles Familiengericht. Das Rezept stammt noch von meiner Mutter, sie hat es wiederum von ihrer Mutter und so weiter."

Damit reichten sie die Schüsseln herum und auch drei unterschiedliche Soßen, in die man die gefüllten Teigtaschen einstippen konnte. Und wie es Tashi kannte wurde auch hier zuerst in eine Ecke des Momos gebissen, damit die Soße in den Mund laufen konnte. Und dann erst wurde das Teigtäschchen mit dem Dip auf den eigenen Tellern eingetunkt und verspeist.

„Mmmh, auch die Füllung ist exzellent. Ein wenig anders gewürzt, als ich sie kenne, aber sehr sehr gut", begeisterte sich Tashi über dieses überraschende Festmahl, was wiederum die Gastgeber freute.

Und so erzählte Tashi, dass er ursprünglich aus Tibet stamme. Zeitangaben machten er dabei jedoch nicht, das hätte dann zu etwas zu größerer Verwirrung geführt. Und auch Halvar erzählte von Norskot, weil er dort so viel geritten sei.

„Es ist wirklich ungewöhnlich in dieser Zeit, dass ihr mit Pferden so gut umzugehen versteht", bestätigte der Bürgermeister, als sie nach dem Mahl einen Spaziergang machen wollten. „Wir erkennen sofort, ob das jemand nur so als Hobby macht oder ob man mit Pferden tagtäglich zu tun hat und zwar schon von klein auf. Ihr hättet sonst kaum eine Chance auf einen Sieg bei diesen Wettkämpfen gehabt."

Und so erreichten der Bürgermeister, seine Kinder und die Gäste den Pferdestall, wo Peter ihnen sofort stolz sein isländisches Pony zeigte. Auch Anujin ging auf ihr Lieblingspferd zu, eine helle Stute mit eleganter weißer Mähne und Schweif.

Freudig wiehernd begrüßte sie das Pferd. „Ja, meine Gute, Wolki. Hier für dich."

Anujin nahm einen Apfel aus ihrer Tasche und ihre Stute schnappte sogleich danach. Insgesamt sechs Pferde waren im Stall untergebracht, darunter auch zwei Kaltblüter.

„Wolki?", fragte Tashi das Mädchen. „So nennst du dein Pferd? Das ist schon witzig, denn mein Pferd, dass ich früher hatte", Tashi dachte an den feurigen Schimmel, den er im Königreich Wallens geritten war, „nannte ich ‚Cloud', was übersetzt auch ‚Wolke' heißt."

„Meine Wolki ist so unglaublich geschickt und schnell… und wenn ich mit ihr reite, so fühle ich mich den Wolken so nah... fast als wäre ich schwerlos. Kennst du das?", wollte Anujin mit verträumtem Blick von Tashi wissen.

„Ja, Anujin, das ging mir mit Cloud genauso", bestätigte Tashi und staunte über diese Gemeinsamkeit mit dem Mädchen.

Der Bürgermeister zeigte auf die Grundstücksgrenze, als sie hinter dem Pferdestall auf einem Trampelpfad entlang gingen und fuhr fort mit seinen Erläuterungen: „Für meine Schnitzereien nehme ich mein eigenes Holz. Da, ganz hinten, die Zirben oder Eichen hat noch mein Großvater gepflanzt, das sind die langlebigsten Bäume bei uns. Davor seht ihr Birken, Ahorn und Espen und die Ebereschen mit ihren roten Früchten im Spätsommer. Dazwischen stehen dann in lockeren Abständen Weiß- und Schwarzdorn und natürlich unsere Obststräucher... all die leckeren Johannesbeerarten und Stachelbeeren. Und seht dort“, der Bürgermeister zeigte schmunzelnd auf die Reihen, „hier gedeihen die besten tragenden Sorten von Himbeeren und Brombeeren.“

Herr Koda sah seine Tochter direkt lächelnd an: „Die habe ich, dir, Anujin, bereits als Baby auf meinem Arm gezeigt. So froh waren wir damals über diese gerade frisch gepflanzten Beerensträucher. Jetzt im Frühjahr blüht alles und die Vögel nisten dazwischen. Ich sag euch, dieses Grundstück ist zu jeder Jahreszeit richtig schön.“

„Und es duftet hier alles so gut“, kam es leise von Tashi, der den Düften nachspürte.

Dann gelangten sie wieder zurück zum Haus und dem besonderen Tor.

„Wie kommt es denn, Herr Koda, dass dieses Tor wie das Auländer Wort TAT aussieht“, wollte Tashi wissen.

„Das Künstlerische habe ich von meinem Vater. Er war mit Maximilian befreundet, dem Vater unserer Eda Batwa, also der Mutter von Lili.“ Der Bürgermeister machte eine Pause und sprach dann leiser weiter: „Maximilian stammte aus dem Auland, wie ihr inzwischen wisst. Leider verlor er in jungen Jahren bei einer Rettungsaktion sein Leben. Mit dem Tor wollte mein Vater diesem Freund ein Denkmal setzen, seine Tat sozusagen würdigen. Denn man fand die Skizzen für dieses Tor in den Unterlagen von Maximilian. Er hatte wohl selbst vorgehabt, seinen Grundstückseingang so zu gestalten.“

Tashi schritt nachdenklich hinter der Gruppe zurück ins Haus. Er hatte wieder deutlich dieses außergewöhnliche Tor vor seinem inneren Auge. „Schon seltsam“, dachte er.

Als der Nachtisch gereicht wurde, fragte der Bürgermeister seine Tochter: „Anujin, wann kommt denn Nick zurück?"

Anujin antwortete: „Er konnte bei unserem Wettkampf gestern nicht dabei sein, er spielte in Weerdan."

Peter sprudelte drauf los: „Halvar und Tashi. Nick ist einer unserer größten Nationalspieler, müsst ihr wissen. Alle in meiner Klasse beneiden mich, weil ich den so oft sehen kann."

Tashi spürte plötzlich einen Stich in seinem Herzen. Dass Anujin mit einem anderen zusammen war, das war heftig.

Der Bürgermeister fragte die Freunde nun, wie lange sie vorhätten, an diesem Ort zu bleiben. Halvar und Tashi hatten sich bereits zuvor abgesprochen, so antwortete Halvar: „Also, Herr Bürgermeister Koda, wir würden gern noch mehr über dieses Konzept der PAX AN Partei erfahren, die hinter all den grünen Konzepten steht, die wir in der Hauptstadt und auch hier auf dem Land überall sehen. Wir würden daher noch gern eine Weile hier bleiben, wenn das möglich ist?"

„Na, solche von eurer Sorte können wir hier gut brauchen. Was haltet ihr davon, wenn ihr für die Zeit, die ihr hier bei uns sein wollt, eine winterfeste Hütte im Süden unseres Ortes bezieht. Früher war das das Austragshaus für Ninas Eltern", damit sah Igmur seine Frau an, die zustimmend nickte und ergänzte: „Doch, warum nicht? Ihr könntet dort wohnen. Im Ort gibt es genug Arbeit, die geht uns hier nicht so schnell aus."

Halvar und Tashi schauten sich an und Tashi meinte: „Das klingt nach einem guten Vorschlag, Frau und Herr Koda. Also, ich bin dabei!"

„Ich auch!", stimmte auch Halvar zu.

„Willst du trotzdem hier bleiben, Tashi?“, fragte Halvar beim Ritt zurück am späten Nachmittag, „auch wenn Anujin diesen Nick als Freund hat?“

„Doch, schon. So schnell gebe ich nicht auf“, war Tashis Antwort.

Am Abend verkündigten sie Igmur und seiner Frau Eda, dass sie dank der Unterstützung des Bürgermeisters noch eine Weile hier bleiben wollten.

„Das freut uns, Tashi und Halvar. Eine gute Entscheidung“, kam es von den Eheleuten Batwa.

Und so ritten Tashi und Halvar mit Sack und Pack auf beiden Pferden zu ihrem neuen Domizil. Lili war mit ihnen geritten, um die Pferde wieder zurück zu führen; sie würden nun Pferde vom Bürgermeister zugeteilt bekommen.

Was war das für ein Leben! Das hätte Halvar sich nicht hätte besser ausmalen können. Er fand so viel Ursprüngliches hier, so manches erinnerte ihn an sein historisches Zuhause... auch als sie schon länger so hoch im Norden lebten und der Winter mit voller Wucht hereinbrach. Allerdings tat ihm Tashi leid, der anders, als erhofft, keinen Zugang zu Anujin fand. Seltsamerweise hatte auch Lili kaum noch Kontakt zu ihrer besten Freundin.

„Merkwürdig sei das“, hatte Lili nachdenklich befunden.

Lili hingegen hatte gerade eine Beziehung hinter sich und so fanden sie und Halvar rasch als Liebespaar zueinander.

Tashi sah Anujin kaum noch. Meist war sie mit ihrem Freund Nick zusammen. Wenn er zu Spielen unterwegs war und sie nicht mitkonnte, dann war sie ständig umgeben von Nicks Freunden.

Tashi hatte sich verändert.

Halvar sah das mit einer gewissen Sorge. Der zuvor erfolgsverwöhnte Tashi, der meist fröhliche Tashi, war kaum wiederzuerkennen. Wenn ihn Halvar und Lili mitnehmen wollten auf ein Fest oder zum Tanzen, so winkte er meist ab.

„Ach, was soll ich denn da?“, war sein Kommentar.

Für die langen Abende, die Tashi meist allein verbrachte, hatte er sich sein Werkzeug von Matthis aus der Steinach-Villa in Laxa zuschicken lassen. In der Hütte hatte sich Tashi eine kleine Werkstatt eingerichtet, um wieder eine Gitarre zu bauen.

Was Tashi über Anujin mitbekam, wunderte ihn immer mehr. Das war nicht mehr die Anujin, die ihm so wagemutig, so frei und schellmisch gut gelaunt am Wettkampftag begegnet war.

„Ich weiß auch nicht, was mit Anujin los ist“, sagte Lili nachdenklich über ihre langjährige Freundin. „Sie wird ständig abgeschirmt. Wir können uns überhaupt nicht mehr so treffen wie früher. Immer müssen ‚Nicks Bodyguards‘ dabei sein. Angeblich zu ihrem Schutz. Aber wenn ihr mich fragt, das fühlt sich überhaupt nicht gut an.“

Punja und Fenno sprachen über ihre We-Books so oft es ging mit Tashi. Sie holten auch seinen Rat ein, denn die beiden waren dabei, den Stall zu erweitern für die Pferde. „Sobald wir hier fertig sind, besuchen wir euch“, hatten sie ihm und Halvar versprochen.

Anfang Dezember wurde im Haus von Lilis Eltern eine kleine Feier gegeben. Alles war so schön weihnachtlich geschmückt. Adventliche Stimmung kam dabei auf.

Tashi freute sich ganz besonders, als Lili Anujin mitbrachte. Wie lange hatte er sie nicht mehr gesehen. Bei der Feier griff Tashi zu seiner neuen Gitarre und spielte alpenländische

Advents- und Weihnachtslieder. Darüber freute sich Lilis Mutter ganz besonders, und da sie einige der Lieder von ihrem Vater erkannte, sang sie bei manchen mit. Es war eine friedliche und schöne Stimmung und Anujin blieb länger als sie geplant hatte.

An einem Tag in der folgenden Woche war Tashi mittags nicht zur Arbeit erschienen. Halvar wunderte sich. Das war ziemlich untypisch für seinen Freund. Auch über sein We-Phone war er nicht erreichbar. Seltsam!

Halvar suchte ihn.

In der Hütte, wo Tashi mittlerweile alleine lebte, war er nicht zu finden. Auf winterlich verschneiten Wegen machte sich Halvar auf, um mit seinem Hengst Lar Wege abzureiten, auf denen er Tashi vermutete.

Nirgends war etwas von ihm zu sehen.

Immer wieder drückte er Tashis Telefonnummer, vielleicht nahm er ja doch einmal ab.

Halvars We-Phone klingelte. Endlich!

„Tashi!“, rief er sofort ins Telefon.

„Nein, Halvar, ich bin‘s, Igmur. Ich habe traurige Nachrichten für dich.“ Igmur berichtete, dass man Tashi bewusstlos zusammengeschlagen hatte. Es sei purer Zufall gewesen, dass man ihn kurz danach gefunden hatte. Spaziergänger hätten etwas Ungewöhnliches dort am Waldrand liegen gesehen und sofort den Rettungsdienst alarmiert.

Jetzt lag Tashi im Krankenhaus in Tassano.

„Mensch, Tashi, was machst du denn für Sachen?“, fragte Halvar, der sofort zu ihm gefahren war.

Es hätte nicht viel gefehlt und Tashi wäre gestorben, hatte der verantwortliche Arzt Halvar versichert: „Wenn er länger da draußen in der Kälte gelegen hätte...“

„Weißt du denn, Tashi, wer das war? Wer hat dich nur so zugerichtet?“, fragten ihn Halvar und Lili. Auch zwei Polizisten hatten Tashi vernommen.

„Da waren Männer. Mehr weiß ich nicht“, kam es leise von ihm. Er erzählte in Bruchstücken, dass er nach einer Weißtanne für ein neues Instrument im Wald geschaut hatte. Der Bürgermeister hätte ihm dazu vorher sein Einverständnis gegeben.

Sobald Anujin von dem Überfall hörte, besuchte sie Tashi. Als sie in den folgenden Tagen einmal allein mit ihm war, erzählte sie: „Ich habe mich von Nick getrennt. Er ist dermaßen besitzergreifend, dass ich es nicht mehr ertrage.“ Sie begann, heftig zu weinen.

Tashi hielt ihre Hand.

„Es ist nicht mehr zum Aushalten. Wir haben uns in der letzten Zeit nur noch gestritten. Und das nur, weil ich mich fürs nächste Semester an der Uni in Oda eingeschrieben habe.“ Anujins Weinen war nun einem verärgerten Gesichtsausdruck gewichen.

„Von klein an will ich mit Pferden arbeiten. Ich träume von einer eigenen Pferdezucht, Tashi. Daher will ich zuerst Tiermedizin studieren und mich dann spezialisieren. Und nur, weil Nick nicht gut reiten kann, er da mal nicht als ewiger ‚Nationalheld‘ glänzen kann... nur deshalb ist er auf alles, was mit Pferden zu tun hat, geradezu eifersüchtig. Kein Wunder, dass er dich nie mochte. Dein Ruf als hervorragender Reiter hat sich ja seit deinem Sieg beim Wettkampf bei uns herum gesprochen. Diese Bevormundung, ich hab‘ es einfach satt.“

Anujin redete sich ihren Kummer von der Seele.

Und hatte leise hinzugefügt: „Bei dir, Tashi, fühle ich mich so anders. So angenommen, genauso wie ich bin.“

Auch Punja und Fenno waren gleich gekommen, als sie die Nachricht des Überfalls in Frankreich erreichte.

„Ach, Tashi“, hatte Punja nur gesagt, als sie ihn mit dickem Verband, das rechte Bein hoch gebunden, im Krankenhaus liegen sah. Erinnerungen wurden bei ihr wach, wie schwach Tashi damals im historischen Norskot gewesen war nach seinem Zweikampf. Punja verabreichte Tashi über die nächsten sieben Tage hinweg wieder ihre geniale Sieben-Baummedizin. Die half mit Sicherheit, dass Tashi sich schneller stabilisierte, als es die Ärzte vermuteten.

Punja lernte bei einem Besuch im Krankenhaus dann auch Anujin kennen. Sie hatte ja von Tashi erfahren, dass er glaubte, dass sie das Mädchen aus seinem Traum sei. Punja und Anujin sprachen über Vieles, was sie beide bewegte.

„Wenn man sie so anschaut, könnte man sie glatt für Schwestern halten“, sinnierte Fenno.

Er und Halvar richteten ein Zimmer für Tashi in ihrer Wohnung her, damit er, als er aus dem Krankenhaus entlassen wurde, bei ihnen weiter gepflegt werden konnte.

„Hey, Tashi... fast so wie in alten Zeiten“, scherzten die Zwillinge, als sie ihn zwischen sich nahmen, um das Gehen nach der langen Zeit im Bett wieder erlernen sollte.

Es war eine ruhige, stille Zeit. Dicker Schnee lag über der Landschaft und hüllte sie ein wie in ein weiches weißes Plümo.

Weihnachten, der 24. Dezember, stand kurz bevor. Das größte Geschenk hatte sich für Tashi allerdings schon erfüllt, denn Anujin und er hatten als Liebespaar zusammengefunden. Alles atmete auf, als die beiden endlich ein Paar waren. Denn dass sie zusammengehörten, das war für ihre Umgebung wohl dann doch früher klar als für sie selbst.

Weihnachten feierten die drei glücklichen jungen Paare Tashi und Anujin, Halvar und Lili und Punja mit Fenno dann auch zusammen. Als erstes hatten sie die Eltern von Lili zum Heiligen Abend eingeladen.

Und bei den Zusammenkünften rund um Weihnachten hatten Tashi und Halvar den Eltern von Lili und Anujin reinen Wein eingeschenkt bezüglich ihres Vorlebens. Auch die Tatsache der Zeitsprünge und all der erlebten Abenteuer. Sie hatten darum gebeten, dass dies nicht weitergetragen würde, aber in diesem familiären Rahmen wäre es doch richtig, ehrlich diese Dinge sagen zu können. Staunend hatten die Elternpaare den beiden zugehört.

„Es ist gut, dass ihr uns über euer Vorleben informiert habt. Es klingt zwar unglaublich, das muss ich gestehen, jedoch“, damit machte der Bürgermeister eine Pause und sah seine Frau vielsagend an, „glauben wir euch diese Geschichten. Und das liegt vor allem an euch!“

Ende Januar verbreitete der Nachrichtenticker im ganzen Land und darüberhinaus Eilmeldungen. Die Polizei hatte inzwischen die Hintergründe zum Überfall auf Tashi aufklären können. Der Nationalsspieler Nick Powa war festgenommen worden. Denn es hatte sich herausgestellt, dass er Männer verdingt hatte, um Tashi zusammenschlagen zu lassen. Als Tatmotiv wurde krankhafte Eifersucht angegeben.

Drei Hochzeiten im Sommer 2037

Für den Sommer war eine dreifache Hochzeit geplant. Über ihre We-Books tauschten sich vor allem Punja mit Anujin und Lili über alle Einzelheiten des Festes ausgiebig aus. Wen würden sie alle einladen und wie und wo feiern? Bei Punja kamen immer wieder Erinnerungen an die Vermählung ihrer Freundin Prinzessin Lumikki auf, damals im historischen Norskot. Und nun war sie selbst in der Rolle einer Braut.

Die Hochzeitsfeiern fanden in den beiden Orten Takko und Waada statt. Dort hatte man in den Gemeinden für die Übernachtung der zahlreichen Gäste gesorgt.

Und wer da nicht alles anreiste! Lady Gwen mit Sir Sjörn waren unter den ersten Gästen, die am Tag vor den Feierlichkeiten eintrafen.

„Wie du gewachsen bist, Liv", begrüßte Punja die Tochter der Norskoter Familie. Die achtjährige Liv fremdelte etwas. „Aber du kennst mich doch noch?", fragte Punja sie.

„Ich verstehe Liv schon", meinte Lady Gwen. „Wir können es kaum glauben und staunen nur so. Du und Tashi, ihr seid wirklich wieder Menschen!"

Sie wurden von dem Ehepaar herzlich beglückwünscht und gedrückt, was nun ja endlich richtig körperlich möglich war.

Nur wenig später trudelten die nächsten Gäste ein: Matthis und Lena mit Mira und Nael und Irmi mit ihrem Mann Alex.

„Oh Lucia!“, rief Punja auf einmal aus und lief ihrer Freundin, die sie noch aus der Zeit bei Frau Holle kannte, freudig entgegen. Sie drückte sie ganz vorsichtig und strich ihr dann über den gewölbten Bauch: „Wow, Lucia. Du bist ja schwanger. In welchem Monat bist du denn?“, wollte Punja wissen.

„Schon in drei Monaten ist es so weit, Punja. Wir… “, damit hakte Lucia sich bei Micha ein, „wir freuen uns so auf unser Baby.“

„Dann geht es euch da oben in Norskot richtig gut?“, fragte Tashi nach. Denn die beiden hatten sich gar nicht so weit entfernt von Sir Olsen und Lady Gwen niedergelassen. Micha machte eine Ausbildung als Heiler und war währenddessen bereits bei Sir Olsen angestellt, während Lucia in der nahen Schule unterrichtete.

„Hey, seid ihr das wirklich? Nicht zu fassen!“, rief eine ihnen bestens bekannte Stimme über den ganzen Platz. Sogleich ergänzt von einem „Griazi mitenand“.

Die Freunde Urs und Edi waren mit ihren Gattinnen angereist.

„Na, das kann sich ja sehen lassen, wie ihr hier wohnt“, meinte Urs zu Fenno.

„Nein, Urs, nicht ich lebe hier, sondern mein Bruder Halvar und auch Tashi“, grinste der sie an. Die Zwillinge waren selbst für ihre Freunde nicht immer so leicht auseinander zu halten.

Am Nachmittag warteten Kutschen mit Pferden auf die fünf „Schalen-Freund“, wie sie sich inzwischen selbst bezeichneten. Deyki und Nima aus Tibet hatten sich mit den drei Liechtensteinern in der Stadt Oda getroffen und waren mit dem Bus gemeinsam nach Tassano gefahren. Sie staunten nicht schlecht, dass eine Pferdekutsche sie dort am Bahnhof abholte und nicht etwa ein Auto.

Der Polterabend am Tag vor den Hochzeiten wurde entsprechend ausgelassen gefeiert… die Mädchen und Frauen zusammen und die Männer extra. Dass der Versuch, die drei Bräute zu entführen, missglückte, sorgte für viel Gelächter. So leicht ließen sich die jungen Frauen nicht täuschen.

Am folgenden großen Tag waren zuerst Tashi und Anujin mit ihrer Trauung dran. Die Kutschen standen schon bereit. So schön sahen die drei Bräute aus.

Tashi bot seiner Anujin einen Platz in der ersten Kutsche an. Sie trug ein weißes Kleid mit einem weit fließenden Rock und Spitzenbesatz mit V-Ausschnitt. Alles war über und über mit weißen Blüten bestickt, dazwischen wenige rosafarbene Blüten. Ihr aufwändig gestecktes dunkles langes Haar wies ebenfalls diese weiß-rosanen Blüten auf.

Dann bot Fenno Punja seine Hand zum Einstieg in die zweite Kutsche. Sie war in einem bezaubernden Brautkleid im Stil einer Meerjungfrau erschienen. Punja hatte Lili und Anujin erzählt, damit wolle sie Fenno an seine nordische Heimat erinnern, an das Nordmeer. Das figurbetonte elfenbeinfarbene Brautkleid aus Spitze hatte eine Schleppe. Ihr dunkles Haar fiel Punja in leichten Wellen über den schulterfreien Carmenausschnitt. Fenno schaute überrascht seine überaus wunderschöne Punja an. Er war sichtlich gerührt, denn das prächtige Perlencollier seiner Mutter passte wie angegossen zu diesem Kleid.

In der dritten Kutsche bot Halvar seiner blonden Lili galant die Hand zum Einstieg an. Auch sie turg ein bodenlanges Kleid mit einem weitem Rock, an den eine enganliegende trägerlose Corsage mit herzförmigem Ausschnitt angesetzt war. Über der Corsage lag ein fest mit dem Rock verbundenes Oberteil, das aus einem durchscheinenden Stoff mit Spitzenapplikationen gearbeitet war. Die angesehene britisch-französische Modedesignerin Sarah Coupé hatte diesen Traum aus elfenbeinfarbener Seide anfertigen lassen. Ein weißer schlichter Schleier war ganz leicht in Lilis langes blondes Haar gesteckt worden.

Auch Halvar war gerührt von Lilis Anblick. Trug doch auch sie ein kostbares goldenes Geschmeide mit kunstvoll eingearbeiteten funkelnd roten Rubinen; ein Schmuck der ebenfalls noch aus der kostbaren Schatulle der Mutter der Norskoter Zwillinge stammte.

Die Brautpaare und Gäste versammelten sich zuerst im Goldenen Tempel und der buddhistische Rinpoche sprach seinen Segen über das erste Paar, Tashi und Anujin, aus. Für Tashi wurde hier sein Traum erfüllt. Er dankte innerlich seinen Eltern, Sönam und Alma, der Nonne Tsering und Bruder Bernhard für all ihre Unterstützung... dass dieser Moment jetzt so möglich wurde.

Dann begab sich die muntere Hochzeitsgesellschaft in die mit weißen Girlanden geschmückten Kutschen in Richtung Stadtmitte zur hölzernen Stabkirche. Hier wartete schon eine Priesterin auf die beiden Brautpaare Punja und Fenno und Halvar und Lili.

„Punja, schau dir diese herrliche Architektur nur mal an!“, rief Fenno begeistert aus. „Das ganze Tragwerk besteht aus senkrechten Masten, schau! Die nennt man ‚Stäbe‘, daher der Name dieser besonderen Holzkirchen. Auf diesen Stäben ruht das gesamte Dach. Genau solche Kirchen gab es auch bei uns in Norskot. Zwick mich mal, Punja, damit weiß, dass ich nicht träume!"

Und Punja zwickte ihren Fenno kräftig in seinen linken Oberarm.

„Aua", kam es dann von ihm, „also, ich träume nicht, mein Schatz." Und er hob mit seinen kraftvollen Armen seine Punja hoch in die Luft.

„Hey, lass mich wieder runter", rief diese zappelnd.

Aber so schnell stellt Fenno sie nicht wieder auf die Erde. Punja fühlte sich ja auch wie im siebten Himmel und dachte immer wieder, dass sie träume. Es ging ihr daher ähnlich wie Tashi. Wenn sie an all die Hindernisse dachte, all die Abenteuer, die sie hatten durchmachen müssen und jetzt stand sie gleich mit ihrem Fenno vor dem Traualtar. Das war ein Traum. Eindeutig.

„Mmh, du duftest ja sagenhaft", bemerkte Fenno und stellte Punja wieder auf ihre Füße. „Du machst mich glücklich", flüsterte Fenno ihr ins Ohr, immer wieder an ihr schnuppernd.

„Du mich auch", hauchte ihm Punja leise zu.

Punja hatte für ihre eigene Hochzeit ihr legendäres Parfum FREYA nachkomponiert. Es war genau das Parfum, das Punja - noch ganz erfüllt von der sagenhaften Begegnung mit der Göttin der Liebe - gleich nach ihrer Traumreise entwickelt hatte. Wenn Punja jetzt daran schnupperte, so stiegen ihr diese Bilder wieder ganz präsent auf...

Am vorherigen Mädchenabend hatte Punja auch den beiden anderen Bräuten eines ihrer schönsten Parfums überreicht: PINK LILLIES war wie geschaffen für Anujin. Es war die gleiche Komposition, die Punja damals in Norskot ihrer

Freundin Lumikki geschenkt hatte und WHITE JOY passte hervorragend für die blonde Lili.

„Hey, ihr beiden“, rief Sir Olsen, der nach ihnen Ausschau gehalten hatte. „So geküsst wird sich erst gleich, am Traualtar!“

Denn die anderen waren längst alle im Innern der Kirche und warteten auf dieses Paar.

„Wir dachten schon, ihr hättet euch aus dem Staub gemacht.“

Damit geleitete Sir Olsen Punja und Fenno zum Altar, denn er und Lucia waren als Trauzeugen für die beiden vorgesehen. Gerade eben, im Goldenen Tempel, waren es Urs und Katia für Tashi und Anujin gewesen. Und für das dritte Brautpaar standen schon Matthis und Martha, eine gute Freundin von Lili, als Trauzeugen bereit.

Nach der Zeremonie in der Stabkirche leitete Tashi, in der ersten Kutsche diesen ungewöhnlichten Hochzeitszug an. Passanten blieben in den Straßen stehen und sahen dem Spektakel winkend zu. Kinder liefen den Kutschen hinterher bis weit hinter die Stadt.

So ging es den bekannten Weg nach Takko, dem Heimatort von Anujin. Allerdings fuhren sie nicht, wie alle erwartet hatten, auf das Grundstück ihrer Eltern, sondern Tashi leitete den Hochzeitszug weiter hinaus bis sie an ein Grundstück kamen, an dem ein noch provisorisches Tor zu sehen war. Als sie dem Weg hindurch folgten, sah man auf der rechten Seite ein Holzhaus, das neu gebaut war. Es bestand bisher aus nur einem Stockwerk. Der Weg dorthin war mit Birkenzweigen gesäumt und der Eingang des Hauses mit Blütengirlanden geschmückt. Tashi trug seine Anujin auf Händen über die Schwelle in ihr eigenes neues Heim.

„Ach ist das schön!," seufzte Anujin sich umschauend, als sie wieder festen Boden unter sich spürte. „Und wie es hier duftet nach all den frischen Nadelhölzern, den herrlichen Arven."

Anujin sog die Luft tief ein und lächelte Tashi glücklich an. „Das also ist deine Überraschung, über die immer wieder hinter meinem Rücken getuschelt wurde und die Gespräche abrupt verstummten, wenn ich näher kam."

Tashi und Halvar hatten mit den Eltern von Anujin und Lili vereinbart, dass sie nebeneinander zwei Grundstücke in Takko kaufen wollten. Ein ganzer Trupp von Männern und Frauen, Arbeitskollegen von Halvar und Tashi, hatten beim Bau von der beiden Häusern geholfen. In der Anfangsphase hätte auch ihr Haus, erzählte Igmur, aus nur einem Stockwerk bestanden. Diese Häuser lebten, meinte er und würden mit dem Paar, mit der Familie mitwachsen.

Außerdem hatten die Gäste und befreundeten Familien ihnen bereits beim Bepflanzen des Grundstücks geholfen.

Als am Nachmittag die Hochzeitsgäste zu Halvar und Lilis Haus gingen, um dort den Nachmittagskaffee einzunehmen, zeigte Halvar stolz die jungen Pflanzungen: „Hier direkt am neu angelegten Garten haben wir einen Walnussbaum gepflanzt; der bringt Glück und Wohlstand, sagt man. Und dort erkennt ihr schon die später einmal kraftvollen und hohen Eichen und Arven. Die bilden sozusagen die äußerste Zone. Davor wachsen bereits Birken und Ebereschen … und unsere Beerensträucher."

Damit küsste Halvar Lili mitten auf den Mund und fuhr dann lächelnd fort: „Die, meine Liebe, werden schon recht bald köstliche Früchte tragen."

Die Gesellschaft klatschte vor Begeisterung in die Hände und ließ das junge Paar dreimal hoch leben.

Das Feiern, gemütliches Miteinandersein spielte sich in den nächsten Tagen nun abwechsend zwischen diesen beiden Anwesen statt. Mal war man bei Tashi und Anujin zu Gast und dann wieder – einfach über den Fußweg – bei Halvar und Lili.

Matthis und Lena blieben noch ein paar Tage länger. Sie wollten sich die klugen ökologischen Veränderungen, die durch die Partei PaxAn entstanden waren, näher ansehen. Matthis war bei den ersten demokratischen Wahlen nach der ORBs-Dikatur zum Verteidigungsminister im Auland gerade gewählt worden.

„Mensch, Matthis. Das ist ja stark. So eine Position. Hast du dir das je auf deinem Berg droben erträumt?“, witzelte Tashi.

Und Lena war in einer günen NGO-Organistion engagiert, die vor allem beste Verbindungen zur Partner-NGO Norskot knüpfte. So konnten im Auland endlich sinnvolle ökologische Projekte entstehen, was all die Jahre zuvor nicht möglich gewesen war.

Als dann nach und nach die Gäste wieder abgereist waren, brachen die drei jungen Paare erst einmal in ihre Flitterwochen auf. Zum Start waren gemeinsame Tage in Südfrankreich geplant. Auf dem Weg dorthin machten sie allerdings erst einmal Halt in der Stadt Laxna im Auland.

Das gab vielleicht ein Hallo, als alle drei Paare von Eichenmax in der Steinach-Villa begrüßt wurden. Selbstverständlich berief der oberste Hausgeist sofort eine Vollversammlung aller hilfreichen Hausgeister ein und das Hochzeit-Feiern ging hier geradewegs weiter. Matthis und Lena hatten bestens für das Wohl der jungen Leute wie auch der Hausgeister vorgesorgt.

Tashi und Punja zeigten ihren Partnern und Freunden die Räumlichkeiten der Villa. Ihre Erzählungen brachten die erlebten Abenteuer im Königreich Wallens und Königreich Bergau wieder näher. Wie lang das alles doch her war, dachten die Geschwister. Ihr früheres Leben als Hausgeister, als Hauselfen, erschien ihnen äonenweit entfernt.

Ihrer alten Gewohnheit folgend wollten Punja und Tashi natürlich auch den Eremiten besuchen. Und so machten sich alle zusammen mit ihren Partnern hinauf zur Burgruine Gamsstein am Berg Gamsstein. Den Weg dorthin kannten sie allerdings nicht so gut. Sie seien früher immer „dorthin geflogen", erzählten Punja und Tashi lachend in die verdutzten Gesichter von Lili und Anujin blickend.

Fast waren sie oben angelangt, nur noch wenige Meter bis zur Klause von Bruder Bernhard.

„Das sei richtig schön da oben", erzählten die Geschwister, die sich schon auf den Besuch beim Eremiten freuten, der ihnen – ähnlich wie die Nonne Tsering – über all die Jahre bei der Auflösung des uralten Zaubers so sehr geholfen hatte.

Als die Gruppe der sechs jungen Menschen oben ankam, waren dort am Rondell keine Gartenmöbel mehr zu sehen.

„Komisch", meinte Tashi zu Punja, „dass die Möbel hier nicht mehr stehen."

„Ja, und der ganze Platz mit den Pflastersteinen sieht so verwahrlost aus, auch die Beete am Rand des Felsen. Die hat Bruder Bernhard doch immer so gepflegt. Was wohl mit dem Eremiten ist?", sorgte sich Punja.

Die schmale Tür knarzte, als sie den Eingang zur Klause öffneten. Wie früher mussten sich Fenno und Halvar leicht bücken, um als groß gewachsene Norskoter hindurch zu passen. Die sechs schauten sich in dem Raum um. Alles war mit einer dicken Staubschicht bedeckt. Der Tisch, an dem sie mit dem Eremiten so oft gesessen hatten, die Regale mit den Bechern. Ach, all die Erinnerungen, die da bei den Geschwistern auftauchten und kein Bruder Bernhard weit und breit zu sehen.

„Dann war das wohl sein Abschied, Punja, als wir vor meiner Reise zum Goldenen Tempel hier das letzte Mal waren und er uns seine Notizhefte übergeben hatte“, bemerkte Tashi.

„Das glaube ich auch“, kam es leise von Punja mit Tränen in ihren Augen. „Wir hätten es wissen müssen, Tashi. Und so irdisch war er schließlich mit seinen 2000 Jahren, die er hier gelebt hat, ja auch nicht.“

„Ja, du hast ja recht. Er wird nun in seiner wirklichen Heimat angelangt sein. Wir müssen nicht traurig sein, Punja. Ihm geht es gut, das ist mal sicher“, tröste Tashi Punja, die er liebevoll in den Arm genommen hatte.

„Was meinst du? Wir könnten dem Museum in Laxna Bescheid geben, dass sie diesen Ort hier oben zur Pflege übernehmen“, schlug Punja vor. „Ob sie wissen, dass an diesem Ort ein so besonderer Eremit gelebt hat? Das wird sicherlich viele Menschen interessieren: die Bürger von Laxna, aber auch all die Touristen, die die Stadt besuchen.“

Wir machen nun einen zeitlich großen Sprung aus dem Jahr 2037 ins Jahr 2091... nach Los Angeles.

Die 163. Oscar Verleihung
Los Angeles, US Amerika

4. Januar 2091 im Dolby Theatre

Gleißendes Blitzlichtgewitter, Glamour... beim Einzug der Stars auf dem roten Teppich zur 163. Oscar-Verleihung in Los Angelos. Die begehrten Trophäen wurden auch in diesem Jahr von der US-amerikanischen Academy of Motion Picture Arts and Sciences - AMPAS - für die besten Filme des Vorjahres verliehen. Die letzten Vorbereitungen zu diesem weltweiten Großereignis waren erledigt, der rote Teppich an diesem 4. Januar 2091 vor dem legendären und im letzten Jahr komplett renovierten Dolby Theatre ausgerollt. Als Moderator für die Show konnte in diesem Jahr der 30-jährige Ben van Mark gewonnen werden.

Als klarer Favorit für wohl nicht nur einen Oscar galt die Verfilmung der Punja & Tashi Trilogie durch die bisher wenig bekannte Norskoter Regisseurin Lucia Held-Burkowski. Die aufwendige Verfilmung schildert das ungewöhnliche Leben der Geschwister Punja und Tashi, die als königliche Nachfahren des legendären tibetischen Königs Ling Garwa vor vielen Jahrhunderten verzaubert worden waren. In geradezu atemberaubenden Abenteuern schafften es Punja von Stenhav und Tashi Koda diese Verzauberung jedoch wieder rückgängig zu machen.

Darüberhinaus galt dieses Geschwisterpaar, wie erst später bekannt wurde, mit zu den Hauptdrahtziehern bei der Überwindung der dunklen Zeit der Diktatur im Auland und in Norskot in der ersten Hälfte des 21. Jahrhunderts.

Im Interview äußerte sich die Regisseurin Lucia Held-Burkowski: „Ich kenne Punja von Stenhav seit meiner Jugendzeit und habe ihren Weg wie auch den ihres Bruders Tashi all die Jahre mitverfolgen können. Was mich erstaunte war, wie wenig bekannt die tragende Rolle dieser Geschwister in dem ganzen Geschehen rund um die Bekämpfung der ORBs Diktatur in Norskot wie im Auland war. Natürlich gab es Ehrungen in den Ländern selbst, aber erst die drei Filme haben die Bedeutung ihrer Leistung, einer Lebensleistung, einem größerem Publikum überhaupt bekannt gemacht.“

Wie richtig diese Ansicht der Regisseurin war, bewies allein die Tatsache, dass dieses außergewöhnliche Geschwisterpaar inzwischen offiziell von den Präsidenten von Norskot wie vom Auland für den Friedensnobelpreis 2092 vorgeschlagen wurde.

Von dort hieß es: *„Vor allem für unsere Jugend zeigen Punja von Stenhav und Tashi Koda, dass sich mutiges Handeln immer lohnt. Selbst wenn deren Tragweite erst viele Jahre später sichtbar wird.“*

Die für den Oscar in ihrer Hauptrolle als Punja nominierte Hima Pema schwebte wie ein unwirkliches Fabelwesen über den roten Teppich. Sie trug einen opulenten Tüllrock in unterschiedlichen rosa-pink Tönen, eine Fülle an Tüll, die sich in einem enganliegenden Top elegant an ihren Körper schmiegte. Das Publikum war sich bereits im Vorfeld einig: *Hima Pema sei eindeutig als Hauptdarstellerin die Favoritin für den diesjährigen Oscar.*

Insgesamt wurden 24 Filmproduktionen zum Wettbewerb eingeladen, darunter drei Projekte von vorherigen Wettbewerbssiegern. Sieben Filmemacherinnen, Filmemacher konkurrierten um den Hauptpreis.

„And the oscar goes to ... Mrs. Lucia Held-Burkowski!" Die Überraschung war groß, dass in diesem Jahr nicht – wie sonst üblich – der Abend mit dem Preis für den „Besten Film" abgeschlossen wurde. Noch vor den beiden Auszeichnungen für die besten Hauptdarsteller ging der begehrte Oscar an die in Norskot lebende 73jährige Regisseurin Lucia Held-Burkowski und ihre Film-Trilogie „Punja & Tashi".

Lucia Held-Burkowski nahm in einem dunkelblauem Satin Overall den Oscar entgegen und sprach folgende Worte: „Punja! Mein Dank geht in erster Linie an dich und deinen Bruder Tashi. Dieses Werk wäre ohne euch nie entstanden."

Kräftiger Applaus.

Die Regisseurin fuhr fort: „Erinnerst du dich, Punja, noch an unsere ersten Begegnungen? Du, Tashi und unsere Freunde, ihr habt mich in meinen jungen Jahren immer wieder ermutigt, diese Ausbildung als Theater- und Filmregisseurin wirklich zu machen. Ihr habt an mich geglaubt. Aber wer von uns hätte auch nur ahnen können, dass euer Leben, Punja und Tashi, mir einmal diesen Oscar bescheren würde? Von Herzen - mein Dank an euch beide!"

Tief bewegt sah man Held-Burkowski die Bühne verlassen und zu ihrem Platz in den vorderen Reihen gehen, direkt neben Punja von Stenhav, die in einem eleganten hellgrau-silbern fließenden Kleid erschienen war. Punja von Stenhav nahm ihre langjährige Freundin Lucia in die Arme und gratulierte ihr zum Oscar.

Das Publikum war von den Sitzen aufgestanden und applaudierte lang.

Nun erschien der für seinen unkonventionellen Humor beliebte Moderator Ben van Mark auf der Bühne und begann mit seiner Laudatio für die blutjunge Hauptdarstellerin der Punja, der Tibeterin Hima Pema, und fragte sie: „Hima, wie war es für dich, in die Rolle der berühmten Parfumeurin zu schlüpfen, in die Figur der von uns verehrten Punja von Stenhav? Wurde etwa auch deine Nase in dieser hohen Kunst des Parfum kreierens geschult? Gehörst du nun auch zu den Top-Nasen dieser Welt?"

„Oh, Ben, das glaube ich nun kaum", lachte Hima Pema. „Diese Rolle der Parfumeurin Punja von Stenhav bei all ihren abenteuerlichen Unternehmungen spielen zu dürfen, war mir eine große Ehre. Zumal sich Mrs. von Stenhav viel Zeit genommen hatte, um mir ihre außergewöhnliche Biografie persönlich zu schildern. So etwas ist äußerst selten."

Hima Pema machte eine kurze Pause und fuhr fort: „Und ja, Ben, ich durfte im französischen Domizil der Parfumeurin in ihre überaus faszinierende Welt der Wohlgerüche eintauchen. Es war eine völlig neue Welt, die sich mir dort eröffnete. Das war für mich für das Spielen der Rolle unbedingt notwendig. Ob nun allerdings meine Nase geschulter ist... mmh, das lässt sich nicht so leicht beantworten. Ich denke, es war ein Anfang!

Aber die Arbeit am Film war auch darüberhinaus ungewöhnlich. Denn in diese Welt der Lady Fenja im historischen Norskot einzutauchen und dann sogar in die Zeiten des früheren Tibets zu gelangen, meiner eigenen Heimat, meiner eigenen Wurzeln, das war schlichtweg überaus bewegend. Zumal ich auf diesem Weg in eine Welt uralten Wissens eintauchen durfte.Das war überwältigend. Dafür danke ich Ihnen Mrs. Punja von Stenhav und Mr. Tashi Koda ganz besonders."

Hima Pema hielt ihre goldene Trophäe begeistert in die Höhe. Das Publikum jubelte dieser begabten jungen Frau zu. In ihrer Rede hatte sie genau das ausgedrückt, was den besonderen Reiz dieser drei Filme ausmachte. Es ging ein unglaublicher Sog von dieser ganzen Punja & Tashi-Welt aus… ein Sog, der bereits durch die Oscar-Nominierung und anschließende Prämierung weltweit noch stärker zu beobachten war.

Der Jubel ebbte langsam ab.

Eine fast ehrfürchtige Stille breitete sich aus, als der heute 75jährige Tashi Koda, Punjas Bruder, die Bühne betrat. Man wusste von diesem noch immer drahtigen Tibeter, dass er regelmäßiges Fechten trainierte und die ganze Gruppe um die Geschwister Stenhav und Koda häufig mit ihren Pferden - wie in ihren jungen Jahren - ohne Plan sich auf Reisen begaben. Das waren keine Hollywood-üblichen Urlaube, sondern so knüpften sie durchaus an die Abenteuerlust ihrer Jugendzeit an.

Tashi Koda war gebeten worden, die Laudatio für den jungen Hauptdarsteller Jingpa Shamar zu halten, der Darsteller seiner eigenen Rolle in der Punja & Tashi Trilogie. Mr. Koda hielt den Oscar bedächtig in seinen Händen und zeigte ihn dem Publikum. Dann betrachtete er selbst ruhig die Statue eine Weile. Noch immer hatte er kein einziges Wort gesprochen. Das Publikum war durch diese ungewohnten Stille umso gespannter.

Mit seiner bedacht klingenden Stimme hob Tashi Koda an: „Seht ihr...“, damit hielt er die Statue dem Publikum erneut entgegen, „diese begehrte Trophäe, der Oscar, stellt einen Ritter dar, ein Schwert in seinen Händen haltend.

Erinnerungen werden da bei mir wach, als ich selbst als Ritter mit meinem Schwert Exabator im Ausbildungslager von Sir Olsen im Kampf geschult wurde.

Du, Jingpa, führst mir diese Zeit vor nun über 50 Jahren deutlich vor Augen... diese mir, uns, so wertvollen Lehrstunden von Sir Olsen.

Dabei habe ich das Gefühl, dass du meine Rolle nicht nur spielst, sondern, dass du darin voll präsent bist. Damit vermittelst du uns glaubhaft diese Fähigkeit eines ‚Rundum-Gewahrseins'. Etwas, das wir bei Sir Olsen traniert haben. Ihr, Halvar und Fenno“, dabei sah Tashi Koda seine beiden langjährigen Freunde in den vorderen Reihen an: „Ihr beiden erinnert euch ebenso gut wie ich an diese Zeit?“

Die Kamera schwenkte rüber zu den Zwillingen, die ehemaligen rothaarigen Norskoter - inzwischen ergraut - die Tashi Koda in lässiger Haltung mit einem Viktoriezeichen ihre Zustimmung signalisierten.

Tashi Koda weiter: „Ich kann daher mit Fug und Recht sagen, einen würdigeren Darsteller meines früheren Ichs, als du es bist, Jingpa, kann ich mir nicht vorstellen. Du hast diesen goldenen Ritter wahrlich verdient!“

Damit hob Koda die Statue erneut in die Höhe.

Sichtlich gerührt von diesen Worten nahm der junge tibetische Schauspieler Jingpa Shamar den Oscar, diese Trophäe der Filmschaffenden, von Tashi Koda entgegen, der ihm, seine rechte Hand väterlich anerkennend auf die Schulter legte. Fast wirkte es wie im Film, in der das Publikum ähnliche Szenen vor Augen hatte.

Diese Dankesworte bewegten den jungen Jingpa sichtlich, der nun seinerseits einen Dank aussprach. Als er geendet hatte, blieb das Publikum für einen langen Moment ungewöhnlich still… bis ein frenetischer Applaus ausbrach. Wie zuvor bei Punja von Stenhav stand das Publikum von seinen Stühlen auf, um dem Schauspieler Jingpa Shamar seine Anerkennung zu zollen wie auch Tashi Koda für seine außergewöhnliche Laudatio.

Nach der Oscar-Verleihung wurden alle Stars natürlich auch verköstigt. Danach begab sich die Gesellschaft weiter zum sogenannten Governors Ball. Bereits zum dritten Mal in Folge war für das Mahl der Norskoter Starkoch Torre Gustavson gewonnen worden.

Von Reportern der Sendung „MenüKult“ befragt, äußerte sich die Regisseurin Lucia Held-Burkowski: „Dieses skandinavisch inspirierte Mahl passte perfekt zum ersten Film der Punja & Tashi Trilogie. Eben genau zu der Zeit als Punja von Stenhav und Tashi Koda in unserem nordischen Land ihre Abenteuer zu bestehen hatten.“

Zurück im alten Lebkuchenhäuschen zum Dreikönigsfest im Jahr 2091

Es schneite ganz ordentlich und so schüttelte Tashi noch vor dem Eingang den Schnee von seinem kamelfarbenen Mantel. „Ach, ist das gut, wieder hier zu sein.“

Tashi stellte seinen Koffer in den Flur und half Anujin aus ihrem cremeweißen Mantel. Auch Fenno und Punja stellten das Gepäck ab.

„So schön diese Oscar-Verleihung und die vielen Begegnungen auch waren, aber jetzt brauch‘ ich meine Ruhe“, seufzte Punja erleichtert.

„Ruhe?“, fragte Tashi lächelnd, weil sich gerade die Zwillinge Fen und Hago, Enkelkinder von Halvar und Lili, laut stritten.

„Das ist meine Raumstation, gib sie zurück!“, schrie Fen.

„Hey, lasst das. Kommt mit rüber ins Lebkuchenhäuschen. Es gibt gleich Kuchen“, versuchte die junge Mutter Emma ihre Söhne rüber zu locken. Auf das Stichwort „Kuchen“ stürmten die dann gleich zur Tür hinaus.

„Diese Rabauken“, lächelte die junge Mutter Emma die Paare Punja & Fenno und Tashi & Anujin an und begrüßte sie mit „herzlich willkommen. Ich freue mich, dass ihr gut angekommen seid.“

„Sind Halvar und Lili auch schon da?“, wollte Punja wissen.

„Ja, ihr seid die letzten. Gleich gibt´s Kaffee...“ Damit war auch Emma zur Tür hinaus.

Punja & Fenno und Tashi mit Anujin hatten neben dem Lebkuchenhäuschen ein weiteres Haus bauen lassen, worin die größer werdenden Familien genug Platz finden würden. Edi, der unweit von hier mit seiner Familie lebte, hatten sie zur Bauaufsicht gewinnen können.

Ausgemacht war, dass die Kinder allein im Lebkuchenhäuschen übernachten durften. Das waren im Jahr 2091 die beiden Enkel von Punja & Fenno, die 15jährige Axa und der 13jährige Jonas, Kinder ihrer Tochter Ana und Noa. Auch war die 14jährige Sarah mit dabei, das Enkelkind von Tashi & Anujin und die neunjährigen blonden Zwillinge Fen und Hago, Kinder von Emma und Nils, dem Sohn von Halvar & Lili.

Punja & Tashi wurden wegen der Oscar-Verleihung, die gerade in Los Angelos stattgefunden hatte, regelrecht gelöchert. Alle wollten wissen, wie das denn sei, wenn man auf dem roten Teppich laufen würde, umgeben von all den Stars.

„Habt ihr denn nochmal irgendetwas von diesem Eremiten gehört? War der wirklich gestorben?“, wollte die 14jährige Sarah wissen, als sie am nächsten Morgen, dem 6. Januar, beim Frühstück zusammensaßen. Denn ihr eigener Vater Chris, der einzige Sohn von Tashi & Anujin, war erst vor einem Jahr von einem herabstürzenden Baum bei einem Gewitter tödlich verunglückt. Die Familie trauerte noch immer um diesen schweren Verlust.

„Ja, Sarah", antwortete ihr Tashi und legte seinen Arm um ihre Schultern, „wir denken, dass Bruder Bernhard verstorben ist. Er hatte uns auf den letzten Seiten seines Notizbuches etwas ähnliches geschrieben, wie es uns die Nonne Tsering gesagt hatte, dass es letztlich keinen Tod gäbe, sondern nur ein Weitergehen, ein Ablegen unseres irdischen Körpers. Das sei fast so, als würde man ein Kleid ausziehen und ablegen. Auch Chris, euer Vater, ist diesen Weg gegangen."

Sarah nickte leicht. Sie kuschelte sich ganz nah an Tashi hin, der nun für sie so etwas wie ein Ersatzvater war. Tashi strich seiner Enkeltochter liebevoll übers Haar.

„Übrigens, die Stadt Laxna ist wirklich auf unseren Vorschlag damals eingegangen und man kann sich jetzt da oben am Gamsberg die Klause vom Eremiten ansehen", erklärte Punja.

„Dem Bürgermeister von Laxna und dem Heimatmuseum dort hatten wir die beiden Original-Notizbücher von Bruder Bernhard vermacht. Jedenfalls letztlich," lächelte Punja ihren Bruder an „Denn es gab ja wegen unseres erneuten Verschwinden direkt vor den Augen des Bürgermeisters und der dort versammelten Menschen einen heftigen Tumult. Diese Szenen sind, dank eines Filmteams, das damals dabei war, auch heute noch zu gut sehen. Danach haben sie uns ziemlich lange interviewt. Da waren wir noch jung.

Und noch immer können so die Besucher ganz viel über diese Filme auch von Bruder Bernhard erfahren. Das wird ihn freuen, meinst du nicht auch Tashi?" Punja schaute ihren Bruder an.

„Doch, ganz sicher", bestätigte Tashi.

Der Weihnachtsbaum war von Noa, dem Schwiegersohn von Punja & Fenno schon vor zwei Tagen im Lebkuchenhäuschen aufgestellt worden. Gestern hatten sie ihn zusammen festlich geschmückt und nun…

„Seid ihr nicht neugierig, was da vom Christkind bei uns abgegeben wurde?“, fragte Tashi in die junge Runde. Das war das Stichwort und sofort sprangen die Kinder auf zum Baum, unter dem eine Vielzahl bunter Pakete lagen. Insgeheim hatten sie ja schon während des Kaffees immer wieder dorthin gespingst.

Es war Brauch bei den Familien, dass es am 24. Dezember, also am Heiligen Abend, schon ein paar kleinere Geschenke gab, aber am 6. Dezember wurde nochmals gemeinsam im Lebkuchenhäuschen Weihnachten gefeiert. Das sei wie bei der Geburt Christi, hatte Punja erklärt. Da hätten die drei Weisen aus dem Morgenland doch auch erst ihre Geschenke – Gold, Weihrauch und Myrrhe – dem Jesuskind gebracht.

„Und so machen wir es auch“, hatte Punja verfügt.

Am Abend des 5. Januars hatte Punja wie jedes Jahr alle Räume mit einer Kräutermischung, die auch Myrrhe enthielt, ausgeräuchert. Besonders dieser würzige Duft erinnerte sie und Tashi an die Erlebnisse mit Ciliena, der Geistin der Myrrhe. Denn die Kinder wussten durch die Erzählungen, dass es ja Punja gewesen war, die Ciliena damals in der Steinach-Villa befreit hatte und dass diese seitdem wieder viel stärker in der Welt zu wirken vermochte.

„Mhmm, wie köstlich diese Schwarzwälderkirschtorte schmeckt“, freute sich Tashi. „Wer von euch hat denn dieses Jahr unsere legendäre Steinacher-Torte gebacken?“

„Dieses Jahr war ich an der Reihe“, grinste Emma etwas schief in die Tisch Runde.

Denn auch diese Tradtion wurde in den Familien von Punja und Tashi fortgeführt. Alle, selbst die Enkel, wussten inzwischen, woher dieses Tortenrezept ursprünglich stammte, nämlich aus der Zeit als Punja und Tashi noch in der Steinachvilla in Laxna als Hauselfen gelebt hatten.

Während die Enkel mit dem Auspacken ihrer Geschenke beschäftigt waren, wollte Ana wissen: „Ihr habt uns noch nicht erzählt, was ihr damals in der Nacht wirklich geträumt habt. Ich meine die Nacht, Mama, als ihr noch verzauberte Hauselfen wart und dann morgens als Menschen aufgewacht seid. Oder habe ich da was verpasst?“

„Stimmt, Ana, das haben wir, glaube ich, wirklich noch nicht erzählt“, bestätigte Punja und fing an in ihren Erinnerungen zurückzugehen.

„Das Erstaunliche ist, dass dieser Traum sogar noch heute für mich so präsent ist. Es ist als, wäre er erst gestern geschehen…“

Punja griff in ihre Tasche und entnahm daraus ihr wohl erfolgreichstes Parfum, das inzwischen berühmte Parfum *GOLDEN STAR*, eine Hommage an die Heilige Elisabeth von Thüringen / Ungarn. Dieser Duft hatte Geschichte geschrieben. Nicht nur, dass er direkt mit der Historie der jungen Heiligen Elisabeth und dem „Rosenwunder“ auf der Wartburg verbunden war, sondern auch alles, was sie und Tashi erlebt hatten, hatte die Menschen in der Welt über dieses legendäre Parfum erreicht. Punja schmunzelte, es war fast so, als wäre diese „moderne Duftbotschaft“ wohl ganz im Sinne der jungen Elisabeth.

Sie reichte den Flakon mit dem Wappen des goldenen Sterns im roten Rosengrund weiter an ihre Tochter Ana.

Diese sprühte sich ein wenig davon auf ihre Handgelenke und gab den Flakon weiter an Inga, der Schwiegertochter von Tashi und Anujin. Währenddessen begann Punja zu erzählen:

Sie wäre in jener ersten Nacht in dem von Jean vererbten Haus früh am Morgen aufgewacht. Es war einer jener seltenen Klarträume, den sie nach dem Aufwachen ganz präsent hatte. Alle Details hatte sie deutlich vor Augen. Und dann sei sie wieder eingeschlafen. In jener Nacht geschah das, was Punja und Tashi so sehnlichst erhofft hatten. Beide hatten sie diesen Traum, der ihre Welt für immer verändern sollte.

„Ihr wisst inzwischen“, Punja schaute zuerst Ana und Inga an, dann die weiteren am Tisch Sitzenden, „dass unser Haus in Thüringen direkt unterhalb der Wartburg liegt. Es ist noch immer ein geradezu magischer Ort - diese Burg, die sich auf einem nordwestlichen Ausläufer des Thüringer Waldes erhebt.

Früher sprach man auch von einer ‚Lichtburg‘ inmitten Europas. Dichtungen aus dem 13. Jahrhundert überliefern den Wortwechsel eines sagenhaften Sängerkrieges und sprechen darin von einem Kampf der Finsternis gegen das Licht. Ein Grundmotiv, das wohl immer wieder mit dieser Burg in Verbindung gebracht wird. Auch heute noch gilt sie als ein Sinnbild unserer Demokratie durch enthusiastische Forderungen einer Jugend Anfang 1800 zur Bildung freiheitlich demokratischer Rechte.“

Nach einer Pause fuhr Punja fort: *„Wir hatten diese Hintergründe im Notizbuch von Jean Bousse gelesen, der sich mit der Geschichte der Wartburg ausgiebig beschäftigt hatte. Abends sprachen wir, Fenno und Tashi über diese*

Ereignisse. Es war ja unsere erste Nacht dort in unserem neuen Domizil. Aus irgendeinem Grund betraf diese Geschichte der Wartburg auch uns. Das spürten wir. Aber warum?

Es war ja im alten Tibet, wo der Schneeleopard Baktor, unser Totemtier, uns auf diese Spur des goldenen Sterns geführt hatte. Nun - in dieser Nacht hatten wir beide diesen besonderen Traum,“ Punja sah Tashi an und ergänzte, „... von einer weißen Dame im goldenen Schein.“

Sie erschien in einem hellen wehenden Gewand. Ihr langes bis über den Rücken herunter fallendes offenes Haar und das feine junge Gesicht waren durch einen hellen Schleier leicht verdeckt. Diese weiße Gestalt erschien in einem magischen goldenen Licht draußen vor einem tragenden Felsen der Burg, im Schutze einer mächtigen Eiche. Dabei war alles ganz leicht wie in Nebel gesponnen.

Die weiße Dame begann zu sprechen:

‚Ich grüße euch, Punja und Tashi.
Wir sind auf eine geradezu magische Weise miteinander verbunden... verbunden über die Rosen und ihren feinen Duft wie auch dem Symbol des Goldenen Sterns.
Euer Parfum GOLDEN STAR ist ja meinem ziemlich ähnlich geworden...,‘ hierbei lächelte die weiße Dame.
‚Wie ihr inzwischen wisst, stehen hinter den Pflanzendüften hohe Wesen. Diese wie auch hohe Tierwesen helfen dem Menschen bei seinen Aufgaben, wenn er sie achtet und einbindet in seine Arbeit... für die Erde.

Warum sind wir derart miteinander verbunden?
Das fragt ihr euch wohl?
Nun... ihr beiden, Punja und Tashi,

ihr lebt in einer besonderen Zeit.
Es ist eine Zeit, die wir – meine Freunde und ich – vor vielen Jahrhunderten angefangen haben, vorzubereiten.

JETZT ist es soweit!

Mit großer Freude haben wir all eure Schritte, euer Tun, beobachtet und nun bitten wir euch, diese Botschaft in die Welt zu tragen.
Sagt all jenen, die sich mit unserer Geschichte befassen, unseren aufrichtigen Dank.
Sagt ihnen jedoch auch, dass jetzt die Zeit vorbei ist, sich zu sehr mit der Vergangenheit zu beschäftigen. Es ist gut, zurück zu schauen, um zu lernen, um Prozesse zu erkennen. Aber dann gilt es, im Jetzt zu sein und aus dem Erkennen des Vergangenem im Heute zu handeln. Durch das Heute gestaltet ihr auch immer die Zukunft, eure Zukunft.
Schaut also jetzt nach vorne und packt die wichtigen Dinge an. Denn...

DIE ZEICHEN DER ZEIT FÜR GROSSE VERÄNDERUNGEN WAREN NOCH NIE SO GÜNSTIG WIE GERADE JETZT!
ES IST EINE BESONDERE ZEIT.

Ihr lebt in einer Epoche, mit Bedingungen zu einem großen Sprung in der Gesamtentwicklung der Menschheit. Dies vermögen nicht alle gleich zu erkennen. Auch wollen viele keine Veränderungen, sie hängen noch zu sehr am Alten, können nicht loslassen.

Dennoch wird es jetzt Menschen möglich sein, nach vorne zu gehen.

Und ihr beiden, Punja und Tashi, habt dies mitvorbereitet. Diesen Sprung werden die ersten wagen, werdet ihr und einige wenige wagen.

Es ist so, dass es erst einmal von dir, von euch, von jedem einzelnen ausgehen wird und all diejenigen, die ihr zu inspirieren vermögt, die ihr mitnehmen könnt.

ZUERST VERÄNDERT IHR EURE SICHT.

DADURCH, DASS IHR DIE WELT ANDERS ERLEBT, WERDET IHR ANDERE WAHRNEHMUNGEN ERZEUGEN.

DAS IST DIE KRAFT DER SCHÖPFUNG.

Dies zu erkennen, ist der Schlüssel, der vieles ermöglichen wird, von dem ihr jetzt nur träumt.

MANCHE SPRECHEN JETZT VON EINEM

GOLDENEN ZEITALTER.

Da ist etwas Wahres dran. Allerdings ist es nicht so, dass die gesamte Menschheit auf einmal in das goldene Zeitalter hinein zu gehen vermag. Es wird schon so sein, dass sich auch viele Menschen nicht fortentwickeln wollen, sondern sich im Kreis drehen oder eher einen Rückschritt machen. Auf lange Sicht jedoch gehen auch diese voran.

Man kann es nur für sich selbst beantworten.
Jede, jeder einzelne für sich selbst.
Die Lösung liegt nicht im Äußeren,

oder bei anderen.
Die Lösung liegt direkt in dir.

Und wenn viele so in sich stimmig leben, dann mag es andere mitziehen. So wird es zu einem Sog.

DAS, WAS ÄNGSTE SCHÜRTE,
WIRD NICHT MEHR GEGLAUBT.

Wenn diese Angstmacherei nicht mehr geglaubt wird, nicht mehr anerkannt wird, ja dann ist es so, dass sich Dinge auch globaler verändern, dass die Welt insgesamt lichter werden wird.

DANN GESCHEHEN WUNDER.

Es mag dann Veränderungen geben, wo die Menschen sagen: „Das ist nicht möglich, dort war doch noch ein Krieg und da ein schlimmes Umweltgeschehen und fürchterliche Krankheiten..."
Dann mag sich dies auf einmal alles auflösen.

Das, liebe Punja, lieber Tashi, ist unsere Vision.

ES IST UNSERE GEMEINSAME VISION,

Empfehlungen

PARFUM
Meine Empfehlung: www.art-parfum.eu

BUDDHISMUS
Johanna Arven: *Wer sich für den Buddhismus interessiert... hier nenne ich meine Bezüge. Natürlich gibt es darüber hinaus noch viele weitere Möglichkeiten:*
Der 17. Gyalwa Karmpa Thaye Dorje - verheiratet mit Sangyumla Rinchen Yangzom – am 11. August 2018 wurde ihr Sohn Thugsey geboren: https://www.karmapa.org/17th-karmapa/

Deutschland
Buddhistisches Zentrum Dhagpo Möhra: https://dhagpo-moehra.org/
Buddhistisches Zentrum Bodhi Path: www.bodhipath-renchen-ulm.de

CHRISTENTUM - Anthroposophie
Johanna Arven: *Christliches - undogmatisch - zum Beispiel:*
„Anthroposophie im Gespräch“ / Flensburger Hefte Verlag:
www.wolfgang-weirauch.de
„Anthroposophie to go“ / Podcast mit Wolfgang Held:
https://www.podcast.de/podcast/3201969/anthroposophie-to-go

Quellen

Schneeleopard, Atlantis, Vergl. Gespräche mit Tieren 5, Naturgeister 17, Flensburger Hefte Verlag - Sonderheft Nr. 28, 2011, Seiten 149-156

Der Traum der jungen Esclarmonde de Péreille, * 1224 oder später; † 16. März 1244, Tochter von Raymond de Péreille, Herr der Burg Montségur / Frankreich, Region Okzitanien. Sie gilt als Märtyrerin der Katharerbewegung: Inga und Wolfgang Veit, „Shongbrahm: Durchsagen der geistigen Welt“ (Band 1), CreateSpace Independent Publishing 2014, Seiten 149 - 150

Haftungsausschluss

Die Autorin und der Verlag übernehmen keine Haftung für Schäden jeglicher Art, die direkt oder indirekt bei der Anwendung der in diesem Buch vorgestellten Behandlungshinweise entstehen können. Bei unklaren Beschwerden oder ernsthaften Erkrankungen sollte immer ein Arzt konsultiert werden. Sollte diese Publikation Links auf Webseiten Dritter enthalten, so übernehmen der Verlag, die Autorin für deren Inhalt keine Haftung, da wir uns diese nicht zu eigen machen, sondern lediglich auf deren Stand zum Zeitpunkt der Erstveröffentlichung verweisen.

Impressum

Bibliografische Information der Deutschen Nationalbibliothek: Die Deutsche Nationalbibliothek verzeichnet diese Publikation in der Deutschen Nationalbibliografie; detaillierte bibliografische Daten sind im Internet über dnb.dnb.de abrufbar.

1. Auflage 31. Dezember 2023 / erneuert: September 2026

ISBN 978-3-9823633-3-2 (Paperback)

Umschlaggestaltung Beate Nagel mit Illustration von Ute Riedlinger,
Verlag: ARVEN Verlag, Glücksbrunner Straße 1, D-36448 Bad Liebenstein, post@art-parfum.eu
Druck: Libri Plureos GmbH, Friedensallee 273, 22763 Hamburg
Printed in Germany

Punja & Tashi Serie

Band 1: Punja & Tashi kämpfen in Norskot

Band 2: Punja & Tashi Spurensuche in Tibet

Band 3: Punja & Tashi treffen Buddha und Jesus

Band 4: Punja & Tashi retten Weihnachten

Der vierte Band Weihnachten kann auch als erstes Buch gelesen werden und dann der Band Norskot als zweites Buch.

Die Autorin ist über den ARVEN Verlag erreichbar:

ARVEN Verlag
c/o Johanna Arven
Glücksbrunner Straße 1
D-36448 Bad Liebenstein
Verlag e-Mail: post@art-parfum.eu